트렌드 연구를 활용한

상품 및 서비스
기획실무

트렌드 연구를 활용한

상품 및 서비스 기획실무

| 오혜영 지음 |

교 문 사

앨빈 토플러가 《제3의 물결》에서 주장한 생산자(producer)와 소비자(consumer)를 합성한 용어인 프로슈머(prosumer)란 소비만 하는 수동적인 소비자에서 벗어나 소비뿐만 아니라 직접 제품의 개발과 생산의 전 과정과 개선방향에 대한 적극적인 의견개진과 참여를 시도하는 '생산하는 소비자'를 뜻한다.

프로슈머의 역할이 점점 더 커짐에 따라, 기업들은 소비자가 제품의 개발을 요구하거나 아이디어를 제안하면 이를 수용해 신상품이나 서비스를 기획, 개발하고 혁신에 반영할 수 있도록 프로세스를 개선하고 있다. 그뿐만 아니라 최근에는 대학생과 일반 소비자들을 넘어 동호회와 블로그 등을 통한 아이디어 공모 등의 방법을 상시화하여 소비자의 의견을 적극 반영하고자 노력을 경주하고 있는 추세이다.

기업체의 대 소비자 활동 중 직접적인 연관이 있는 상품 및 서비스의 개발과 기획에 대한 전반적인 프로세스를 소비자의 관점에서 이해하고 실무적으로 진행되는 과정을 경험해 보는 것은 매우 중요하다. 그런 의미에서 향후 기업 및 소비자의 입장 모두를 고려하는 균형 잡힌 시각과 소비자 트렌드를 바탕으로 하는 소비자 지향적 관점에서의 신상품 및 서비스 기획 능력을 배양하기 위한 이론과 실무를 접목시켜 쉽게 학습할 수 있도록 하는 교재의 필요성이 절실하다고 느꼈다.

이 책은 소비자의 관점에서 신상품 및 서비스를 개발함에 있어 창의적인 아이디어를 도출하고, 상품 및 서비스 기획과 마케팅 플랜을 수립하는 기본적인 프로세스를 이해하고 신상품 개발 전 아이디어 도출(generation)과 아이디어의 정련화를 통한 상품화 전 시장조사 프로세스, 상품 기획에 관련된 제반 마케팅 기법 등 경영학, 심리학, 광고 홍보학에서 다루는 다양한 기초이론을 소개하고, 이러한 학문적 소양을 바탕으로 상품개발 프로세스 단계별 진행 프로세스에 대한 실무적 이해를 접목하는 데 초점을 두고자 하였다.

독자 스스로 매일 다른 상황의 소비를 경험하는 소비주체로서 트렌드를 이해하고 다양한 소비활동을 통해 경험한 불편과 불만, 해소되지 않은 욕구 등으로부터 구체적인 신상품 및 서비스 아이디어를 생각해내고 구체화하는 과정을 직접 수행해 볼 수 있도록 하는 다양한 방법에 대해 소개하고 실무적으로 활용할 수 있도록 하였다. 또 소비자 트렌드 연구를 바탕으로 창의적인 아이디어를 스스로 만들어 보고, 도출된 아이디어를 기반으로 신상품 및 서비스로 구체화하는 기획의 전 과정을 직접 단계별로 실습해 봄으로써 이해를 높이도록 구성하였다.

또한 각 단계별로 신상품 및 서비스 기획에 필요한 기초이론에 대한 이해를 통해 각 과정에서 요구되는 지식을 학습할 수 있도록 구성하였다. 기초이론에 대해 숙지한 후에는 스스로 소비자 관점에서의 창의적인 아이디어를 발굴하기 위한 시장조사, 시장 내 경쟁구도 분석 및 트렌드 분석 등 다양한 소비자 리서치 기법과 워크숍 등과 같은 구체적인 연구 방법을 활용해 실습하거나 각 단계별로 필요한 부분을 경험해 봄으로써 소비자 트렌드를 바탕으로 한 신상품 및 서비스 기획 능력을 배양하는 데 도움을 주고자 하였다.

본서를 강의교재로 사용할 경우에는 기초이론을 먼저 강론한 후에 수강생들을 팀으로 구성하여 각 장에서 제시하는 소규모 팀 프로젝트를 실습하고 부록에 제시된 핸드북을 활용하여 발표수업을 진행할 수 있다. 기업체 실무 담당자의 경우에는 내부적으로 운영하고 있거나 운영할 계획이 있는 대학생 및 주부 등 실제 타깃 소비자가 되는 소비자 패널을 운용할 때 유용하게 활용할 수 있을 것이다.

　보다 실무적인 관점에서 접근하기 위해서는 소비재 기업과 사전 연계 및 협의를 통해 대학생들의 창의적인 아이디어 발굴 및 직접 도출한 상품과 서비스 기획에 대한 아이디어를 산업현장의 요구를 반영하여 수정보완하고 상품화하는 과정을 산학 공동으로 진행한다면 더욱 효과적일 것이다. 이를 위하여 산업현장에서 최종 상품 및 서비스 기획안에 대한 구현에 참여하고, 최대한 실무 밀착하여 진행할 수 있도록 다양하게 활용할 수 있는 워크숍과 프로젝트 진행 방법을 소개하고자 노력하였다. 소개된 방법들을 활용하여 연계 산업체와의 협력을 통해 수업을 진행한다면 실무 담당자와의 교감, 협력의 과정들을 통해 상호 간에 보다 큰 시너지를 창출할 수 있을 것이라 기대한다.

　실제로 이 책을 집필하면서 상품 및 서비스 기획실무라는 교과목을 개발하고 운영하였으며, 제품 및 서비스별로 1개 이상의 대구 및 경북지역 산업체와 연계하였다. 이를 통해 해당 산업체의 상품기획 및 개발부서와의 긴밀한 상호협력을 바탕으로 산업체에서 미처 생각하지 못했던 창의적인 아이디어를 제공하였으며 해당 아이디어를 상품화하는 기획 및 실무 전반에 수강생들이 직접 참여하였다. 이렇듯 산학연계 결과물을 도출하는 소기의 성과를 달성하였으며, 연계 산업체는 기업 내부 인력 및 자원뿐 아니라 대학생들의 창의적이고 독특한 아이디어를 수집하고 활용할 수 있었다. 또 대학생들의 자발적인 참여와 연구를 통해 보다 깊이 있는 다양한 소비자 관점의 제안을 활용할 기회를 가지게 되었다. 더불어 연계 산업체의 실무 담당자와의 교감과 피드백 과정을 통해 기업의 시각을 이해하고 체득하는 긍정적인 성과를 거둘 수 있었다.

경영학적 관점에서 기술된 상품학과 신상품 개발과 관련한 저서는 많이 있지만, 소비자 트렌드 연구를 바탕으로 구체적인 아이디어 도출 방법을 다양하게 제안하고 활용할 수 있도록 한 실무적인 지침서는 의외로 많지 않다. 소비자지향적인 시각으로 트렌드를 반영한 아이디어 도출과 신상품 및 서비스 기획단계에 이르는 구체적인 프로세스에 대한 이해를 돕고자 이 책을 준비했지만 이론적인 부분과 실무적인 부분 모두를 욕심내다 보니 양쪽 모두에서 미진한 부분이 있다는 점에 대해 독자들의 너그러운 이해를 구하며, 관련하여 건설적인 비판과 다양한 의견을 주신다면 기쁘게 수용하고자 한다. 마지막으로 이 책이 나오기까지 애써주신 교문사 담당자 여러분께 깊이 감사드린다.

2014년 11월
오혜영

머리말 iv

PART 1

상품 및 서비스 개발을 위한 소비자 트렌드 이해

트렌드의 개념 ·· 2
소비자 지향적 트렌드 연구 ·· 3
트렌드 연구를 기반으로 하는 신상품 개발 시도 ················ 4
실무적 관점에서의 소비자 지향적 트렌드 연구와 활용 ········ 5

PART 2

상품 및 서비스 기획과 관련된 주요 개념 이해

CHAPTER 1 상품 및 서비스에 대한 개념
상품의 개념 ·· 10
소비자 관점에서의 핵심편익과 상품 콘셉트의 확장 ·········· 12
신상품의 개념과 유형 구분 ·· 19

CHAPTER 2 상품 및 서비스 개발 프로세스
신상품 개발 프로세스의 구성단계 ·· 30
신상품 개발 프로세스의 단계별 특징 ···································· 31
상품 및 서비스 개발 프로세스의 표준화 ······························ 47

CHAPTER 3 상품 및 서비스 기획을 위한 환경분석
산업분석과 경쟁구도 분석 ·· 54
시장의 잠재력과 외형적 매력도 평가 ···································· 63
시장과 소비자 분석 ·· 72

CHAPTER 4 내부역량 점검과 마케팅 전략수립의 기초
혁신상품의 수용과정과 촉진요인에 대한 이해 ⋯⋯⋯⋯⋯⋯⋯⋯ 98
4P믹스: 가격전략 ⋯⋯⋯⋯⋯⋯⋯⋯⋯⋯⋯⋯⋯⋯⋯⋯⋯⋯⋯⋯ 103
4P믹스: 유통전략 ⋯⋯⋯⋯⋯⋯⋯⋯⋯⋯⋯⋯⋯⋯⋯⋯⋯⋯⋯⋯ 109
4P믹스: 판매촉진전략 ⋯⋯⋯⋯⋯⋯⋯⋯⋯⋯⋯⋯⋯⋯⋯⋯⋯⋯ 116
브랜드 아이덴티티의 개념과 브랜드 전략 ⋯⋯⋯⋯⋯⋯⋯⋯⋯⋯ 122

PART 3
창의적인 아이디어 발굴과 상품화를 위한 기획

CHAPTER 5 창의적인 아이디어 발굴을 위한 준비
산업구조에 대한 이해와 경쟁구도 파악 ⋯⋯⋯⋯⋯⋯⋯⋯⋯⋯⋯ 134
내부역량 분석 ⋯⋯⋯⋯⋯⋯⋯⋯⋯⋯⋯⋯⋯⋯⋯⋯⋯⋯⋯⋯⋯ 139
주력시장과 소비자 분석 ⋯⋯⋯⋯⋯⋯⋯⋯⋯⋯⋯⋯⋯⋯⋯⋯⋯ 148

CHAPTER 6 소비자 트렌드 분석
트렌드 스케치 만들기: 메가트렌드의 탐색 ⋯⋯⋯⋯⋯⋯⋯⋯⋯⋯ 154
타운워칭 다녀오기: 마이크로트렌드의 탐색 ⋯⋯⋯⋯⋯⋯⋯⋯⋯ 160

CHAPTER 7 상품화할 수 있는 새로운 가치 찾기
소비자의 숨겨진 니즈, 가치 트리 만들기 ⋯⋯⋯⋯⋯⋯⋯⋯⋯⋯ 170
ZMET을 응용한 가치 트리의 보완 ⋯⋯⋯⋯⋯⋯⋯⋯⋯⋯⋯⋯⋯ 173

CHAPTER 8 아이디어 취합과 콘셉트 만들기
아이디어 취합 ⋯⋯⋯⋯⋯⋯⋯⋯⋯⋯⋯⋯⋯⋯⋯⋯⋯⋯⋯⋯⋯ 180
선정된 아이디어를 이용한 콘셉트 만들기 ⋯⋯⋯⋯⋯⋯⋯⋯⋯⋯ 182

CHAPTER 9 상품 및 서비스 콘셉트 정련화와 소비자 반응 탐색
콘셉트에 대한 소비자 반응 탐색 ⋯⋯⋯⋯⋯⋯⋯⋯⋯⋯⋯⋯⋯ 190
소비자 반응 탐색 결과를 반영한 콘셉트의 수정보완 ⋯⋯⋯⋯⋯⋯ 194

CHAPTER 10 상품 개발과 초기 마케팅 전략을 준비하는 개발자의 자세
상품 개발 및 마케팅 전략 수립 ⋯⋯⋯⋯⋯⋯⋯⋯⋯⋯⋯⋯⋯⋯ 198
상품 및 서비스 기획을 총괄하는 개발자의 자세 ⋯⋯⋯⋯⋯⋯⋯ 199

부록 205 / 참고문헌 245 / 찾아보기 247

PART 1

상품 및 서비스 개발을 위한
소비자 트렌드 이해

▌트렌드의 개념

트렌드는 유행보다 길게 유지되는 사회의 주요 흐름이나 패턴을 의미한다. 사회 전반의 트렌드 변화는 소비자의 행동 전반에 영향을 미치게 되고 일시적인 유행뿐 아니라 소비 트렌드 자체를 만들어내게 된다. 다양한 소비 트렌드는 상호 영향을 미치며 큰 개념으로서의 소비문화를 형성하게 된다. 이러한 관점에서 본다면 기업의 다양한 생산활동과 신상품 및 서비스 개발의 성패는 일시적인 유행보다 오히려 소비문화를 형성하는 소비 트렌드와 소비자 트렌드에 얼마나 부합하는가에 달려 있다(문숙재·여윤경, 2005).

남들이 하니까 그저 따라 하려는 것은 일시적인 유행심리에 불과하지만 어떠한 욕망이나 강력한 심리적 동기가 내재해 있다면 그것은 가까운 미래부터 먼 미래까지 이어지는 트렌드가 될 수 있다(김경훈 외, 2004). 유행이란 트렌드와 달리 제품 자체에 적용되는 개념으로 일시적이며, 한시적으로 풍미하는 제품이나 서비스에 해당되는 말인 경우가 많지만, 트렌드는 소비자들이 제품이나 서비스를 소비하도록 이끄는 동기(motivation)에 관한 것이며, 따라서 트렌드란 더욱 크고 광범위한 소비자 지향적 관점에서 접근해야 한다(페이스 팝콘 외, 1999).

물론 에너지 부족이나 자연재해, 전쟁, 경제위기 등과 같은 사회적 변화로 인해

트렌드는 영향을 받고, 변화하거나 달라질 수도 있지만 그런 외재적 요인의 영향을 받는 상황에서 조차도 트렌드가 완전히 뒤바뀌거나 달라지는 경우는 많지 않다. 정확하게 소비자의 트렌드를 파악할 수만 있다면 현재의 분위기를 통해 앞으로의 10년을 계획해도 좋다. 트렌드는 강력한 소비문화의 동인으로 작용하는 것이 일반적이기 때문이다. 기업의 입장에서는 유행을 선도할 수는 있지만 트렌드를 창조하기는 어렵고, 정확하게 관찰하기 위해서도 소비자 조사와 지속적인 분석 등 많은 노력을 경주하여야 소비자들의 마음을 읽고 제대로 된 트렌드의 방향을 예측할 수가 있다.

▌소비자 지향적 트렌드 연구

미래를 예측하기 위해 가장 많이 사용되는 방법 중 하나가 트렌드를 파악하고 분석하는 것이다. 트렌드 예측은 미래 예측에 필수적인 과거, 현재 및 미래의 시재가 복합적으로 분석되고 분석자의 다양한 접근방법에 따라 진행되지만 그 과정에서 정보를 수집하기 위해 끊임없이 현장을 직간접적으로 경험하고 과거로부터 지금에 이르기까지의 추세와 흐름을 평가하고 수집된 다양한 정보를 반영하여 트렌드 변화의 방향에 대해 고민하고 수정보완해 나가는 과정이라고 할 수 있다(안길상, 2001).

그렇다면 기업과 마케팅 담당자들은 왜 점점 더 트렌드 분석에 대해 관심을 가지고 집중하는 것일까? 현대는 어지러울 정도로 빠르게 변화하고 있기 때문에 소비자들의 소비행동을 이해하고 그에 따른 신상품과 서비스를 제안하기 위해서는 소비자 지향적인 트렌드 연구와 분석 능력을 키우는 것이 경쟁우위와 생존에 있어 중요한 역할을 하게 되었기 때문이다. 소비자들의 문화와 트렌드를 빠르고 정확하게 예측할수록 보다 효율적으로 적절한 상품과 서비스를 개발할 수 있고, 미래의 불확실성에 대처할 수 있다.

소비자의 세계를 이끌어 가는 트렌드를 이해하게 되면 어떤 상품이 성공할 것인지, 아니면 실패할 것인지를 가늠해 볼 수 있다. 어떠한 상품이나 사업을 기획하든지 간에 상관없이 트렌드를 하나의 선별 장치로 활용한다면 잘못된 출발이나 엉뚱한 방향으로의 시도, 혹은 여지없는 실패 등은 최소한 막을 수 있을 것이다. 각각의 트렌드를 잘 연구해 보면 사업이나 사회라는 큰 그림을 구성하고 있는 수많은 특징과 그에 관련된 구체적인 내용에 초점을 맞춰 신상품이나 서비스 아이디어를 정련하고 기획할 수 있다. 지금 없는 새로운 아이디어나 프로모션 계획에 대하여 트렌드에 비추어 적합성을 평가해 볼 수 있으며, 기획안을 좀 더 정교하게 다듬거나 확장시킬 수 있을 것이다. 그런 의미에서 트렌드 분석은 소비시장에 유연하게 대응하고 나아가 시장을 선도하기 위해서 중요하다.

▍트렌드 연구를 기반으로 하는 신상품 개발 시도

소비자들은 점점 더 까다로워지고 있고, 알 수 없는 존재가 되어가고 있다. 소비자들이 기업에 표출하는 불만이나 의견은 실제로 소비자 전체의 5%에 지나지 않는다고 알려져 있다. 기업들은 소비자들의 니즈를 파악하는 데 어려움을 겪고 있으며, 새로운 아이디어를 바탕으로 신상품 및 서비스를 기획하는 데 있어서도 성공확률이 낮은 것이 사실이다. 현실적으로 소비자들이 무엇을 어떻게 생각하고 받아들이는지, 새롭게 제시한 신상품과 서비스가 환영받고 만족스럽게 소비될 수 있을지는 아이디어 자체의 신선함과는 또 다른 문제이기 때문이다. 성공적인 신상품과 서비스를 기획하기 위해서는 반드시 소비자 관점의 트렌드 분석을 기반으로 접근해야 하는 이유이기도 하다.

실무적 관점에서의 소비자 지향적 트렌드 연구와 활용

순수한 목적으로 시장의 트렌드를 분석하는 것은 사실 문화인류학적 관점을 도입하는 등 거시적 시각에서의 중장기적 접근을 토대로 할 수 밖에 없다. 그러나 새로운 아이디어를 발굴하고 보다 다양한 신상품과 서비스를 기획하고자 하는 실무적 관점에서 이러한 사회 전체의 트렌드 분석을 수행하기에는 현실적으로 시간적 한계와 물리적 한계가 있기 때문에 사실상 실무 담당자들의 트렌드 연구는 기존 트렌드 분석 및 연구를 차용하거나 훑어보는 수준에 그치게 된다. 트렌드는 적어도 10년 이상의 지속적인 변화패턴 혹은 프레임을 다루는 시도이므로 자연의 변화와 문명과 인류역사, 기술적 변혁을 포괄적으로 반영해야 한다. 이러한 관점에서 트렌드가 경기와 소비문화 전반에 영향을 미치게 되는 근원적 영향 요인임을 감안할 때, 소비 트렌드의 표면에 나타나는 유행과 제품 자체에만 함몰되어서는 베스트셀러 혹은 스테디셀러 제품을 기획하고 성공적으로 론칭하기 어렵다.

소비자 지향적 트렌드 분석은 트렌드를 일시적 유행과 달리 시장이 변화하고자 하는 변화의 방향성으로서의 대세를 파악하고자 하는 시도로서 인구통계적 변화, 대중의 가치관이나 태도 및 생활양식, 기술의 변화를 바탕으로 소비자의 태도 전반에 점진적이면서도 광범위한 변화를 이끄는 힘으로 보는 관점에서 출발한다. 특히 소비자의 생활양식과 소비욕구의 변화 등 사회문화적 요인과 이를 효과적으로 충족시키고자 개발된 새로운 기술이나 비즈니스 모델 등이 결합하여 형성된 소비 트렌드는 사회경제 전반과 기업 경영에 상당한 영향을 미치게 된다. 물론 유행하는 제품과 유행하는 제품의 기초를 형성하는 트렌드 사이에는 깊은 상관관계가 있는데 이러한 연관성은 트렌드가 결국 유행을 선도하는 베스트셀러 제품을 만드는 힘이라는 것을 반증한다.

따라서 신상품 및 서비스를 기획하기 위한 시작 단계에서는 어떤 식으로든 소비자 지향적 관점에서의 트렌드 연구가 필요하며 제한된 시간과 투자여력을 감안하여 보다 효과적으로 활용할 수 있는 분석 및 적용 능력이 필요하다. 본서에서는 상품 및 서비스 기획을 위해 필요한 소비자 지향적 트렌드 분석의 프레임을 제시함으로써 트렌드 연구의 방법론을 소개하고 실무적 활용에 도움을 주고자 노력하였다.

현대의 가장 중요한 특징 중 하나는 경계가 붕괴되고 분야의 구분이 점점 더 없어지고 있다는 것이다. 이렇게 분야의 구분이 없어지는 시대에 소비자 트렌드를 정확하게 예측하기 위해서는 소비자의 관점에서 전통적인 경계선을 넘나들며 상호 협력적이고 통합적인 방법으로 아이디어를 도출하고 분석하기 위한 문화적 상상력과 철학적인 사상, 과학적인 이론을 융합할 수 있는 통찰력이 무엇보다 중요하고, 다양한 각도에서 상품과 서비스를 바라볼 수 있도록 훈련하는 과정이 필요하다. 새로운 아이디어 발굴을 위한 다양한 정성적 연구방법론의 적용과 훈련을 통해, 항상 새로운 현상과 사건에 관심을 가지고 종합할 수 있는 능력을 갖출 수 있도록 단계별 실습 프레임을 제시하였다.

PART 2

상품 및 서비스 기획과 관련된 주요 개념 이해

1

상품 및 서비스에 대한 개념

새로운 상품 및 서비스를 기획하는 과정은 사실 경영학에서 다루는 마케팅, 광고
홍보 및 상품학 전반에 대한 이론적인 개념에 대한 이해를 바탕으로 하며, 이에 더
하여 시장의 변화를 사전에 감지하고 정확한 시점에 신상품 및 서비스를 론칭하
기 위해 소비자 심리, 소비행동 및 소비자 트렌드를 파악하기 위한 노력이 전제되
어야 한다.

상품 및 서비스 기획 이론의 첫 단계는 상품 및 서비스가 과연 무엇인가에 대한
개념적 이해를 시작으로 한다. 과거 상품의 개념은 특정 물품이나 상품 등 눈에
보이는 가시적 상거래의 대상을 주로 의미하였으며, 이때 사용되는 좁은 의미에서
의 상품은 물품(commodity)의 의미와 상거래의 대상(merchandise)으로서의 가
시적인 어떤 것에 한정되었다. 하지만 상품의 범위가 무형의 상품인 서비스로 확
장되면서 최근에는 즐거움을 주는 경험과 시간 모두를 포괄하여 소비자들이 효
용을 느끼고 일정 금액을 지불할 의향을 가지게 만드는 편익이나 가치가 있다면
모두 상품의 영역으로 확장해 나가는 추세에 있다. 이러한 개념적 확장은 사이버
공간의 활용과 적극적인 소비자 커뮤니케이션을 바탕으로 점점 더 넓게 적용되어
가고 있으며, 따라서 소비자가 편익과 가치를 느끼는 새롭고 창의적인 아이디어의
발굴에 대한 중요성이 더욱 커지고 있다.

본장에서는 이러한 추세에 맞게 상품 및 서비스에 대한 개념을 정의하고 소비자
의 시각에서 상품과 서비스를 어떻게 확장할 수 있는지 그 확장방향에 대해 살펴
보고자 한다. 또한, 이러한 상품과 서비스의 개념에 대한 이해를 토대로 신상품 성
공의 조건이 되는 중요한 요인들을 확인할 수 있도록 하였다.

이 장의 목표
1. 상품의 개념을 이해하고 명확히 설명할 수 있다.
2. 서비스의 개념을 이해하고 명확히 설명할 수 있다.
3. 신상품의 개념과 유형별 구분, 성공 요인에 대해 이해하고 설명할 수 있다.

상품의 개념

좁은 의미에서의 상품

전통적 의미에서의 상품은 유형의 상품에 한정되어 생각되었으며, 소비자들의 관심집중, 구매 및 사용, 소비를 통해 소비자의 니즈와 욕구를 충족시켜 주는 모든 재화를 의미하는 것으로 정의되어 왔다.

이때 상품의 개념은 특정 물품이나 상품 등 눈에 보이는 가시적 상거래의 대상을 주로 의미하였으며, 여기서 사용되는 좁은 의미에서의 상품은 물품(commodity)의 의미와 상거래의 대상(merchandise)으로서의 의미를 모두 포함한다. 이러한 맥락에서 상품은 상거래 이전의 상품(product) 또는 상거래 발생 이후의 소유물(ownership product)과는 구분되는 개념이라고 할 수 있으며, 상거래 가치를 극대화할 수 있도록 관리되어야 한다는 측면에서 소비자가 만족하는 가치를 포괄하는 개념이라고 이해해야 한다.

넓은 의미에서의 상품

좁은 의미에서의 상품은 상거래를 목적으로 하는 유형적인 실질 재화만 상품으로 규정하였으나 서비스 산업의 발전과 함께 무형적 용역의 상거래가 점점 더 중요해졌다. 상품의 범위도 자연스럽게 유형적인 거래에만 한정되는 것이 아니라 교육, 법률, 의료서비스, 관광과 엔터테인먼트, 미용 등 무형의 서비스로 확장되었다. 한 발 더 나아가 인터넷과 월드와이드웹 등 가상공간의 확장을 통해 인터넷 상거래가 활성화되면서, 다양한 콘텐츠와 창의적인 소프트웨어, 아이디어와 특정한 유통까지도 상품의 영역으로 확대되어가고 있다. 따라서 넓은 의미에서의 상품은 소비자가 가치를 느끼고 일정 금액을 지불할 필요성을 느끼는 모든 것을 포괄하는 쪽으로 확장되었다고 이해해야 할 것이다.

최근에는 유형의 상품에 있어서 브랜드, 네이밍, 판매조직과 인적구성, 판매채널 및 핵심 아이디어 등의 마케팅 요소까지 상품의 개념으로 확장되고 있는 추세로, 국가 개념에 대한 마케팅, 스포츠 스타 및 연예인 이미지에 대한 상품 차용 등 다양한 영역으로의 상품 콘셉트 확장이 이루어지고 있어, 상품에 대한 개념은 유형의 상품에서 무형의 상품인 서비스로, 또 다양한 엔터테인먼트를 포괄하는 경험의 영역까지 확장되는 추세이다.

무형의 재화인 서비스

서비스의 정의는 소비자 만족을 증진시킬 수 있도록 제공되는 핵심편익이 소유할 수 없는 모든 무형의 활동, 편익을 포괄하는 것으로 정의할 수 있다. 코틀러(Kotler, 2003)는 서비스 상품이 소비자에게 제공되는 경험과 효익을 통칭하며, 무형의 재화라는 특징 때문에 유형의 상품과 결합하여 거래되기도 한다고 언급하고 있다. 일반적으로 많이 사용되는 소비자 서비스는 사실 기업의 핵심 상품(core products)을 보조하기 위해 무상 또는 일부만 비용을 청구하며 제공되는 서비스로, 초기에는 서비스 제공 형태의 대부분을 차지했지만 서비스 산업의 비약적인 발전과 소비자 니즈의 확장으로 인해 상품 자체로서의 서비스가 더욱 확장되는 추세이다.

무형의 재화인 서비스가 제공하는 핵심적인 소비자 니즈는 경험과 관련되는 것이 주를 이루는데, 경험은 소비자가 경험 자체에 대해 만족을 느끼고 그에 합당한 대가를 지불할 수 있는 모든 무형의 편익을 체험하는 것 자체를 의미하며 최근 개발이 활발하고 유료로 거래되는 교육, 엔터테인먼트 및 여가활동 등 즐거운 경험 자체에 대한 편익을 포괄한다. 상품의 범주에 가장 최근에 추가된 개념이지만 향후 지속적으로 관련된 상품의 범위가 확장될 것으로 예상되며, 획기적인 아이디어를 기반으로 고 부가가치의 신상품 개발 잠재력이 큰 시장이라 할 수 있다.

▍ 소비자 관점에서의 핵심편익과 상품 콘셉트의 확장

코틀러(2009)가 마케팅 원론에서 다룬 바, 상품은 매우 복잡한 콘셉트이며, 주의 깊게 정의되어야 할 중요한 마케팅 개념의 하나이다. 상품은 마케팅 믹스에서 가장 첫 번째로 고려되어야 할 요인이며, 이것은 종종 전략적인 상품 관련 마케팅 계획이나 신상품 기획의 첫 번째 고려사항이 되는데, 이유는 상품 전략 자체가 개별 상품뿐 아니라 상품의 라인업, 상품과 상품과의 믹스 등 다양한 마케팅 의사결정과도 연관된다는 이유이기 때문이다.

상품을 기획하고 전략을 수립하기 위해서는 소비자 관점에서의 핵심편익(core benefit) 개념을 이해하고 핵심편익을 시현하는 개별 유형의 상품에 대한 이해뿐 아니라 핵심편익을 확장한 확장 상품에 대한 이해가 필요하다. 특히 소비재의 경우, 보통 소비자의 쇼핑 패턴이나 구매 편리성, 소비자의 니즈 등 잠재 구매자가 어떻게 그 상품이나 서비스를 구매하고자 하는가에 따라서 상품에 대한 접근 또한 달라질 수 있는 반면, 원자재나 구성품 등의 산업재나 자본재, 공급자와 유통업자를 대상으로 하는 서비스 제공자 등의 관점에서는 전혀 다른 시각의 접근이 필요하다.

소비자 관점에서 상품은 소비자가 필요로 하는 편익의 묶음으로 이해된다. 따라서 소비자 관점의 편익이 무엇인가, 또 핵심편익과 부가편익이 무엇인가에 대해 상품 및 서비스 기획자의 이해가 더욱 중요해지고 있는 추세이다.

소비자 관점에서 살펴볼 수 있는 편익의 종류

소비자 관점에서 살펴볼 수 있는 편익의 종류는 기능적 편익, 심리적 편익과 사회적 편익으로 나누어 볼 수 있으며, 주요 특징은 다음과 같다.

기능적 편익　기능적 편익(functional benefits)은 상품 고유의 속성과 기능을 중심으로 이해되는 편익을 말한다. 기능적 편익이라 하더라도 소비자 입장에서의 기능에 대한 정의는 개발자 입장에서의 기능과 다를 수 있는데, 예를 들어 미국 주부들의 이스트 활용에 대한 사례를 보면 쉽게 이해할 수 있을 것이다. 미국 주부들을 대상으로 한 소비자 조사 결과, 주부들이 빵을 조리하고 남은 이스트를 냉장고 탈취제로 사용해 보다가 아예 냉장고 탈취용으로 구입하는 경우가 많다는 것을 발견했는데, 이때 소비자 입장에서 이스트의 기능적 편익은 냉장고 탈취기능이라 할 수 있다.

심리적 편익　심리적 편익(psychological benefits)은 소비자가 상품의 기능적 측면 외에 심리적인 만족감이나 감성적 측면에서의 편익에 더욱 집중하게 되는 경우를 의미한다. 기존의 기능적 편익 중심 상품 개발의 대표적인 상품이었던 냉장고, 세탁기 등 백색가전 상품의 경우에도 최근에는 색상, 사용하는 주부의 감성, 건강 등의 콘셉트와 연결시켜 단순히 냉장기능이나 세탁기능이 아닌 사용하는 소비자의 사용상황을 바탕으로 감성적인 편익 부분을 강조하는 것이 더욱 소비자에게 어필하고 있다.

사회적 편익　사회적 편익(social benefits)은 사회적 관계 속에서 소비자가 느끼는 자기표현의 욕구 충족이나 상품을 통해 스스로의 이미지를 상징적으로 드러낼 수 있다는 점에 가치를 부여하는 편익을 말한다.

자기표현 등의 상징적 편익의 경우는 주로 럭셔리 브랜드 상품의 경우에 사회적 지위나 부유함에 대한 상징적 편익을 강조함으로써 소비자에게 어필하거나 오피니언 리더 혹은 초기 혁신상품 수용 소비자 집단 등에서 혁신자로서의 자기표현을 위해 초기상품 구매에 노력하는 등의 모습도 이에 기인한다고 할 수 있다. 그 외에 소비자가 상품을 선택할 때, 별로 상관이 없어 보이는 환경이나 사회적 약자에 대한 지원 여부를 강조함으로써 상품을 소비하는 활동을 통해 사회적 공익의 실현, 기부, 환경 친화 등의 사회적 편익을 증진하는 것에 대한 가치를 부여하는 것도 다른 예가 될 수 있다.

소비자가 가치를 느끼는 핵심편익에 기반한 상품 콘셉트의 확장

소비자의 가치를 기반으로 하는 핵심편익은 다양한 관점에서의 구분이 가능하다. 따라서 어떤 관점에서 접근하는가에 따라 상품의 구매 이유가 달라질 수 있음을 이해하고 다양한 구분 방법에 대한 이해가 필요하다. 상품은 사실 핵심편익뿐만 아니라 다양한 측면에서의 편익을 가지고 있으며, 소비자 관점에서 중요한 편익도 있지만 기업의 상품 기획 및 개발자 입장에서 생산효율성을 고려하여 구성해야 하는 편익도 있다. 그럼에도 불구하고 신상품을 시장에 출시하였을 때 일정한 규모 이상의 시장 장악력을 가지며 성공적으로 안착하는 상품을 만들기 위해서는 소비자 입장에서 상품에 기대하는 편익의 구성위계를 이해하는 것이 반드시 필요하다. 따라서 소비자 관점에서 상품을 구성하는 가장 중요한 핵심편익(core benefit)을 이해하고 소비자가 진정으로 구매하려는 것이 무엇인가를 이해하는 것이 무엇보다 중요하다.

핵심편익에 대해 충분히 이해한 후에는 소비자가 원하는 핵심편익을 전달하는 상품을 구체화하기 위해 필요한 상품 및 서비스 구성요소, 디자인, 품질 및 네이밍 등 브랜드 이슈, 포장 등 전반적인 기획에 대한 이해가 필요하다. 이러한 도구들은 핵심편익을 소비자에게 보다 쉽게 이해시키고 구매를 유도하는 중요한 역할을 담당하게 되며, 기업의 마케팅 활동에 있어서의 핵심적인 부분을 차지하게 된다. 따라서 핵심편익에 대한 토털 마케팅 관점에서 상호 유기적인 기획이 필요하며 이 부분에서 요구되는 통합적 마케팅 커뮤니케이션의 필요성에 대해 이해해야 할 것이다.

그림 1-1 상품과 서비스의 핵심편익과 확장에 대한 수준

확장된 상품 콘셉트

실제 상품

설치

브랜드

핵심편익

배달

활용방법

품질

특징

결제

디자인

제품 속성

사용장소

고객서비스

포장

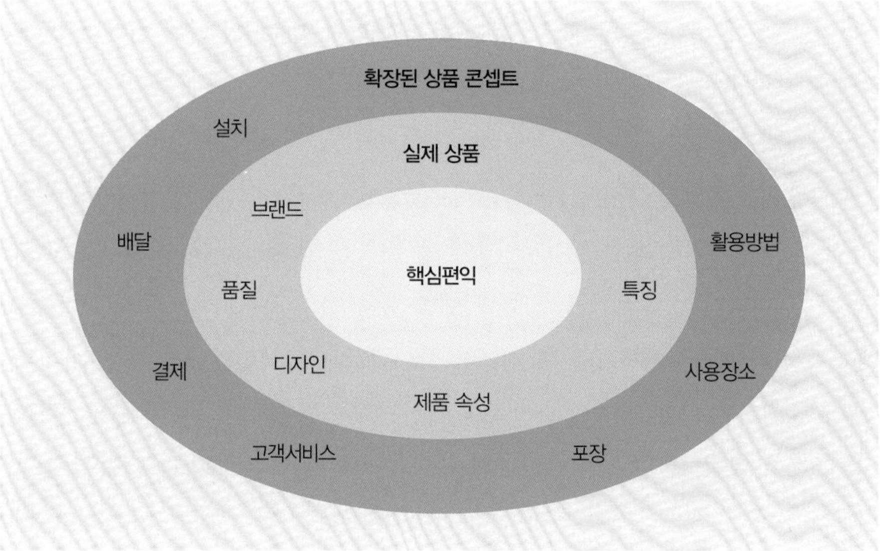

자료: P Kotler & G Armstrong(2012), *Principle of Marketing*(9th edition), US: Prentice Hall.

하나의 신상품에 대한 핵심편익과 혁심편익에 대한 통합적 마케팅 커뮤니케이션 도구 이외에도 기존 판매 상품이나 경쟁 상품과의 시장 구도에 대한 이해도 중요한데, 이 부분은 기존상품과의 차별화 및 향후 미래 신상품 기획에서의 확장 가능성 등 편익의 확장이라는 차원에서 해당 상품의 핵심편익과 구현된 상품 또는 서비스를 어떻게 확장시켜 나갈 것인가에 대한 이해가 필요하다. 코틀러(Kotler, 2009)는 상품과 서비스의 핵심편익과 확장에 대한 수준을 나누어 그림 1-1과 같이 3단계로 도식화하였다.

핵심편익 핵심편익은 상품의 핵심적인 기대가치를 나타내며, 소비자가 일정 금액을 지불하고 구매하려고 하는 본질적인 기대혜택(benefit)이다. 이러한 핵심편익을 중심으로 개발하는 상품을 핵심 상품(core commodity)으로 분류할 수 있다.

실제 상품 실제 상품(actual product)은 핵심편익이 구체화된 상품을 의미한다.

실제 상품은 반드시 소비자가 느끼는 핵심편익을 포괄할 수 있도록 구성되어야 하며, 핵심편익에 대한 콘셉트가 구체화되고 일관되게 설계되었을 때 소비자에게 강력하게 어필할 수 있다.

확장된 상품 콘셉트　확장된 상품 콘셉트(augmented product)는 실제 상품의 가치를 확장시켜 줄 수 있는 부가적인 편익을 더하는 단계라고 할 수 있다. 기업 간 경쟁이 심화되면서 핵심편익을 구현한 실제 상품 간의 차이가 줄어들어 기업들이 차별화된 가치를 부여하기 위해 경쟁적으로 확장하는 서비스와 부가가치에 관련된 모든 혜택을 의미한다. 실제 상품의 핵심편익과 결합하여 소비자의 니즈를 충족시켜주고 차별화할 수 있는 창의적인 아이디어가 가미되어 가치를 배가시킬 수 있어야 한다.

상품 믹스와 상품 라인업에 대한 이해

상품 믹스와 라인업은 핵심편익에 부가적인 가치를 더하는 개념에서 한걸음 더 나아가 상품 자체를 추가하는 전략적인 접근방법의 일환이다. 개별적인 상품이라기보다 믹스된 상품 전체 또는 라인업 전체가 전략적으로 영향을 받게 되므로 중대한 전략적 의사결정이 선행되어야 한다. 상품 믹스와 상품 라인업은 편익을 확장시키고 묶어서 제시하여 효용을 극대화시키기 위한 전략의 일환으로, 상품을 관리한다는 것은 결국 상품의 라인업에 대한 길이와 깊이를 전략적으로 관리해 나가는 과정이라고 할 수 있다.

- 상품 관리를 상품 라인업의 길이와 깊이에 대한 관리라고 정의할 때, 상품의 믹스는 기존상품과 신상품의 출시 방향, 그리고 향후 지속적인 시장 확장에 대한 방향성을 정하는 전략적 의사결정과정의 일환이다.
- 상품 믹스의 폭은 비슷한 상품 카테고리 내에 서로 다른 유형의 상품을 추가해 나가는 정도를 의미한다. 예를 들어 LG생활건강의 상품 믹스는 헤어케어,

스킨케어, 주방세제, 세탁세제 및 헬스케어 식품과 화장품 등의 다양한 상품 카테고리로 구성되어 있으며, 헬스케어와 화장품 카테고리 내에서도 다양한 브랜드군으로 나누어 소비자를 공략할 수 있도록 상품 믹스의 폭을 지속적으로 확장해 나가고 있다. 상품 믹스의 폭을 넓히는 카테고리 확장을 선택했을 때의 장점은 낮은 비용으로 성공 가능성을 높일 수 있는 효율적인 접근이라는 점과 기존 브랜드에 대한 신뢰감도 높게 형성된다는 장점이 있다. 반면 위험요인으로는 두 상품 범주 간에 유사성이 낮은 경우 또는 기존 브랜드가 어떤 상품 범주와 밀접한 경우, 상호작용효과의 발생 가능성이 있다는 점에 주의해야 한다.

● 상품 라인의 깊이는 한 상품 카테고리 내에서 같은 유형의 다른 상품을 새롭게 출시해 나가는 것을 의미한다. LG생활건강의 상품 라인의 깊이 확장 사례를 살펴보면, 헤어케어 제품 카테고리에서 엘라스틴, 더블리치, 리엔, 오가니스트, 실크테라피 등의 상품으로 라인업을 늘려가는 것을 알 수 있다. 이러한 상품 라인의 깊이를 이용한 라인확장의 장점은 적은 비용으로 매출 및 수익성 증대 효과를 기대할 수 있는 반면, 신상품의 특성을 잘 나타내지 못할 가능성과 라인 확장의 방향에 따라 하향 확장하는 경우에는 희석효과와 자

표 1-1 생활건강 관련 제품 카테고리 내 상품 믹스의 폭과 라인의 깊이를 확장하는 예

	← 상품 믹스의 폭 →					
	헤어케어	스킨케어	주방세제	세탁세제	헬스케어 식품	화장품
↑ 상 품 라 인 의 깊 이 ↓	엘라스틴 더블리치 리엔 오가니스트 실크테라피	온더바디 나나스비 드봉	홈스타 인섹트제로 자연퐁 세이프 퐁퐁	슈퍼테크 수퍼타이 샤프란	스파클링음료 미닛메이드 환타 슈웹스 닥터페퍼 조지아 파워에이드 태양의 마테차 글라소	후 오휘 이자녹스 수려한 숨 라끄베르 캐시캣 보닌 뮬

기잠식의 위험이 있다. 상향 확장의 경우에는 프리미엄 이미지 구축 실패 가능성이 있다는 점을 감안하여 신중하게 전략을 수립해야 한다.

상품 믹스의 폭과 깊이를 결정할 때 중요한 기준은 시장 내 확보 가능한 영역이 얼마나 넓게 확장될 수 있는가 하는 점과 기존 자사상품과의 중복을 최소화하여 자기잠식(cannibalization)을 최소화할 수 있는가 하는 점이다. 상품 믹스의 폭과 라인업을 확장하고 재구성하는 것이 바람직한 이유는 다음과 같다.

욕구의 이질성 소비자들은 같은 핵심편익에 대해 다양한 중요도를 갖는 다른 니즈와 구매 욕구를 동시에 가지게 되고, 특히 상품의 지속적인 소비를 유도하기 위해서는 이러한 소비자 욕구의 이질성에 대한 이해를 통해 가장 비용효율적인 상품 라인업을 구성하는 것이 필요하다.

다양성 추구 성향 지속적인 소비는 때로 핵심편익 이외의 다양한 소비자 니즈와 욕구를 동시에 충족시켜 주는 변화가 필요하다. 또 타깃 소비자 집단의 특성에 따라 차이가 있겠지만 반복구매가 필요한 상품이라고 할지라도 다음 구매주기에 동일한 편익을 충족시켜주거나 차별화 및 다양성에 대한 니즈를 충족시켜줄 수 있을 때 시장을 지속적으로 확보하고 방어할 수 있게 된다.

가격 민감도의 차이 타깃 소비자 집단을 확장해 나가기 위해서는 상품 믹스에 있어서 동일한 상품 카테고리에서 다양한 가격 존을 가질 수 있도록 라인의 길이를 늘리는 전략도 유용하다. 특히 생활용품이나 중저가 상품 카테고리의 경우, 시장을 확대하기 위해서는 소득수준에 따라 다양하게 구매할 수 있도록 길이를 확장해 제시하는 것도 유용하다.

경쟁자의 진입 저지 다양한 상품 믹스의 폭과 길이를 가지고 시장을 확장해 나가고 있을 때 시장 점유율을 효과적으로 높일 수 있을 뿐 아니라 소비자가 해당기업의 상품 믹스가 각각 다르게 인식되었을 경우에는 경쟁자의 진입을 저지하는 데 있어서도 유용하다.

판매량 증대　상품 믹스 전략은 기본적으로 자기잠식을 제외하고도 시장을 일정 규모이상 점유할 수 있는 가장 효과적인 방법 중 하나로, 전체 판매량을 단기간에 늘리는 데 유용하다. 단, 자기잠식이나 다양한 상품 믹스를 유지 관리하는 데 필요한 비용을 고려한 효율적인 상품 믹스를 구성하는 것이 필요하다.

▌신상품의 개념과 유형 구분

신상품의 개념

신상품이라 함은 기존 품목의 포장만 바꾼 것에서부터 세계 최초의 새로운 상품에 이르기까지 소비자 관점에서 차별화되었기 때문에 새로운 편익에 대한 비용을 지불할 의사가 있는 모든 상품이 신상품에 해당한다. 기업은 막대한 개발비용이 드는 경우라 하더라도 지속적으로 연구개발 및 아이디어 도출을 통해 끊임없이 신상품을 개발하고자 노력을 경주하고 있는데, 그 이유는 신상품 개발이 기업을 성장시키는 핵심 원동력이며 기업의 존속에 크게 영향을 미치는 중요한 핵심 업무 중 하나이기 때문이다. 상품도 라이프 사이클(product life cycle)이 있어서 성공적인 기존상품을 여러 개 가지고 있다고 하더라도 노후화되고 수명주기가 다해가기 전에 지속적인 소비를 유도함으로써 시장을 방어하고 새로운 시장을 개척할 수 있도록 해 주는 신상품의 개발이 필수적이다. 신상품의 개발 시간은 해당 상품의 특성에 따라 시간 차이가 있지만 출시 전까지 아이디어를 도출하고 정련하는 일련의 과정을 반드시 거치게 되어 있기 때문에 기존 보유 상품의 수명주기를 고려하여 지속적인 상품 개발 노력이 필요하다.

성공적인 신상품 개발 자체가 매우 어려운 과제로, R&D를 통해 새롭게 개발·출시되어 성공하는 비율은 일반적으로 5% 미만으로 알려져 있으며, 성공을 확신하고 출시하는 경우에도 시장의 유기적인 변화에 따라 예측과 다르게 고전할 가능성이 높기 때문이다. 따라서 시장의 변화와 소비자의 니즈를 적기에 반영하고 트렌드를 주도할 수 있도록 다양한 방법의 시장조사 및 수요예측, 시제품 테스트 과정을 거치게 된다.

신상품의 유형 구분

신상품은 유형 구분의 기준에 따라 완전 신상품, 신상품 라인, 기존상품 라인의 추가상품, 기존상품 개선 또는 수정상품, 포지셔닝 변경상품, 비용절감상품 등 다양하게 나눌 수 있다. 반드시 혁신 기술을 기반으로 지금까지 한 번도 출시되지 않았던 상품을 새롭게 만드는 것만이 신상품이 아니라 기존상품의 핵심편익과 부가편익 중에서 새로운 아이디어를 더하고 편익들 간의 균형을 조화롭게 구현하여 새롭고 차별화된 가치를 부여할 수 있는지 여부가 관건이 된다. 새롭게 부여된 가치와 소비자 편익에 따라 구분되는 신상품 유형별 특징은 다음과 같다.

완전 신상품   완전 신상품(new-world products)은 기술혁신 및 R&D 활동을 통해 과거 시장에 출시된 적이 없었던 새로운 상품을 출시하는 경우로 주로 기술적 혁신을 기반으로 하는 신상품들을 의미한다.

신상품 라인   신상품 라인(new product lines)은 기존에 판매하고 있는 상품을 확장하거나 카테고리를 다르게 하여 상품 믹스의 폭을 넓히는 과정에서 출시되는 신상품을 의미하며, 상품 라인을 달리함으로써 기존상품의 확장 및 연장선상에서 이해할 수 있다.

기존상품 라인의 추가 신상품   기존상품 라인의 추가 신상품(additions to existing

product lines)은 상품 믹스의 길이를 확장하기 위해 같은 상품 카테고리 혹은 상품 라인 내에서 추가로 가격의 범위나 특징을 달리하여 몇 가지 부가가치를 추가하거나 타깃 소비자를 달리하여 별도로 출시되는 상품을 의미한다.

기존상품 개선 또는 수정 신상품　기존상품 개선 또는 수정 신상품(improvements and revisions of existing products)은 기존에 출시되었던 기존상품의 핵심편익과 관련된 부분이나 부가가치를 더하여 줄 수 있는 요인을 개선 또는 수정 및 보완하여 새롭게 출시하는 상품을 말하며, 소비자의 개선 건의사항이나 소비자 불만사항을 반영하는 경우도 여기에 속한다. 이 경우, 기업의 입장에서는 신상품 생산에 대한 재무 부담을 경감하고 마케팅 활동을 통해 새롭게 차별화시킬 수 있는 비용 효율적 접근이 가능하다.

포지셔닝 변경 신상품　포지셔닝 변경 신상품(repositioning)은 기존 출시된 상품의 포지셔닝을 바꾸어 리포지셔닝하는 상품(예: LGT → LG 유플러스 LTE)을 의미하며, 이 경우는 이전 출시된 기존상품이 가지는 시장 내 포지셔닝이 성공적이지 못하거나 경쟁 심화 시장 내에서의 포지셔닝이 부적절한 경우에 주로 고려해 볼 수 있는 경우라 할 수 있다. 포지셔닝 변경은 주로 마케팅 믹스의 대폭적인 수정이 필수적이며, 상품 생산라인을 추가하거나 상품 자체를 새롭게 만드는 것이라기보다는 포지셔닝을 위한 상품 콘셉트 정련화의 과정에서 출발하는 것이 일반적이다.

비용절감 신상품　주로 프리미엄급으로 출시된 기존 출시된 상품의 보급형 상품(예: 애플 보급형 i5)을 출시하는 경우가 비용절감 신상품(cost reduction)의 예에 해당된다. 기업체 내부적인 비용절감도 중요한 이슈로 작용할 수 있지만 먼저 출시된 상품이 프리미엄급으로 타깃 소비자가 제한되어 있고 성공적인 출시로 워너비 상품이 되었을 때 시장의 확대와 매출 증대를 위해 핵심편익을 강조한 비용절감 상품을 새롭게 추가로 론칭함으로써 상품 믹스의 길이를 늘이면서 소비자 입장에서는 프리미엄급 상품의 핵심편익을 보급형 가격 존으로 사용할 수 있는 장점이 있다. 단, 비용절감 상품이 지나치게 저급하다고 인식될 경우, 연결된 기존 출시된 상품에 대한 부정적 인식도 피드백될 수 있다는 점을 감안하여 기존상품과의 연관성을 고려한 신상품 출시 전략을 수립해야 할 것이다.

신상품 성공 요인

신상품 개발은 기업의 핵심 업무 중 하나이며 일정 규모 이상의 투자가 필요한 활동이지만 일반적인 신상품의 실패율은 사실 90% 이상으로 높다. 우수한 아이디어라고 할지라도 생산을 위해 투자해야 하는 재정규모가 너무 크거나 상품 기획단계에서 예상하지 못했던 소비자 태도 변화 등 다양한 개발 리스크가 존재하기 때문이다. 따라서 출시 성공률을 높이기 위한 기업의 사전 노력이 중요하고, 상품 특성과 성공에 대한 목표수준 설정을 면밀히 검토하여 개발 리스크를 최소화하는 것이 필요하다. 신상품의 성공 요인을 좌우하는 요인은 다양하지만 과거 출시된 성공적인 상품의 사례를 볼 때, 상품력이라고 표현할 수 있는 상품 자체의 독특하고 우수한 신상품 특징을 가진 경우에는 그렇지 않은 경우에 비해 신상품의 성공률이 상대적으로 높은데, 이때 상품 자체의 독특하고 우수한 특질은 소비자 입장에서의 핵심편익 측면에서의 유니크한 특장점이라는 점을 잊지 말아야 할 것이다. 이와 같은 관점에서 신상품을 성공시키기 위해서는 다음 두 가지 측면에서의 고려가 필수적이다. 첫 번째, 신상품이 성공하기 위해서는 목표 소비자 집단의 특징과 니즈 파악, 상품에 대한 요구사항 및 잠재적 불만사항 파악, 구체적인 소비자 혜택 등을 신중하게 정의할 필요가 있다. 두 번째, 첨단 기술을 반영한 혁신상품의 경우와 같이 기술과 소비자 니즈의 적합도, 소비자가 느끼는 상품에 대한 매력도 등 소비자 관점에서의 핵심편익이 무엇이 될 수 있는지에 대한 조율이 중요하다.

성공을 거둔 상품들을 분석해 보았을 때 신상품 성공의 일반적인 기준은 신상품에 부여된 마케팅 목표의 달성 여부와 상품 라인 전체의 이익 증가 여부를 분석하여 판단하게 된다.

신상품에 부여된 마케팅 목표 달성 여부　신상품 출시 후 성공 여부를 판단하는 기준은 신상품을 기획하고 출시하게 된 배경에서 설정한 마케팅 목표를 달성하였는가의 여부에 달려 있다. 마케팅 목표는 매출 목표나 수익 목표 등의 재무적 목표와 달리 시장 내 소비자 반응과 태도에 대한 마케팅 전략의 성공 여부를 판단하는 기준으로서 중장기적 시각에서 중요하게 다루어져야 한다. 따라서 신상품 기획 단계에서 마케팅 목표를 설정하고 자원을 배분하는 과정을 통해 출시 후 마케팅 목표 달성을 위한 치밀한 사전 계획을 수립하는 것이 필요하다.

상품 라인 전체의 이익 증가 여부　신상품 출시과정은 아이디어 도출 단계에서부터 상당한 규모의 자금과 시간이 투자되는 것이 일반적으로, 이러한 과정에 대한 기회비용과 출시를 위한 생산라인 증설 등 직접적인 비용 발생을 고려하면 상품 출시에 따른 상품 믹스 라인 전체의 이익에 미치는 영향은 막대하다. 따라서 출시되는 신상품과 기존상품 간 자기잠식 등 다양한 가능성을 고려해야 하고, 실제 출시 초기 이러한 시장의 반응에 대한 정확한 모니터링과 피드백이 중요하다. 특히 자기잠식 위험은 시장점유율이 높을수록 높아지게 되므로, 투자비용과 출시 시점의 초기반응을 고려한 상품 라인 전체의 이익 증가 여부를 지속적으로 모니터링하고

표 1-2　신상품 성공 및 실패 요인

성공 요인	실패 요인
▪ 목표시장 소비자 니즈에 부합되고 실질적인 편익 제공	▪ 너무 작은 시장설정으로 인한 상품수요 부족
▪ 성장 잠재력 있는 시장	▪ 소비자가 느끼는 실제적인 편익이 없음
▪ 회사 내부 능력에 맞는 적정수준	▪ 새롭거나 차별화되지 못한 상품
▪ 최고경영자의 일관된 지원	▪ 소비자 기호의 변화 등 시장환경 변화
▪ 부서 간 원활한 협조	▪ 경쟁사 대비 포지셔닝 실패 또는 경쟁사의 신속하고 공격적인 대응
▪ 기술적 우위와 혁신	▪ 유통업자 등 유관업체와의 협조 부족
▪ 체계적인 신상품 개발과정 표준화	▪ 시장에 대한 부정확한 예측
▪ 경쟁사 대비 유리한 시장 환경	▪ 과도한 투자
▪ 개발기간의 단축 등	▪ AS 등 출시 후 지원 미흡 등

자료: 박찬수(2014). 마케팅원리(제5판). 법문사.

수정보완하는 과정이 필요하다. 궁극적으로는 신상품 출시를 통해 성공적인 상품 믹스와 이익증대를 달성했는지가 신상품 성공 여부에 대한 판단에 중요한 기준이 될 것이다.

구체적인 신상품의 성공 및 실패 요인을 요약하면 표 1-2와 같다.

농심은 신라면 탄생 25주년인 2011년 4월 15일에 맞추어 사골 설렁탕 국물 맛을 낸 보양식사 콘셉트의 프리미엄 상품으로 확장한 신상품 신라면 블랙을 출시하였다. 3년여에 걸친 신상품 개발기간 동안 농심이 가장 초점을 맞춘 부분은 영양 강화와 균형으로, 농심 박수현 전무는 "신라면 블랙 개발의 핵심은 라면이 보양식사라는 가치를 정립하고 이상적 영양균형 실현으로, 전통 보양식인 우골 설렁탕으로 영양을 강화하고 영양 3대 요소인 탄수화물, 지방, 단백질의 균형을 62%:28%:10%로 설계했다."고 인터뷰하였다.

한국인이 가장 좋아한다는 기존 신라면의 얼큰한 맛을 유지하면서 설렁탕 국물의 담백하고 구수한 맛에 영양을 더해 명품 브랜드의 프리미엄급 상품임을 알리는 '블랙라벨' 개념을 적용한 브랜드를 설정했다. 프리미엄급 신라면 블랙의 초기 가격은 기존 라면의 두 배에 달하는 1,600원으로, 농심은 신라면 블랙을 미국, 일본, 중국, 베트남, 인도네시아 등 30여 개국을 대상으로 수출할 주요 품목으로 삼아 2015년까지 해외매출 1조 원을 달성하려고 목표하였다(파이낸셜 뉴스, 2011. 4. 10. 기사 중 일부 인용).

신라면 블랙은 기존 라면 소비자들이 라면의 핵심편익으로 생각하는 저가의 맛좋은 포만감을 주지만 건강에는 좋지 않다는 생각에 정면으로 대치되는 보양식사 콘셉트로 승부수를 던지고, 프리미엄급 가격으로 론칭함으로써 기존 신라면과의 자기잠식을 최소화할 뿐 아니라 건강 때문에 라면을 먹지 않으려고 하는 틈새시장까지 확장 공략하려는 과감한 전략적 승부수가 있는 상품이었다. 실제로 론칭 초기, 소비자들의 호기심을 자극하며 예상외의 선전을 보였다.

출시 후 초기 3일간 '신라면 블랙'의 매출은 기존 신라면보다 40~50%가 많았고, 홈플러스 등 대형마트 바이어들도 예상했던 판매량보다 2배 이상 웃도는 수준이라고 평가하는 등(한국경제, 2011. 4. 19. 기사 중 일부 인용) 화제를 모았다. 출시 첫 달 매출이 90억 원에 이르는 등 새로운 히트상품이 될 것을 기대하면서 산뜻하게 출발한다.

그러나 출시 한 달도 채 되지 않아 공정거래위원회는 신라면 블랙의 핵심편익으로 어필했던 설렁탕 한 그릇의 보양식사 콘셉트가 허위·과장 광고라며 시정명령과 1억 5,500만 원의 과징금을 부과했다. 공정거래위원회 측은 "신라면 블랙을 실제 설렁탕 한 그릇과 비교한 결과, 탄수화물은 설렁탕의 78%, 단백질은 72%, 철분은 4%에 불과했다."고 밝혔을 뿐 아니라 지방은 설렁탕의 3.3배에 이르고, 고혈압 등을 유발할 수 있는 나트륨은 1.2배에 달하는 것으로 밝혀 신라면 블랙이 광고를 통해 "탄수화물, 지방, 단백질의 비율이 가장 이상적인 영양균형을 갖춘 완전식품에 가깝다."고 홍보한 것을 허위·과장이라고 판정했다. 또, 소비자별로 다른 이상적 섭취 비율을 근거로 완전식품을 논하는 것 자체가 합리적이지 않다고 지적했다. 최무진(공정위 소비자정책 과장)은 당시 "기존상품을 고급화한 '프리미엄 상품'을 시장에 내놓으면서 가격을 과도하게 높이 책정하고 허위·과장 광고를 통해 소비자를 기만하는 것을 막을 수 있을 것으로 기대한다."고 비판했다.

농심 측은 "공정위 결정을 수용한다."면서도 "신라면 블랙은 광고에 문제가 있지, 상품 자체에 문제가 있지는 않다. 기존 신라면과 함께 세계적인 식품으로 육성할 계획이다."라는 입장을 고수했다. 하지만 설렁탕 한 그릇의 영양을 담았다는 광고 등 신라면 블랙의 핵심편익으로 내세웠던 고영양 보양식이라는 상품콘셉트가 공정위의 과장광고 판단 이후 현격히 훼손되었을 뿐 아니라 1,600원으로 설정한 가격도 첫 달 호기심으로 구매했던 소비자들의 재구매율이 현저히 떨어지면서 판매량이 급감하게 되고 결국 출시 5개월 만에 팔리는 것이 오히려 손해가 된다는 입장으로 선회하며 생산을 중단하는 결과를 낳았다. 농심은 5개월간 신라면 블랙으로 약 200억 원의 매출을 올린 것으로 알려졌다. 이 중 첫 두 달간 150억 원 이상을 팔았고, 그 후 매출은 급격한 감소세를 보였다. 신라면 블랙은 '설렁탕 한 그릇의 영양을 담았다', '완전식품에 가깝다' 등의 광고문구와 높은 가격 책정으로 끊임없는 논란이 있었고 설렁탕 업주들의 소송제기 등 구설수에 휘말리기도 했다.

신라면 블랙의 상품 콘셉트는 기존의 라면에 대한 소비자 인식을 완전히 뒤집어 강력한 반전의 메시지를 전달하고, 이를 통해 기존의 건강에는 나쁘지만 저렴하고 대중적인 대체식품으로서의 농심라면 콘셉트와 차별화된 강력한 프리미엄 신상품 라인을 론칭하는 데 적합하게 구성되었다. 그런데 가장 핵심적으로 공략을 시작했던 상품 콘셉트가 과장되고 사실이 아닐 수 있다는 지적은 신라면 블랙의 상품 콘셉트에 치명타를 입히게 되고, 소비자 불신과 인지 부조화를 일으켰다.

농심은 2012년 5월 여수엑스포를 기념해 용기면 '블랙신컵'을 출시하고 엑스포 폐막 이후 2012년 8월 용기면 '블랙신컵'의 이름을 '신라면 블랙컵'으로 바꿔 판매하면서 출시 5개월 만에 판매가 중단된 '신라면 블랙'을 컵라면 형태로 재판매하기 시작했는데, 소비자들은 신라면 블랙의 영양을 강조한 초기 콘셉트보다 신라면 블랙의 설렁탕 같은 맛과 컵라면 크기에 긍정적인 반응을 보였고, '신라면 블랙컵'은 광고를 통해 기존과는 다른 이미지로 새롭게 리론칭하는 전략을 택한다. 같은 해 10월, '강남스타일'로 월드스타에 등극한 싸이를 광고모델로 기용하면서

'신라면 블랙컵'은 광고하기 전과 비교해 매출액이 30% 이상 증가였다. 또한, 판매 순위도 단숨에 6위로 뛰어오르는 등 용기면 시장의 강자로 부상했을 뿐 아니라 싸이 효과에 힘입어 해외 시장에서도 특수를 누리는 기염을 토하게 된다. '신라면 블랙컵'은 영양 측면을 고려했다는 기존의 편익을 소구하기보다는 세계인이 사랑하는 용기면으로 기존 신라면의 이미지를 강화하는 마케팅을 전개하면서 세계화에 초점을 두고 있다.

토의 문제

- 새롭게 출시되었거나 가장 새롭다고 느껴지는 상품이나 서비스가 있다면 무엇인지 조사해서 같이 공유해보고, 어떤 점에서 가치와 매력을 느꼈는지 토의해보자.
- 핵심편익이 매력적인 상품과 핵심편익 이외의 부가적인 편익이나 확장편익이 매력적인 상품을 찾아 왜 그렇게 느꼈는지를 함께 공유해보고, 토의해보자.
- 신라면 블랙 사례연구를 읽고 봉지면 신라면 블랙과 용기면 신라면 블랙컵의 성공 요인과 실패 요인을 비교 분석하고 토의해보자.

2

상품 및
서비스 개발
프로세스

기업에서 상품 및 서비스를 개발하는 과정은 해당 기업체의 특성과 개발하고자 하는 상품이나 서비스의 특성에 따라 다양하게 구조화되어 있고 유관부서와의 협업 또는 상호 견제 속에 이루어지는 것이 사실이다. 그러나 신상품 출시 전에 반드시 거쳐야 하는 과정들이 있다면 크게 시장 분석, 아이디어 도출 및 정련화, 콘셉트에 대한 타깃 소비자의 반응 분석과 사업성 분석, 제품 개발 및 마케팅 전략 수립 등의 과정이 될 것이다.

본장에서는 경영학에서 다루는 기본적인 신제품 개발 프로세스(new product development process)를 살펴보고 신제품 아이디어 도출을 포함하여 신제품을 개발하는 프로세스에 대한 각 단계별 특징과 신제품 개발 프로세스를 표준화하고 지켜나가야 하는 이유에 대해 생각해 본 후 해당되는 산업이나 제품 특성에 맞게 상품 및 서비스 개발 프로세스를 구성해 보도록 하였다. 이러한 상품 개발 프로세스 구성 작업을 통해 신제품 개발 프로세스에 따라 상품 및 서비스를 기획하기 위해 신제품 개발 과정의 각 단계별로 반드시 진행되어야 할 과업과 해당 업무에 대한 전제조건, 요구사항 등에 대한 필요성을 정확히 이해하도록 하였다.

이 장의 목표
1. 신제품 아이디어 도출을 포함한 신제품 개발 프로세스를 이해한다.
2. 신제품 개발과정의 각 단계별 정의 및 요구사항 등의 특징을 이해하고 설명할 수 있다.

신상품 개발 프로세스의 구성단계

어떤 조직이든 반드시 새로운 제품과 서비스, 그리고 새롭게 변화된 무엇인가를 산출해 내어야 하는 필연적인 과제가 있다. 기업체의 관점에서 신제품의 개발은 생존을 위한 필수적인 요소 중 하나이며, 이 과정은 소비자의 기호를 선제적으로 바꾸거나 달라지는 소비자 기호에 맞추는 등 기술적 진보를 상품에 반영함으로써 경쟁사와의 무한경쟁에서 핵심적인 강점으로 활용할 수 있다.

신제품 개발 프로세스는 일반적으로 사전분석, 아이디어 도출 및 콘셉트 개발, 내부역량 분석 및 마케팅 플랜 기획 등 크게 3단계로 나누어 볼 수 있다. 사전분석 단계는 다시 시장 내에서의 경쟁상황 및 산업의 추이 등 기업의 대내외 경영환경 분석과 소비자 트렌드 및 라이프스타일의 변화 등을 포괄하는 소비자 분석으로 나누어 볼 수 있다. 사전분석을 통해 알게 된 다양한 정보를 취합하고 분석한 다음에는 이를 근거로 아이디어 도출 및 콘셉트 개발 과정을 시작한다.

아이디어 도출 및 콘셉트 개발 과정 단계에서는 먼저 새롭게 느껴지는 다양한 아이디어를 내고, 도출된 여러 가지 아이디어 중에서 경쟁사 대비 차별화되고 소비자 기호를 자극할 만한 아이디어를 선택하여 상품화할 수 있도록 콘셉트화하는 일련의 과정을 거치게 된다.

그림 2-1　신상품 개발 프로세스의 구성단계

새로운 상품 및 서비스 아이디어가 상품화 콘셉트로 만들어지고 나면 내부역량과 가용할 수 있는 자원의 배분을 검토하고 그에 따라 마케팅 플랜을 기획한다. 이때, 이미 출시된 기존의 상품이나 서비스와의 충돌 등을 최소화하기 위한 전략적 검토와 초기 마케팅 비용으로 사용할 수 있는 예산의 배분을 검토하고 상품 콘셉트의 차별화된 가치와 편익을 극대화할 수 있도록 해 주는 최종 마케팅 플랜을 수립하고 기획서를 완성한다.

이러한 일련의 과정은 마케팅 플랜을 포함한 기획서를 완성하는 데서 끝나지 않고 보통 출시 전후의 초기 마케팅 결과를 피드백하고 수정보완함으로써 최종 상업화를 완성하는 단계에 이르기까지 점검한다. 그 이유는 출시 전에 참신하고 차별화된 아이디어를 바탕으로 많은 자원을 투입하여 개발한 상품이라 할지라도 초기 시장 반응을 세심하게 살펴보며 기대했던 만큼의 매출 혹은 선호를 이끌어내기 위한 수정보완과 지원이 필요하기 때문이다. 이를 요약하면 그림 2-1과 같다.

신상품 개발 프로세스의 단계별 특징

마케팅에서 다루는 환경분석을 제외하고 학자들마다 다양하게 신상품 개발 프로세스를 정리하고 있는데, 아이디어 창출부터 출시에 이르기까지 일련의 과정을 상세하게 다룬 코틀러(Kotler, 2012)의 신상품 개발 프로세스를 단계별로 살펴보고, 각 과정에서 요구되는 업무를 파악하고 이해한 후에, 산업적인 특징을 반영하여 신상품 개발 프로세스의 표준안을 만들어 볼 수 있을 것이다.

코틀러는 마케팅원리에서 신제품 개발 프로세스를 ① 아이디어 도출, ② 아이디어 선정 및 정련화, ③ 제품 콘셉트 개발 및 수용도 탐색, ④ 마케팅 전략 수립, ⑤ 사업성 분석, ⑥ 제품개발, ⑦ 테스트 마케팅, ⑧ 상업화 등 8단계로 나누어 제안하고 있는데, 특히 아이디어 도출과 선정 및 정련화를 세분화하여 중점 관리하도록 하는 모형을 제시한 데 그 의의가 있다.

앞서 살펴본 전체 프로세스의 환경분석 단계는 다음 장에서 다양한 분석기법을 소개하며 함께 살펴보도록 하고, 본장에서는 보다 새롭고 창의적인 아이디어를 상품화할 수 있도록 정련해 나가는 일련의 과정으로서의 신상품 개발 프로세스에 초점을 두었다.

아이디어 도출

아이디어 개발(idea development)은 아이디어 창출(idea generation)과 아이디어 선별(idea screening) 단계로 나누어볼 수 있다. 아이디어 창출 단계에서의 아이디어는 소비자들의 미충족 욕구나 기술혁신 등의 원천을 찾아보는 단계를 의미하며, 새롭게 차별화될 가능성이 있는 모든 생각이 다 아이디어로 활용될 수 있다. 따라서 아이디어 창출 단계에서는 현재 출시된 제품과 시장상황에 대한 분석 등 현상 분석을 통해서 뿐 아니라 창의적인 다양한 접근방법이 모두 적용가능하다. 소비자의 입장에서 추가될 수 있는 핵심편익 혹은 부가편익 모두를 발전시킬 수 있는 작은 팁(tip)이라도 이 단계에서는 모두 유용하게 사용할 수 있다. 아이디어 창출 단계에서 최근 기업들이 대학생 패널이나 다양한 잠재 소비자층의 의견 선도자들을 아이디어 도출의 풀로 사용하는 것도 같은 맥락이라 할 수 있다.

따라서 이 단계에서의 아이디어 원천은 다음 장에서 상세하게 다룰 환경분석의 결과 중 일부가 될 수도 있고, 다른 산업의 다른 특이한 차별점이 될 수도 있다. 이 단계에서 중요한 것은 기업 내부 구성원이나 기업 환경분석 결과라기보다는 오히려 소비자 트렌드와 라이프스타일 등 미래 소비자 행동에 대한 예측이나 투영을 통해 다양한 아이디어를 내고 비판이나 평가를 배제한 아이디어의 풀을 구성하는 것이다. 새로운 아이디어를 발굴하기 위해 개발된 다양한 아이디어 도출 기법들이 개발되고 있는데 손쉽게 사용할 수 있는 몇 가지를 소개하면 다음과 같다.

소비자의 숨겨진 니즈 탐색 신상품 아이디어 탐색의 이론적인 출발점은 소비자 니즈라고 할 수 있다. 그러나 소비자의 니즈는 소비자 자신도 잘 표현할 수 없는 내면적인 동기뿐 아니라 겉으로 표출되는 표면적인 사실과는 정반대가 되기도 한다. 그래서 개발자는 표적집단 면접법, 일대일 인터뷰, 가정방문, 비디오 촬영과 같은 참여관찰 등 다양한 방법의 소비자 조사 기법을 활용하기도 한다. 최근 들어서는 에스노그라피(ethnography) 등이 주목받고 있는데, 이는 인류학자들이 인간의 행동양식을 연구하면서 대상의 느낌과 경험을 장기간 동안 직접 체험하기 위해 시도했던 리서치 연구방법 중 하나로 소비자의 자연스러운 행동 자체에 집중하고 소비자의 삶과 라이프스타일 그 자체 속에 묻어 있는 각각의 스토리와 구전을 탐색하는 방법이다. 최근 마케팅 리서치 분야에서는 다양한 방법의 에스노그라피를 원용한 조사방법이 활용되고 있으며, 국내에서도 몇 년 전부터 일부 대기업 마케팅 부서와 리서치 회사가 문화인류학 전공자를 고용하여 참여관찰을 포함한 소비자 조사를 실시하고 이를 통해 아이디어를 창출하는 데 도움을 받고 있다.

기업 내부 혹은 전문가의 아이디어 도출 신상품 아이디어의 또 다른 중요한 원천은 연구개발진, 엔지니어, 디자이너 등과 같은 기업 내부의 구성원들이다. 이들은 신상품 아이디어가 최종적으로는 어떻게 활용될 수 있고 시장과 경쟁구도에 대한 전문적인 지식을 토대로 수년간 분석과 개발업무를 담당해온 전문가적 소양을 가지고 보다 실현가능성이 높은 아이디어를 창출해 낼 수 있는 첫 번째 아이디어 그룹이 된다. 따라서 기업은 사원들을 대상으로 정기적인 아이디어 공모를 실시하거나 포상금을 지급하기도 한다. 내부 직원 외에도 유관회사 전문가 집단이나 경쟁사들도 중요한 아이디어 도출의 원천이 되기도 하는데, 이 경우, 유통업체 또는 납품업체 등 협력기업을 포함하여 경쟁기업이 개발하고 있는 아이디어 상품들에 대한 정보를 얻을 수도 있고, 혁신기술에 대한 정보를 공유하기도 한다.

아이디어 창출 단계에서 활용 가능한 기법들　환경분석과 소비자 니즈 분석, 내부 아이디어 공모 등의 다양한 방법으로 정보를 수집했다고 하더라도 구체적인 아이디어로 만들기는 생각보다 만만하지 않은 작업들이 필요하다. 따라서 여러 가지 분석을 통해 뽑아 놓은 속성들을 열거해 보고 비교 선별하는 속성 열거법(attribute listing)이나 두드러진 몇 가지 속성들을 결합시켜 보고 컨버전스(convergence)를 구성해 보는 강제적 속성 결합법(forced relationships), 기존상품들의 구조적 차원과 상호 연관성을 찾아보며 새롭게 재구성해 보는 형태분석법(morphological analysis) 등이 활용되기도 한다. 대체로 이러한 분석기법들은 다양한 정보 원천들의 탐색을 통해 얻은 정보와 아이디어 원천들을 이용한 브레인스토밍(brainstorming) 방법들을 적용하여 더욱 다양화시킬 수 있다.

아이디어 선별

1단계에서 다양하게 도출된 아이디어는 2단계 아이디어 선별(idea screening) 단계를 거쳐 선정되고, 보다 상품의 콘셉트로 발전시킬 수 있는 형태로 정련화되는 과정을 거치게 된다. 도출된 아이디어들 중에서 선정하는 중요한 기준이 되는 것은 해당 아이디어가 제품으로 상용화될 수 있는 가능성이 있는지 여부와 아이디어 자체의 가치가 소비자 관점에서 핵심편익 또는 매력적인 부가편익으로 받아들여질 수 있는지 여부이며, 이에 대한 세심한 평가 과정을 거쳐 선별되어야 한다. 특히 주의를 기울여야 하는 부분은 매력적이고 실행 가능한 아이디어를 선택함에 있어서 좋은 아이디어를 기각할 수 있는 가능성과 별로 좋지 않은 아이디어를 선택하여 상품화하게 되는 위험에 대해 고려해야 한다는 점이다.

아이디어 선별 단계는 소비자의 관점과 기업의 상용화 가능성을 모두 검토해야 하는 중요한 단계가 되므로, 회사별로 신제품 검토 위원회 등 별도의 검토를 담당하는 조직 운영이 일반적인 형태라 할 수 있으며, 소비재 제품의 경우, 소비자 모니터링이나 소비자 평가단을 함께 운영하는 경우도 있다.

아이디어 선별 단계는 상용화 여부를 판단할 때 중요하게 살펴보아야 할 부분 중 하나인 개발 단계가 진행됨에 따라 제품 개발비용 투입이 얼마나 추가될 것인가 하는 재무적 투자 검토가 필요하다. 이는 상용화를 위한 생산설비 투자 가능성까지 제품화되기 위해 필요한 사전 투자와 출시 후 요구되는 초기 마케팅 비용 등 다양한 관점에서의 재무적 검토가 사전에 이루어져야 함을 의미한다.

콘셉트 개발 및 테스팅

상품 콘셉트(product concept)는 상품 아이디어를 소비자들이 이해할 수 있는 의미 있는 글과 그림으로 보다 정교하게 표현한 것을 말한다. 상품 아이디어를 만들고 선별한 뒤에 선정된 아이디어는 보다 구체적인 상품화를 위해 콘셉트로 정리되고, 소비자 인식상의 핵심편익을 고려하여 브랜드 콘셉트까지 발전시키는 과정이 필요하다. 상품 콘셉트 개발 및 테스팅(product concept development and testing)은 개발자의 관점이 아니라 소비자의 관점에서 매력적인 요인을 강조하고 차별화할 수 있는 명확한 광고 홍보활동과 커뮤니케이션 포인트로 활용할 수 있어야 하므로 콘셉트는 이해가 쉽고 명확하며 그 아이디어가 의미하는 바를 정확히 전달할 수 있어야 한다.

상품화한다면 누가 사용하게 될 것인가, 선정된 아이디어가 제공하는 소비자의 핵심 가치는 본질적으로 무엇인가, 이 아이디어가 실현되는 상황(occasion)은 어떤 상황인가를 소비자의 입장에서 판단해 보고 소비자가 쉽게 이해할 수 있도록 소비자 언어로 설명해 주는 상품 콘셉트가 필요하다.

상품 콘셉트는 이전에는 그런 상품이나 서비스를 경험하지 못한 소비자들에게 새롭게 제시되는 상품에 대한 이해를 돕고 어떤 편익(benefit)을 주는지를 알려주는 역할을 하게 된다. 따라서 상품 콘셉트 그 자체가 시장에 어떻게 포지셔닝할지를 나타내며 광고, 판촉, 포장, 가격, 유통전략 등 마케팅 전략의 개발 방향을 결정하게 된다. 흔히 선정된 아이디어를 개발하는 과정에서 콘셉트와 혼동하는 경우가 종종 있는데 아이디어가 속성으로 표현되었다고 해서 상품 콘셉트가 되는 것이 아니고 특징적인 속성 중에서 어떤 것을 강조할 것인가에 따라 전혀 다른 편익을 강조하는 콘셉트로 탄생될 수 있다.

출시 전에 소비자의 수용도를 검토하기 위해 개발된 상품 콘셉트의 예로 옥시크린의 물 먹는 하마 좀벌레 예방용 콘셉트를 살펴보면, 기존의 습기제거제인 물 먹는 하마에 좀벌레 제거 기능을 추가한 확장된 상품 콘셉트를 효용 중심으로 적용한 것을 알 수 있다.

다양한 아이디어 중에서 상품화를 위한 콘셉트를 만들 때는 개발자의 입장이 아닌 시장과 소비자의 입장에서 무엇이 소비자에게 가치를 제공하고 직접적인 효용을 느끼게 만들어 주는가에 대한 명확한 이해를 바탕으로 작성해야 한다. 따라서 아이디어를 상품으로 만드는 기술적인 특징이 아닌 그러한 특징이 초래하는 소비자 편익과 효용이 무엇인지, 그 핵심적인 내용이 소비자 니즈에 맞닿아 있는지를 명확히 함으로써 소비자에게 궁극적으로 그 상품을 사고 싶게 만들어주는 핵심적인 편익으로 정의되도록 해야 한다.

요약하자면 선별된 아이디어를 바탕으로 상품 콘셉트를 만들 때 두 가지 관점에서 콘셉트를 살펴보아야 하는데 첫 번째는 소비자 니즈를 충족시켜 줄 수 있는 특별한 가치를 제공하고 있는가와 같은 시장 수용 관점이며, 두 번째는 다른 경쟁사에서 판매하거나 콘셉트화하지 않은 차별화된 새로운 상품 콘셉트인가 하는 점이다. 그 외에 부가적으로 고려해야 할 점은 물론 아이디어 선별 과정에서 일정 부분 검토가 이루어졌던 바, 기업이 상품 콘셉트를 상품화하는 투자의사결정을 하는 데 있어서 적합한 사업성이 있는지, 기업의 이념이나 전략에 부합되는지 등의 내부적인 검토가 병행되어야 할 것이다.

소비자 니즈와 차별성이라는 두 가지 관점에서의 상품 콘셉트가 충분히 검토된 후에는 개발된 상품 콘셉트를 바탕으로 브랜드 콘셉트(brand concept)로 전환하는 단계를 거치게 되는데, 브랜드 콘셉트는 소비자 니즈를 충족시키고 차별화

그림 2-2 생활용품 전문회사 옥시 레킷벤키저의 세탁세제 상품 콘셉트 구성의 예

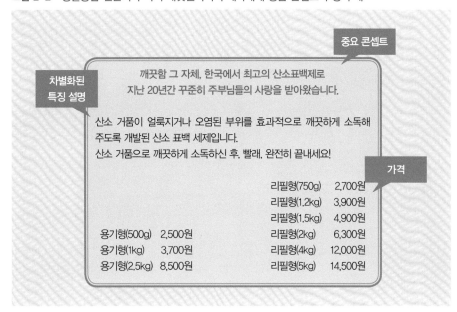

하는 상품 자체의 효용을 알기 쉽게 표현한 것에서 한걸음 더 나아가 새롭게 만들어지는 상품을 소비하는 소비자에게 어떻게 심리적인 만족을 주고 신상품을 소비하는 행위 자체를 특별하게 만들어 줄 수 있는지에 대한 브랜드 퍼스널리티(brand personality)를 구성하고 연결시켜 주는 작업으로, 기업이 가지고 있는 브랜드 포트폴리오(brand portfolio)를 종합적으로 고려하여 브랜드 포지셔닝 맵(brand positioning map)을 작성해 보는 과정을 거쳐 기존 브랜드들의 소비자 인식상의 위치를 확인하고 상호 보완이 될 수 있도록 구성해야 한다.

상품 콘셉트의 포지셔닝 맵(positioning map: 지각도)은 상품 콘셉트의 소비자 니즈와 차별화된 편익을 중심으로 상대적인 위치를 그려보는 작업이고, 브랜드 포지셔닝 맵(brand positioning map)은 시장 혹은 내부 보유 브랜드 간의 상대적인 소비자 인식상의 위치를 그려보는 작업으로, 이러한 포지셔닝 맵을 통해 새롭게 개발하려는 상품의 차별화된 편익과 상대적인 위치를 명확히 할 수 있다.

그림 2-3 상품 콘셉트 개발 과정에서의 상품 포지셔닝 맵 구성의 예

그림 2-3과 같이 어른들을 위한 스낵을 개발하기 위해 실시한 상품 콘셉트의 포지셔닝 맵(product positioning map)을 작성한 예를 살펴보고, 해당 스낵 시장의 브랜드 포지셔닝 맵을 스스로 작성에 본다면 차이를 명확히 이해할 수 있을 것이다.

상품 콘셉트의 개발 과정을 요약하면 다음과 같다.

● 아이디어 선별: 기업이 시장에 제공할 만한 아이디어 도출
● 상품 콘셉트 도출: 선별된 아이디어가 제공하는 편익을 소비자 언어로 표현한 명확한 효용의 정의, 제품 콘셉트의 포지셔닝 맵 작성 등을 통해 차별화 포인트 도출
● 브랜드 콘셉트로 전환: 차별화된 소비자 니즈를 표현한 상품 콘셉트를 브랜드 퍼스널리티와 연결

상품 콘셉트가 명확하게 정리가 된 후에는 대상으로 하는 소비자들에게 상품 콘셉트에 대한 반응을 테스트 해 보는 상품 콘셉트 테스트(product concept testing)의 과정을 통해 보다 정련화되고 소비자 이해를 높일 수 있는 콘셉트로 수정보완할 수 있다. 상품 콘셉트의 테스팅 단계는 제품에 대한 구체적인 상용화 계획을 포괄하는 콘셉트가 개발되면 해당 콘셉트를 소비자들이 얼마나 매력적으로 느끼는지, 개선해야 할 부분이나 보완해야 할 부분은 없는지 시장의 반응을 점검해 보는 단계이다. 이 단계를 거쳐 제품 콘셉트가 더욱 명확해 지게 되고, 마케팅 전략 수립에도 중요한 참고자료로 활용할 수 있다.

소비자 테스트의 목적에 따라 상품 콘셉트는 상징적인 그림만으로 표현되거나 단어나 그림을 통한 구체적인 상품 기술서 또는 광고용 포스터 등으로 제시될 수 있으며, 때로는 실물 크기의 모형(mock-up) 제품으로 만들어서 물리적인 외형을 완전하게 구성하여 제시할 수도 있다.

상품 콘셉트를 제시한 후, 소비자들에게 상품 콘셉트에서 전달하려고 했던 소비자 니즈를 충족시키는 편익이 개발자의 의도대로 정확하게 전달되었는지, 또 매력적으로 느껴지는지 등의 수용도를 점검해 볼 수 있으며, 상품의 사용상황과 다양한 수정보완과 관련된 의견, 가격 적합도 및 구매의도 등을 직관적으로 평가받게 된다. 또 소비자 입장에서의 경쟁상품과 차별화에 대한 인식 등 다양한 측면에서의 소비자 반응을 종합적으로 취합함으로써 구성된 상품 콘셉트가 얼마나 강력하게 개발자의 의도대로 소비자에게 어필하는지를 파악할 수 있다.

단, 경쟁이 치열한 시장이거나 신상품 개발 기간이 상대적으로 짧은 소비재의 경우, 콘셉트 테스트를 진행하는 것이 신상품 개발과 관련된 정보의 유출 가능성을 높이고 유사한 경쟁제품이 동시에 출시되는 경우도 있기 때문에 보안에 각별히 신경을 쓰는 것이 중요하다.

상품 콘셉트 테스트는 시제품을 이용한 개선 건의사항이나 수정보완사항 도출, 또 아이디어 보완 등을 위해 소비자 좌담회, 일대일 면접 및 정성적 탐색방법을 적용하는 경우와 컨조인트 분석 등 계량적 통계기법을 활용하는 정량적 접근방법

두 가지로 나눠 접근할 수 있으며 경우에 따라 선택적으로 활용할 수 있다.

타깃 소비자들에게 상품 콘셉트를 제시하고 반응 및 수용도를 점검하기 위해 사용되는 상품 콘셉트는 실제 원형 제품(physical prototypes, mock-up)을 개발해서 진행하거나 원형 설계도(rapid prototyping)를 이용해서 제품 도면이나 그림을 제시할 수도 있고, 제품 설명을 구체화하여 명시할 수도 있다. 또 최근 들어 소비자들에게 익숙한 동영상이나 가상현실(virtual reality) 환경을 이용하여 소비자가 직접 체험할 수 있도록 환경을 조성하여 테스트를 할 수도 있다. 이러한 방법들은 다양한 개선사항과 수정보완사항을 도출해 내기 위한 정성적인 피드백에 초점을 두고 진행되는 것이 일반적이며, 보안이나 상품 콘셉트 유출의 가능성이 상대적으로 적고 빠른 시간 내에 소비자의 피드백을 받을 수 있다는 장점이 있는 반면에 소비자의 반응을 일반화할 수 없다는 한계가 있다.

따라서 기업의 사활이 걸린 중요한 신상품 개발의 과정에서는 일반화를 위한 정량조사를 일부 실시하거나 마케팅 분석기법을 활용하기 위한 계량적 통계기법을 활용하는 방안을 병행하는 경우가 있는데 이때는 보통 정성적인 소비자 반응 조사를 실시한 후, 상품 콘셉트를 한 단계 정련화하고 타깃 소비자 집단을 대상으로 하는 일정 규모 이상의 표본조사를 실시하여 조사결과를 통계적 대표성과 유의성을 가지고 계량화하는 접근방법을 사용하게 된다. 이러한 계량화된 접근방법은 주로 상품 콘셉트별 수용도와 수요예측을 사전에 진행하거나, 타깃 소비자 대상 정성조사 결과 수정보완하여 정련화된 상품 콘셉트의 시장 반응을 측정하기 위해 실시하는 경우가 많으며, 컨조인트 분석 등 소비자 선호를 통계적 기법으로 추출할수 있도록 구성하는 것이 일반적이다. 정량조사를 실시할 경우에는 다양한 대안적 상품 콘셉트에 대한 소비자 선호도 및 매력도 비교 평가와 함께 소비자 니즈에 대한 수용도와 속성 수준에 대한 소비자 입장의 인지효용 정도를 파악하여 향후 마케팅 전략 수립에도 활용할 수 있도록 다양한 마케팅 분석기법을 적용할 수 있게 조사를 설계하는 것이 바람직하다.

마케팅 전략개발

상품 콘셉트의 개발과 테스트가 모두 끝나면 확정된 상품 콘셉트를 시장에 출시하기 위한 구체적인 마케팅 전략을 개발해야 한다. 마케팅 전략개발(marketing strategy development)의 단계는 아이디어 도출을 위한 소비자 이해와 달리 기업의 입장에서 목표시장에 대한 이해를 높이고 상품 출시 후 실패를 최소화하기 위한 목적으로 수행하게 된다.

이를 위해 먼저 상품 콘셉트의 타깃이 되는 목표시장의 규모, 구조, 소비자행동 분석 등 시장 환경분석을 실시하고, 이어서 상품 포지셔닝에 필요한 소비자 인식상의 경쟁 현황과 인식구조 등 포지셔닝 관련 분석을 수행하게 된다. 이때 상품 포지셔닝 분석과 함께 브랜드 포지셔닝 분석을 실시하여 확실하게 차별화하여 포지셔닝시킬 수 있는 방향에 대해 검토하고 그에 따른 마케팅 전략을 수립하는 것이 효과적이다. 또한 기존 보유 상품의 론칭 초기부터 현재까지의 매출 및 시장점유율을 토대로 매출액, 시장 점유율, 목표 이익 등 신상품 출시 초기 최소한의 마케팅 목표 설정 및 달성가능성을 점검하는 단계를 거치는 것이 바람직하다. 신상품 출시 초기 마케팅 비용과 목표는 중장기 매출목표 및 이익목표에 따라 신상품 출시에 필요한 4P믹스 전략과 조달 가능한 예산에 대한 검토와 함께 계획을 세워서 집행해야 하며 중장기 매출 목표와 목표이익의 설정은 신상품의 상품수명주기에 따른 장기적인 매출 및 이익목표, 각 단계별 마케팅 믹스 전략의 대략적인 방향을 설정하고 그에 맞추어 일관성이 있고 상호 배치되지 않도록 작성한다.

사업성 분석

사업성 분석(business analysis) 단계에서는 상품 콘셉트가 상품화되고 개발 출시되는 경우의 목표시장을 대상으로 현 시점에서 고려하는 마케팅 전략에 따라 가격, 유통, 촉진 등 마케팅 믹스를 구성하고 자원을 투입하였을 때 예상되는 매출과 이익 등을 추정해 봄으로써 상품 콘셉트가 시장에 출시되었을 때 기업이 누리게 되는 사업으로서의 매력도를 평가하게 된다. 그러므로 기본적으로 매출, 원가,

이익에 대해 예상되는 정확한 재무회계 자료들을 검토하고 그 결과가 기업의 재무회계 목표를 달성할 수 있는지를 판단하여야 하며, 분석의 결과에 따라 상품 개발을 진행하게 될지 여부를 확정짓게 된다.

사업성 분석을 위해서는 사업적 매력도를 평가하기 위해 소비자의 예상되는 구매행동을 분석하고 구매 빈도와 구매 주기, 1회 구매 시의 구매량 등을 예측하여 총 매출 추정(estimated total sales)을 하게 되고, 상품 개발을 진행하게 되었을 때 요구되는 비용과 목표이익에 대한 추정을 통해 다각적으로 분석하여야 한다. 총 매출 추정을 위해서는 새롭게 개발되는 상품이 시장에 출시되었을 때 일어나게 될 신규판매, 대체판매, 반복판매 추정치의 총합을 사용하는 것이 일반적이며, 더불어 기존상품 판매에 미치는 영향력도 함께 비교 검토되어야 한다. 이러한 과정은 기술개발 부서 및 생산부서, 마케팅부서, 재무부서 등 해당 사업부의 의견을 종합적으로 검토하여 진행되어야 하며, 가장 잘 알려진 접근방법 중 하나가 손익분기점 분석(BEP: break-even point analysis)이라고 할 수 있다.

새롭게 개발하는 신상품이 기업의 사활을 건 중요한 투자의사결정일 경우에는 위험분석(risk analysis)을 통해 기업이 직면한 낙관적 관점과 비관적 관점 모두 가장 가능성 높은 상황을 상정하여 시뮬레이션을 해 보고, 확률분포를 이용한 가능한 수익률 범위를 통계적으로 산출하는 등의 다각적인 분석이 필요하며, 모든 재무적 검토와 분석을 신중하게 진행하고 협의를 거친 후에 불확실성을 최소화하고 나서 상품 개발 여부를 확정하는 경우도 있다.

상품 개발

상품 콘셉트가 사업성 분석을 통해 긍정적인 평가를 받게 되면 지금까지 검토되었던 상품 콘셉트와 시제품, 모형상품(mock-up) 등을 바탕으로 실체적인 상품을 만들기 위한 연구기술(R&D) 부서의 검토와 생산 전담 부서의 구체적인 상품 설계가 시작되는데 이 단계가 상품 개발(product development) 단계이다. 상품 개발 단계에서는 선별된 상품 아이디어가 기술적으로나 상업적으로 구체화될 수 있고 실현가능한 상품으로 만들어 질 수 있는지에 대한 검토가 이루어지게 된다. 상품 콘셉트의 핵심 아이디어가 상품으로 출시되기 위해 기술적, 상업적으로 전환이 될 수 있는지 가능성 여부를 충분히 검토하여 결정하되 재무적 투자에 대한 엄격한 검토와 고려도 필요하다. 상품 개발 단계에서 연구기술(R&D) 담당 부서는 상품 콘셉트를 반영한 물리적인 시제품을 몇 가지 만들어내게 되는데 이를 원형(prototype)상품이라고 하며, 이러한 원형상품은 생산원가 한도 내에서 상품 콘셉트를 충실하게 반영할 수 있는가와 상품 콘셉트를 구성하는 핵심 아이디어를 구체화하는 핵심 속성들을 반영하고 있어야 하며 소비자의 사용 상황에서 상품 콘셉트가 명시한 기능을 완전하게 수행할 수 있는지 여부를 검토하기 위해 제작된다. 원형상품이 준비되면 원형상품을 이용하여 상품의 설계 기준과 상품 콘셉트의 충실한 반영 여부를 확인하기 위한 엄격한 기능적인 시험(functional test)과 소비자 테스트(consumer test)를 다시 한 번 거치게 된다.

구체적으로 소비자의 언어로 이루어진 상품 콘셉트의 소비자 인지 속성(CAs: customer attributes)들을 상품 개발 담당 부서의 기술 중심 엔지니어링 속성(EAs: engineering attributes)으로 전환하는 품질 기능전개(QFD: quality function deployment) 과정을 거쳐서 개발자 중심의 품질 속성으로 변경하여 상용화 가능한 여부를 점검하고 추가적으로 보완되어야 할 개발 설비들을 설계하는 기술적인 부분이 반영되도록 해야 하며, 이를 위한 소비자 인식과 상품 개발 기술진의 이해 정도가 특히 중요한 부분이라 할 수 있다.

이러한 속성의 전환을 통해 개발된 원형상품을 테스트하기 위해 먼저 기술적 품질 테스트가 주를 이루는 기능적 시험(functional test)을 실시하게 되는데 여러 서로 다른 조건 하에서 원형상품이 어떻게 작동하게 되는지를 내부적으로 확인하는 알파 테스팅(alpha testing) 과정과 알파 테스팅을 통과한 원형상품을 더욱 정교화한 후 잠재고객의 일부를 선정하여 시제품 테스팅을 실시하는 베타 테스팅(beta testing) 과정을 거치게 된다.

기능적 시험단계를 거치고 나면 원형상품에 대한 소비자 수용도 테스트

(consumer test)를 실시하여 상품 콘셉트 테스트 단계에서 보인 소비자 반응이 제대로 원형상품에 시현되었는지를 확인하게 되는데, 이를 위해 만들어진 원형상품을 소비자가 직접 사용해 보도록 하고 평가할 수 있도록 실험실에서 타깃 소비자가 원형상품을 보고 사용해 보도록 하거나 샘플상품을 집으로 가져가서 사용(HUT: home usage test)해 보도록 하거나 일정기간 이상 소비자 가정에 유치하여 사용(in-home placement test)해 보도록 하는 등의 다양한 소비자 조사 기법을 활용하여 소비자의 평가를 반영할 수 있다.

시장 테스팅

원형상품이 기능적인 시험(functional test)과 소비자 테스트(consumer test)를 통과하게 되면, 브랜드명을 결정하고 포장을 포함한 신상품 포장(packaging)을 하는 등 기본적인 마케팅 프로그램을 적용하여 보다 현실적으로 실제 시장환경 하에서 테스트를 실시하게 된다. 이러한 시장 테스팅(test marketing)은 소비자와 유통업자들이 실제로 어떻게 상품을 사고팔게 되며 재구매로 이어지게 되는지, 그리고 신상품의 시장규모가 얼마나 될 것인지를 살펴봄으로써 사업성 분석에서 예측한 방향대로 시장이 반응할 것인가와 예측 정확도를 높이는 데 그 목적이 있다.

시장 테스팅 단계를 통해 마케팅 관리자는 소비자와 유통업자의 초기 반응을 모니터링하고 마케팅 전략의 효과성과 시장 잠재력 등에 관한 중요한 정보를 얻을 수 있으며, 혹시 발생할지도 모르는 시장 실패의 위험요소를 파악하여 사전에 대비할 수 있다. 반대로 시장 테스팅은 해당되는 마케팅 비용이 추가되고 신상품 출시시기가 지연될 수 있을 뿐 아니라 경쟁사에 신상품의 정보가 고스란히 노출되어 경쟁자에게 아이디어를 빼앗기거나 경쟁상품을 개발할 수 있는 시간적인 여유를 줄 수 있다는 위험도 있기 때문에 모든 경우에 반드시 시장 테스팅을 실시해야 하는 것은 아니다. 미국과 같은 경우에는 타깃이 되는 목표시장 이외의 지역을 선정해서 시장 테스팅을 진행하거나 특정 유통채널만을 한정해서 시장 테스팅을 진행하는 등의 다양한 방법을 사용하고 있으며, 개발되는 상품의 특성과 시장의 특성을 고려하여 경쟁사의 위협을 최소화할 수 있는 접근방법을 선택하는 것이 중요하다.

소비재를 대상으로 하는 시장 테스팅은 시용, 초기 구매행동 파악 및 반복구매 의향 점검, 구매빈도 파악 등을 통해 론칭 후 매출 추세선 분석 등을 통한 초기 수요를 예측하는 데 그 목적이 있으며, 적용 범위에 따라 다음과 같은 방법들이 적용될 수 있다.

첫째, 표준시장 테스팅(standard test marketing)은 표적시장으로 선정한 시장에 대해 대표성을 갖는 특정 거점을 선정한 후 선정된 몇 개의 도시 혹은 거점을 대상으로 시장 테스팅을 진행하는 방법이다. 이 방법은 거의 실제 시장 상황에서 행해지는 것과 같기 때문에 시장 테스팅의 결과가 실제 상품 출시 결과를 가장 가깝게 예측할 수 있도록 해 준다는 장점이 있는 반면, 경쟁자에게 노출될 가능성도 가장 높아 상품의 특성과 기술력의 편차 등을 신중히 고려해야 한다.

둘째, 통제시장 테스팅(controlled test marketing) 방법은 표준시장 테스팅 방법의 범위를 축소시켜 몇 개의 유통거점이나 매장을 선정하여 시장 테스팅을 진행하거나 전략적으로 설정한 마케팅 믹스의 일부를 통제한 후 실시하는 시장 테스팅 방법이다. 이 경우 조사 주체가 매장 내 선반 위치, 노출면의 수, 디스플레이, 구매시점 프로모션(POP), 가격 등 다양한 방법의 마케팅 믹스 중 일부를 선별적으로 채택하고 통제한 후 출시 효과를 살펴보도록 계획적으로 통제하는 방법이다. 코카콜라 코리아가 신상품 체리코크의 초기 반응을 테스트하기 위해 대규모의 온라인 프로모션을 실시했지만 유통점은 강남의 몇몇 매장으로 한정하여 시장 반응을 체크한 사례가 대표적인 통제시장 테스팅의 일환이라 할 수 있겠다.

셋째, 모의시장 테스팅(simulated test marketing) 방법은 실험실과 같은 모의 쇼핑공간에서 시험 마케팅을 실시하는 방법이다. 보통 30~50명의 소비자들을 대상으로 실제 쇼핑 장소와 비슷하게 환경조성을 한 실험 공간으로 오도록 하여 가상의 쇼핑을 진행하도록 하고, 신상품 광고 및 판촉의 효과와 특정상품 선택 이유를 포함한 다양한 부가적인 정보에 대한 소비자 조사를 함께 진행하게 되는데, 실제

시장반응과는 다소 거리가 있지만 경쟁사 노출이 일어나지 않고 소비자의 다양한 반응에 대한 조사를 실시해 볼 수 있다는 장점이 있다.

이외에 산업재를 대상으로 하는 시장 테스팅은 주로 고가의 산업재나 신기술 상품의 경우에 해당하며 기업 내부적으로 원형상품을 점검하기 위한 알파 테스팅(alpha testing)을 실시하거나 알파 테스팅을 통과한 원형상품을 다시 엄선한 잠재고객 중 일부를 대상으로 실험실에서 테스트를 진행하는 베타 테스팅(beta testing) 등의 기술적 실험실 테스트가 주를 이루게 된다.

그 외에 구매자의 반응을 살피기 위한 전시회나 박람회 등 특정 타깃을 대상으로 테스트를 하거나 해당 산업 내 경쟁기업과 함께 유통업자나 딜러의 쇼룸에 전시 또는 시연을 하는 방법 등을 통해 테스트를 실시하는 등의 방법이 사용된다.

상업화

상업화 단계(product launching)는 본격적으로 상품을 시장에 출시하는 단계로 대규모 투자의사결정이 필요하고 출시를 위한 부품조달부터 유통에 이르기까지의 내부 흐름 전개에 대한 정교한 계획과 설계가 필요한 단계이다. 상업화를 위해 기존의 기업 자원과 신규로 투자되어야 하는 자원을 나누어 적절히 배분하고 상호 시너지를 낼 수 있도록 효율성을 극대화하는 생산관리가 중요한 시점이며, 따라서 출시시기를 결정하고 목표 품질의 상품을 적시에 적소에 공급할 수 있도록 하는 시장 진입시기(market entry timing)에 따른 전략수립이 필요한 단계라 할 수 있다.

상품 출시시기별 전략은 크게 세 가지로 나누어 볼 수 있는데, 경쟁이 치열한 산업이나 상품군의 경우에는 경쟁사의 출시 전에 먼저 시장에 진입하는 등의 선발진입(first entry) 전략과 경쟁기업의 신상품과 동시진입(parallel entry) 또는 경쟁사의 시장 론칭 후 소비자 반응을 살펴보고 수정보완한 후 후발진입(late entry)하는 등의 전략으로 나누어 볼 수 있다. 물론 출시시기는 경쟁기업의 진출 시점 외에도 기존 보유 상품이나 브랜드의 출시 일정과 판매 계획 등 내부자원과의 충돌을 최소화하고 환경적 영향을 최소화하는 등의 다양한 이유로 조절될 수 있다.

상품의 출시시기에 대한 전략 외에도 유통망이나 시장의 접근성 등을 고려해야
하는 지리적 범위에 따른 전략도 함께 생각하는 것이 바람직하다. 지리적 범위에
따른 전략을 수립하기 위해서는 유통 및 채널이 중요한 상품일 때 주로 적용하는
한 지역시장, 여러 지역시장, 전국시장, 해외시장 등 출시의 범위를 전략적으로 결
정하게 되는 경우와 단계적인 도입(roll-out) 전략을 적용하여 가장 유망한 가망소
비자를 우선적으로 1차 목표 소비자로 삼아 유통과 프로모션을 집중하는 등의 전
략을 수립하는 경우로 나누어 볼 수 있다.

출시시기 및 지리적 범위 결정 등 단계적인 신상품 출시를 결정했다면 목표시장
의 단계적 확장에 따른 구체적인 실행계획(action plan)을 수립하고 핵심 경로의 일
정계획(CPS: critical path scheduling)을 시스템적으로 확인하는 등의 구체적인 계
획안이 필요하다.

▎상품 및 서비스 개발 프로세스의 표준화

지금까지 일반적으로 적용할 수 있는 신상품 개발 프로세스에 대해서 살펴보았
다. 구체적인 프로세스의 설계는 상품이나 산업의 특성에 따라 수용도 탐색 및 테
스트 등의 소비자 반응에 대한 과정을 중요하게 거쳐야 하는 경우와 기술혁신을
바탕으로 개발되어 소비자의 평가가 어렵거나 산업재 기반의 상품일 경우 등 개별
기업의 특성에 따라 전혀 다른 신상품 개발 프로세스의 구축이 필요하다.

개별 기업 각각은 신상품 개발을 위한 프로세스의 구성과 각 단계별 업무의 진
행과정을 설계할 때 산업의 특성 또는 개발하는 상품 및 서비스의 특징이 충분히
반영될 수 있도록 유연하게 조절된 프로세스를 갖추는 것이 바람직하다.

이러한 산업별, 개별 기업의 특성별 차이를 충분히 고려하여 신상품 개발 프로
세스를 표준화하는 것이 기업 내부의 효율성을 높이고 신상품 성공의 중요한 요인

중 하나가 될 수 있으므로, 내부역량을 고려한 신상품 개발 프로세스를 표준화한 후 사용하는 것이 중요하다. 표준화된 프로세스를 따르며 개발 상품의 특성을 반영하여 피드백을 거치는 것이 개발과정에서 비용 소모적으로 느껴지더라도 출시 후 상품의 성공 여부를 가름하는 중요한 기준이 될 수 있기 때문이다.

은행 상품 개발 프로세스 구성의 예

은행은 금융상품의 특성상 상품을 만드는 데 제약이 많은 산업 중 하나이다. 은행 거래 개인 고객을 대상으로 하는 개인상품의 특징은 금리와 부가서비스를 이용한 차별화된 콘셉트의 도출과 STP전략에 있다. 그러나 금융산업의 특성상 금리의 운용에 대한 자율권이 많지 않고, 카드와 증권과는 달리 상대적으로 국가의 통제가 많아 차별화된 금융상품을 시장에 내어놓기가 힘든 특징을 가지고 있다. 따라서 개인고객을 대상으로 하는 차별화의 핵심은 시장을 탐색하고 세분화하여 세분시장별로 고객의 니즈를 발굴하는 데 있으며, 이와 같은 대표적인 성공사례가 여성 고객을 대상으로 하는 카드와 연계한 여성전용 패키지 상품들이라고 할 수 있다.

우리은행은 2011년 상품 개발 기능을 통합한 부서를 만들면서 개인고객을 대상으로 하는 상품 개발 프로세스를 정비하는 과정을 거쳐 심사숙고하여 시장의 반응을 우선적으로 탐색하고 핵심적인 니즈를 파악할 수 있도록 리서치 기능을 대폭 강화한 고객중심 상품 개발 프로세스를 설계하고 운영하고자 심혈을 기울였다. 유관 부서 간의 협의를 거쳐 제시된 그림과 같이 표준화된 상품 개발 프로세스를 설계하고, 그에 따라 다양한 아이디어를 상시적으로 수집, 발굴하여 개인고객 대상 상품을 개발할 수 있는 기초자료로 활용할 수 있도록 하였다. 기존의 상품 개발 프로세스는 은행의 업무 프로세스를 잘 알고 금융업상의 규제와 제약에 대한 이해가 깊은 내부 전문가 집단을 중심으로 정부의 정책에 부응하는 신속하고 적확한 상품을 개발해 왔다. 그러나 경쟁이 심화되면서 시장에서의 차별화에 어려움을 겪었고, 이를 개선하기 위해 고객의 니즈에 맞는 새로운 상품 콘셉트의 도출을 통한 차별화를 시도한 것이다.

고객의 니즈로부터 출발하는 아이디어를 발굴하여 다시 금융상품의 여러 가지 규제에 적합한 상태로 상품화하는 데에는 여러 가지 제약이 따르며, 아이디어 차원에서는 획기적일 수 있으나 금융업법상 실현 가능성이 낮은 경우가 많았고, 시장을 분석하고 타깃 소비자를 대상으로 하는 아이디어 도출을 위한 다양한 노력을 경주하기 위해서는 기존의 상품 개발 프로세스 대비 상대적으로 상품 개발에 소요되는 시간이 길다는 적용상의 어려움이 있었다.

또 은행에서 취급하는 금융상품이 다양해지고, 고도의 전문성을 요구하는 파생 관련 상품들도 많아지면서 고객과 시장으로부터 차별화 아이디어를 도출하는 표준화된 프로세스를 적용하

시중 은행 상품 개발 프로세스 표준화안

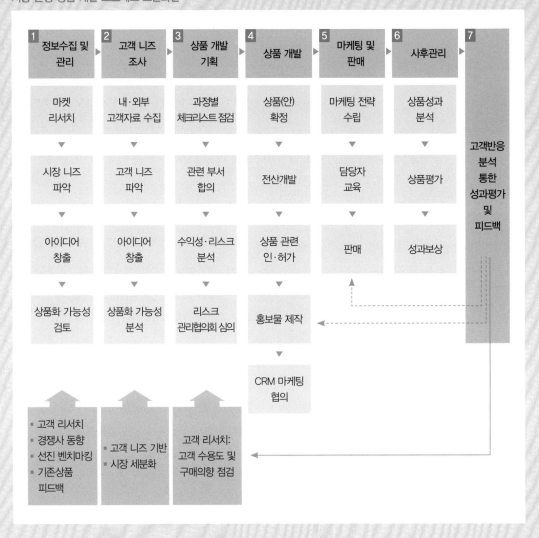

기 어려운 경우도 종종 발생하였다. 몇 가지 시행착오를 거쳐 상품의 특성에 따라 탄력적으로 상품 개발 프로세스를 적용하도록 허용했으나 내부적으로 표준화된 상품 개발 프로세스의 운용에 대한 의문이 제기되는 등의 혼란을 겪게 되었다.

　금융상품과 같이 고도의 전문성이 필요하거나 국가의 관여도가 높은 특수 산업의 경우, 상품 개발의 표준화된 프로세스를 운영하는데 필요한 탄력적 운용과 성과를 내기 위해서는 프로세스를 조정하는 과정과 협의가 필요하지만 상품 개발 담당자들은 금융업의 특성상 전문성에 더욱 초점을 두어야 하는 것인지, 혹은 최종 소비자의 니즈로부터 출발하는 아이디어 발굴에 집중해야 하는 것인지에 대해 고민하고 있으며, 이러한 고민은 첨단 기술을 토대로 현재 시장에서 전혀 경험해 보지 못한 상품을 개발해야 하는 경우의 고민과도 일맥상통한다.

그럼에도 상품 개발자들이 잊지 말아야 할 것은 전문성이나 기술을 바탕으로 개발하는 상품이라 할지라도 결국 소비자가 그 상품에 매력을 느끼고 가치를 부여할 때 비로소 상품으로서의 생명력을 얻게 된다는 점이다. 따라서 표준화된 상품 개발 프로세스를 만들고 활용하고자 할 때는 프로세스 자체에 몰입하기보다는 상품 개발 프로세스를 설계할 때 시장의 반응과 니즈를 파악하기 위해 중요하게 다루었던 과정들의 역할과 필요성을 기억하고 최대한 장점을 활용할 수 있도록 하는 것이 중요하다. 최종적으로 고객이 매력을 느낄 수 있는 상품의 차별화된 콘셉트를 도출하는 도구로서 표준화된 상품 개발 프로세스를 이해하는 것이 바람직하다.

토의 문제

- 평소 관심을 가졌던 상품이나 서비스, 기업에 초점을 두고 이 장에서 학습한 신상품 개발 프로세스를 적용하여 표준화된 상품 개발 프로세스를 구성해 보고 함께 토의해보자.
- 앞의 사례연구에 제시된 은행 상품 개발 프로세스 구성의 예를 살펴보고, 코틀러의 신상품 개발 프로세스 8단계와 비교하여 산업특성이 반영된 부분과 추가로 보완이 필요한 점에 대해 토의해보고, 금융상품 개발에 특화된 상품 개발 표준화 프로세스를 만들어보자.

3

상품 및
서비스 기획을
위한 환경분석

본장에서는 신상품 개발을 위한 아이디어 도출 이전에 사전 단계로 필수적인 선행요소가 되는 산업분석, 시장의 경쟁구도 분석과 시장을 이루는 소비자 분석에 대해 살펴보고자 한다. 환경분석은 기업의 관점에서 기업이 처한 상황에 대한 종합적인 분석인 동시에 신상품을 개발하여 판매하게 될 목표시장을 이루고 있는 소비자들에 대한 깊이 있는 이해가 필요한 영역이기도 하다.

본장은 크게 세 부분으로 구성되어 있다. 먼저 산업분석을 통해 기업의 현재 위상과 향후 예상되는 경쟁구도 및 유관업체 간의 관계를 중장기적 관점에서 살펴보고 시장의 구조적 형태에 대해 이해하고, 해당 기업의 강약점 분석을 포함한 경쟁구도 분석에 대한 다양한 방법을 소개하였다. 두 번째, 기업의 내부역량 분석과 목표시장의 외형적 크기를 분석하고 판단하기 위한 다양한 방법을 소개하고 시장의 매력도를 판단하는 구체적인 기준이 무엇인지를 이해할 수 있도록 하였다. 이에 덧붙여 신상품의 시장 수용과정과 상품수명주기에 따른 변화를 이해하고 각 단계에 맞게 신상품 개발 전략을 수립할 수 있도록 하였다. 마지막으로 목표시장으로서의 소비자를 이해하고 시장 세분화와 목표시장 선정, 그리고 소비자 인지적 관점에서의 기업 및 상품의 포지셔닝을 위한 다양한 접근방법을 소개하였다.

이 장의 목표
1. 신상품 개발의 배경이 되는 다양한 환경분석 기법의 개념과 활용 방법을 이해한다.
2. 기업의 관점에서 산업분석과 경쟁구도 분석의 목적과 판단 기준을 이해한다.
3. 목표시장으로서의 소비자를 이해하고 세분화와 목표시장 선정, 포지셔닝 등 마케팅 전략을 학습함으로써 가장 매력적인 시장을 선점하기 위한 방향과 목표를 명확히 할 수 있도록 한다.
4. 환경분석을 통해 신상품 개발 프로세스 전체의 방향성과 목표를 명확히 설정할 수 있는 능력을 갖추도록 한다.

상품 및 서비스 기획을 위한 환경분석

▌산업분석과 경쟁구도 분석

기업의 관점에서 상품 및 서비스를 기획하는 사전단계로서의 환경분석은 결국 진입하고자 검토하는 시장이 얼마나 매력적으로 느껴지는가에 대한 중요한 판단의 근거를 제공하게 된다. 이때 시장의 매력도는 구체적으로 대상이 되는 시장에 진입한 기업들이 잠재적으로 얻을 수 있는 평균적인 이익의 크기를 의미하는 것으로, 재무적 관점에서의 수익성 분석과 시장규모에 대한 평가 등을 포괄하는 개념이 된다.

대상 시장의 매력도와 잠재력에 대한 정확한 평가를 토대로 투입하는 자원과 상품과 관련된 지원이 결정되므로 이러한 관점에서의 환경분석은 기업의 시장 진출을 결정하는 중요한 첫 단계라고 할 수 있다. 중장기적 관점에서 좀 더 폭넓게 접근하기 위한 첫 걸음으로 먼저 해당 산업의 구조와 잠재적 경쟁자를 포함한 경쟁구도, 유관 기업 및 인구통계적 환경, 사회경제적 환경뿐 아니라 기술적, 법적 환경을 포괄하는 외부 환경분석이 이루어지는 것이 바람직하다.

널리 알려진 마이클 포터(Michael E. Porter)의 산업분석(five forces model)은 기업이 처한 구조적 환경요인을 경쟁구도를 중심에 두고, 공급자, 구매자, 대체재의 위협과 잠재적 진입자 등 5개 요인으로 나누어 분석하는 모형을 제안하였는데, 마이클 포터의 산업분석 모형을 활용하면 산업구조의 전반적인 흐름과 경쟁구도를 개략적으로 이해하는 데 도움이 된다.

마이클 포터의 산업분석 모형은 기본적으로 산업재와 소비재 간 특징에 따라 차이를 보이며, 소비재의 경우 특히 현재의 경쟁구도 파악뿐 아니라 향후 신상품 출시 이후의 경쟁구도에 대해서도 잠재적 진입자를 파악해 봄으로써 향후 시장 변화를 예측하고 대비하는 데 유용한 틀을 제공한다.

마이클 포터의 산업분석 모형을 통해 개략적인 경쟁구도를 파악한 후에는 기업의 내부역량을 감안한 보다 정확한 경쟁력 분석과 경쟁자 분석이 필요한데, 이를 위해 SWOT분석(strength, weakness, opportunity & treat analysis), BCG매트릭스 분석 등 다양한 기법들이 활용되고 있다. 그 외 인구통계적 환경 및 사회경제적 환경, 기술적, 법적 환경 등 환경적 요인도 글로벌화가 가속화되고 있는 상황에서 새롭게 시장에 진출하거나 사회 문화적 환경의 차이가 확연한 경우에 중요하게 다루어져야 할 요인이 된다.

마이클 포터의 산업분석

하버드 대학교 경제학 박사인 마이클 포터는 기업체가 속한 산업을 경제학적인 관점에서 전체 구조를 모형화하여 분석할 수 있는 산업분석 모형의 틀을 제시하였다. 마이클 포터의 산업분석 모형은 현재 시장 내의 경쟁구도를 중심으로 공급자와 구매자를 나누고, 현재 시장에 진입하지는 않았지만 잠재적인 진입자의 위협과 대체재의 교섭력을 구분하여 총 5개의 중점 분석단위를 제시하고 각 단위별로 산업에 미치는 영향력을 분석하도록 하였다. 이러한 접근은 해당 산업 내 경쟁구도 및 공급자와 구매자, 서비스 제공 지원자 등 협력업체와의 관계와 유통구조에서 오는 영향력을 고려할 뿐 아니라, 해당 산업이 속한 시장의 매력도를 높이 평가하고 새롭게 진입하고자 하는 잠재적인 경쟁자와 소비자의 대체재 선택능력을 함께 고려하여 산업의 전반적인 구조를 파악하고 평가하는 접근방법이다.

이러한 구조적 요인에 대한 평가는 보통 한 상품이나 특정기업이 아닌 동종업계

그림 3-1 마이클 포터의 산업분석 모형 적용 커피전문점 산업분석의 예

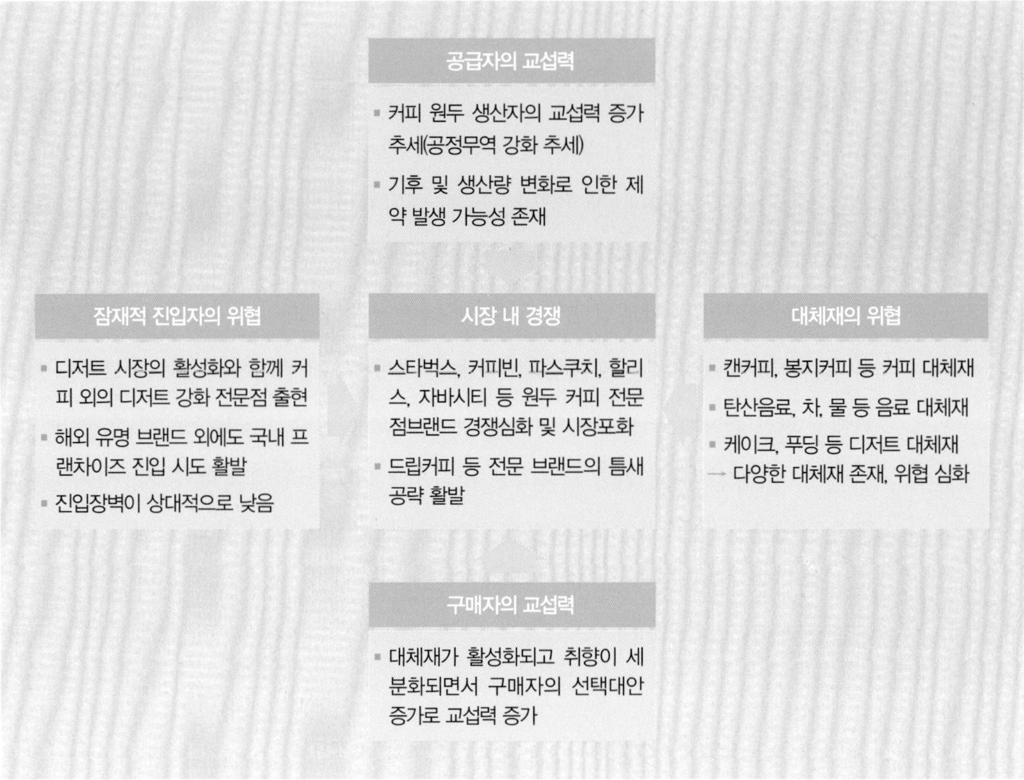

공급자의 교섭력

- 커피 원두 생산자의 교섭력 증가 추세(공정무역 강화 추세)
- 기후 및 생산량 변화로 인한 제약 발생 가능성 존재

잠재적 진입자의 위협

- 디저트 시장의 활성화와 함께 커피 외의 디저트 강화 전문점 출현
- 해외 유명 브랜드 외에도 국내 프랜차이즈 진입 시도 활발
- 진입장벽이 상대적으로 낮음

시장 내 경쟁

- 스타벅스, 커피빈, 파스쿠치, 할리스, 자바시티 등 원두 커피 전문점브랜드 경쟁심화 및 시장포화
- 드립커피 등 전문 브랜드의 틈새공략 활발

대체재의 위협

- 캔커피, 봉지커피 등 커피 대체재
- 탄산음료, 차, 물 등 음료 대체재
- 케이크, 푸딩 등 디저트 대체재
→ 다양한 대체재 존재, 위협 심화

구매자의 교섭력

- 대체재가 활성화되고 취향이 세분화되면서 구매자의 선택대안 증가로 교섭력 증가

또는 산업 내 구조를 파악하는 것부터 출발하게 되며, 시장의 매력도에 따라 경쟁구도가 변화할 수 있다는 점을 잠재적 진입자와 대체재의 교섭력 등을 함께 고려하고 분석함으로써 보완할 수 있도록 하였다. 이 모형의 특징은 구조-행동-성과(structure-conduct-performance) 패러다임을 기반으로 산업을 중심으로 분석하도록 함으로써 특히 산업재 및 복잡한 협력업체와의 관계가 중요한 유통 집중적 상품이나 상품에서 유용한 접근방법이라 할 수 있다.

산업분석 모형의 틀을 구성하는 각각의 요소별 특징을 살펴보면 다음과 같다.

잠재적 진입자의 위협　진입장벽(barriers to entry)의 원천으로 볼 수 있는 잠재적

진입자의 위협은 현재는 해당 산업에 대한 공략을 하고 있지는 않지만 언제든지 해당 산업에 진출하여 새로운 경쟁자로 경쟁구도에 변화를 가져올 수 있는 가능성이 있는 기업들에 대한 분석이다. 산업 내 기업의 입장에서는 산업의 매력도를 높여 주는 기저는 오히려 진입장벽이 높은 경우가 신상품 출시에 유리한 매력요인이 되는 반면, 퇴출을 고려할 경우에는 진입장벽이 제약이 될 수 있고, 해당 산업에 진입을 고려하는 기업의 경우에는 반대로 진입장벽이 높을수록 매력도가 낮아지게 된다. 진입장벽으로 작용하게 되는 요인들은 자동차 및 전기, 철도 등 국가 기간산업의 예에서 볼 수 있다. 그 예로는 ① 정부의 진입규제, ② 높은 투자 소요액, ③ 원가 차이와 기존 기업이 구축해 놓은 강력한 브랜드 자산, ④ 산업 내 원자재 결속력이나 유통 장악력 포괄, ⑤ 중요한 투입요소 확보의 어려움 등과 진입을 위해 필요한 내부적인 설비 및 생산 전환을 위한 투자, ⑥ 높은 전환비용(switching cost)이 발생하는 경우 등으로 다양하며 각각의 항목에 대한 사전 검토가 필요하다.

구매자의 교섭력　해당 기업을 중심으로 도매 혹은 소매를 포함한 모든 구매자들이 해당 기업에 행사하는 유통 및 협력업체 관점에서의 파워를 구매자의 교섭력으로 통칭할 수 있는데, 최근 들어 더욱 거세진 대형 유통할인마트 등의 교섭력 등이 이에 해당되는 좋은 예가 된다. 제조사의 입장에서는 구매자의 교섭력이 지나치게 클 경우, 유통마진을 통제할 수 없게 되거나 판촉비용을 부담해야 하는 등의 불이익 외에도 최종 소비자에 이르는 유통 채널과 관련된 마케팅 전략을 수행하는 데에도 제약을 받을 수 있게 되므로 구매자의 교섭력을 파악하는 것은 산업 내 구조를 이해하는 데 중요한 요인이 된다.

구매자의 교섭력이 커지는 경우는 크게 ① 구매자의 수가 작거나 구매자가 조직화된 경우, ② 구매자가 후방 통합할 가능성이 높은 경우, ③ 구매자가 가격에 민감한 경우 등으로 나누어 볼 수 있는데, 이 중에서 특히 구매자가 가격에 민감해서 구매자의 교섭력이 커지게 되는 경우는 구매자 자신이 가격을 부담하는 경우, 상품가격이 소비자의 총 비용 중 높은 비중을 차지하는 경우, 구매자가 최종 사용자가 아닌 경우, 구매자가 가격에 의존하지 않고 품질을 평가할 수 있는 경우, 구매자들의 비교구매가 쉬운 경우, 공급선을 전환하는 비용이 낮은 경우, 차별화의 정도가 낮은 경우, 공급선의 명성이 중요하지 않은 경우 등 다양하게 나타날 수 있다.

공급자의 교섭력   해당 기업에게 상품에 필요한 부품을 납품하는 원자재 업체들의 유통파워를 의미하며, 자동차 등 여러 종류의 원자재 납품이 필요한 경우와 부품 조달이 어려운 경우 등에 있어서 중요한 요인으로 작용할 수 있다.

공급자의 교섭력이 큰 경우는 ① 공급자의 수가 적거나 공급자들이 조직화된 경우, ② 공급자가 최종 소요 부품을 납품하는 데 필요한 공급체인의 앞쪽을 구성하는 공급업자와 담합 등 전방 통합할 가능성이 높은 경우, ③ 구매자가 가격에 민감하지 않은 경우 등이다.

대체재의 위협   해당 상품 자체의 경쟁구도 외에도 소비자의 니즈가 달라지거나 트렌드 변화에 따라 해당 상품의 사용이 대체되는 경우가 이에 해당한다. 주로 기술 발전이나 소비문화 트렌드의 변화 등이 영향을 미치며 탄산음료 시장이 물이나 차와 같은 건강음료 시장으로 대체되어 가는 것 등이 그 예 중 하나라고 할 수 있다.

현재 시장 내의 경쟁   소비재 또는 서비스 산업의 경우, 가장 중요하게 다루어져야 할 부분은 현재 시장 내 경쟁구도에 대한 부분이라 할 수 있다. 초기 생성되는 시장은 주로 독점에서 과점으로, 그리고 완전경쟁에 비유되는 경쟁심화 단계로 점차 성장해 가는 것이 일반적인 경우이며, 시장 내 경쟁구도가 과점을 넘어 과열되는 양상이 되면 이익의 폭은 줄어들고 마케팅 비용은 더욱 증가하게 되며, 심할 경우, 이익이 아닌 손실을 떠안고도 가격경쟁까지 하게 될 수 있으므로 시장의 매력도 분석에서 중요하게 살펴보아야 할 구조적 요인 중 하나라 할 수 있다.

시장 내 경쟁은 시장의 규모가 이미 포화단계에 이르러 거의 성장하지 않는 경우, 시장 자체의 규모는 제한적인데 점유율을 높이기 위한 경쟁이 치열해질 수밖에 없는 경우, 원가에서 고정비가 차지하는 비중이 높고 과잉설비가 존재하는 경우, 고정비를 상쇄하기 위한 판촉경쟁이 치열해질 수밖에 없게 되는 경우 등에서 더욱 심화되며, 경쟁자들 간에 차별화의 정도가 낮은 경우도 가장 쉽게 차별화시킬 수 있는 가격 경쟁이 발생하여 마진의 폭을 줄이고 경쟁을 촉발하게 된다. 또, 경쟁자들이 시장에서 쉽게 철수할 수 없는 경우(cf. 퇴출장벽, exit barrier)에 퇴출 비용이 높아 퇴출보다는 차라리 경쟁 우위를 확보하기 위한 경쟁비용을 지출하는 것이 기업에 유리한 경우에도 경쟁이 심화된다.

산업구조분석의 틀을 적용하는 데 있어서의 한계점은 경제학적 관점에서의 산업을 기준으로 분석을 시도하는 모형이므로, 산업 전체의 평균 수익성과 산업 내 개별 기업의 수익성은 사실 달라질 수 있다는 점과, 경쟁자, 공급자, 구매자 등 구조적 개체에 대한 구분이 실제로는 명확하게 나누어지지 않는다는 점이다.

또 산업구조는 잠재적 진입자와 퇴출을 고려하는 내부 기업들에 의해 구조 자체가 변화될 가능성이 매우 높고, 사회 문화적 소비트렌드의 변화 등도 이러한 산업구조 자체에 점점 더 영향을 미치게 된다는 것을 감안하지 않고 있다는 점 등을 들 수 있다. 이러한 단점에도 불구하고, 산업분석을 통해 해당 산업 전반에 대한 이해를 높일 수 있고 손쉽게 모형화할 수 있다는 장점이 있어 활용도가 높다.

경쟁구도 분석을 위한 접근: SWOT분석, BCG매트릭스분석

산업분석 모형을 통해 살펴본 경쟁구조는 기본적으로 산업 전체의 경쟁 구도에 관한 개략적인 분석이므로 해당 기업의 내부역량을 감안한 보다 정확한 경쟁력 분석이 필요하다. 이를 위해 경쟁 타사 대비 강점과 약점, 기회와 위협 요인을 분석하는 SWOT분석과 시장 점유율과 성장률을 감안한 경쟁구도를 살펴보는 BCG매트릭스분석 등이 널리 이용되고 있다. 각각의 분석 기법에 대한 개략적인 내용을 살펴보면 다음과 같다.

SWOT분석   SWOT분석(strength, weakness, opportunity & treat analysis)은 기

업 내부역량 분석을 통해 기업의 강점(strength)과 약점(weakness)을 명확히 파악하고 경쟁구도, 소비자 분석 및 거시적 환경 변화를 포괄하는 외부 환경분석을 통해 해당 기업이 직면한 기회(opportunity) 요인과 위협(threat) 요인을 규정하고 이를 토대로 경영 전략을 수립하는 분석기법으로, 미국의 경영컨설턴트인 알버트 험프리(Albert Humphrey)에 의해 고안되었다.

SWOT분석은 외부로부터 온 기회는 최대한 살리고 위협은 회피하는 방향으로 자신의 강점은 최대한 활용하고 약점은 보완한다는 논리에 기초를 두고 있다. 기업 내부의 강점과 약점을 기업 외부의 기회와 위협을 대응시켜 기업의 목표를 달성하려는 전략이며, SWOT분석에 의한 마케팅 전략의 방향은 다음과 같이 구분할 수 있다.

- SO전략(강점−기회전략): 시장의 기회를 활용하기 위해 강점을 사용하는 전략
- ST전략(강점−위협전략): 시장의 위협을 회피하기 위해 강점을 사용하는 전략
- WO전략(약점−기회전략): 약점을 극복함으로써 시장의 기회를 활용하는 전략
- WT전략(약점−위협전략): 시장의 위협을 회피하고 약점을 최소화하는 전략

SWOT분석은 방법론적으로 간결하고 응용범위가 넓은 일반화된 분석 기법이기 때문에 여러 분야에서 널리 사용되고 있으며, 학자에 따라서는 기업 자체보다 기업을 둘러싸고 있는 외부환경을 강조한다는 점에서 위협·기회·약점·강점(TOWS)으로 부르기도 한다.

BCG매트릭스분석 BCG매트릭스분석(BCG matrix analysis)은 1970년대 초반 보스턴컨설팅그룹(Boston Consulting Group)에 의해 개발된 것으로, 기업의 경영전략 수립에 있어 하나의 기본적인 분석도구로 활용되는 사업포트폴리오(business portfolio) 분석기법 중 하나이다. BCG매트릭스는 자금의 투입, 산출 측면에서 사업(전략사업 단위)이 현재 처해 있는 상황을 파악하여 그에 맞는 대응방안을 모색

하기 위해 사용된 분석방법이다.

'성장-점유율 매트릭스(growth-share matrix)'라고도 불리며, 기업이 사업 전략을 결정할 때 '시장점유율(market share)'과 '사업의 성장률(growth)'을 고려한다고 가정한 후, '시장점유율'과 '사업의 성장률' 두 가지 기준 축을 이용해 점유율과 성장성이 모두 좋은 사업영역을 '스타(star)', 점유율은 높지만 성장성이 낮아 투자 대비 수익이 높은 사업영역을 '캐시카우(cash cow)', 점유율이 낮아 현재 시점에서의 수익은 많지 않은데 성장성이 높아 미래가 불투명한 사업을 '문제아' 또는 '물음표(problem child or question mark)', 점유율과 성장률이 둘 다 낮은 사업을 도그(dog)영역으로 구분했다. 각각의 사업영역별 특징은 다음과 같다(그림 3-2).

- 스타(star)영역: 성공사업으로 수익성과 성장성이 크므로 계속적 투자가 필요하다.

그림 3-2　BCG매트릭스의 사업영역과 사용되는 사업전략의 예

- 캐시카우(cash cow)영역: 수익 창출원으로 기존의 투자에 의해 수익이 계속적으로 실현되므로 자금의 원천사업이 된다. 시장성장률이 낮으므로 투자금액이 유지·보수 차원에서 머물게 되어 자금투입보다 자금산출이 많다.
- 문제아 또는 물음표(problem child or question mark)영역: 신규 사업영역이라고 할 수 있다. 상대적으로 낮은 시장점유율과 높은 시장성장률을 가진 사업으로 기업의 행동에 따라서는 차후 스타(star)사업이 되거나, 도그(dog)사업으로 전락할 수 있는 위치에 있다. 일단 투자하기로 결정했다면 상대적 시장점유율을 높이기 위해 많은 투자금액이 필요하다.
- 도그(dog)영역: 사양사업이다. 성장성과 수익성이 없는 사업으로 철수해야한다. 기존의 투자에 매달리다가 기회를 잃으면 더 많은 대가를 치를지도 모른다.

BCG매트릭스상의 사업 영역별 특징을 고려하여 다음과 같은 사업전략을 채택할 수 있다.

- 유지전략(hold): 현재의 시장 점유율 유지
- 육성전략(build): 현재의 시장 점유율보다 높게끔 육성
- 수확전략(harvest): 더 이상의 투자 없이 수확을 통하여 점차 비중을 낮춰가는 전략
- 철수전략(divest): 매각

BCG매트릭스는 사업의 성격을 단순화, 유형화하여 어떤 방향으로 의사결정을 해야 할지를 명쾌하게 제시해 주지만, 사업의 평가요소가 상대적 시장점유율과 시장성장률뿐이어서 지나친 단순화의 오류에 빠지기 쉽다는 단점이 있다.

시장의 잠재력과 외형적 매력도 평가

시장규모, 잠재력, 성장률의 예측

상품 및 서비스를 기획하기 위해서는 대상 시장의 외형적 매력도를 계량화된 방법으로 예측할 수 있어야 한다. 시장의 잠재력과 외형적 매력도를 평가하기 위해서는 현재의 시장규모, 시장 잠재력 및 성장률, 현재 판매되고 있는 보유 상품의 수명주기 단계와 주기성 및 계절성, 현재의 수익성 분석 등을 포괄적으로 점검하고 재무적 특징을 반영한 기준을 적용하여 평가할 수 있어야 한다. 가급적이면 계량 가능하고 목표 설정이 가능한 예측 수치로 분석하는 것이 분석결과를 토대로 한 의사결정에 도움이 된다. 따라서 외형적 매력도를 평가하기 위해서는 구체적으로 현재의 시장규모를 평가하고 잠재력을 계량화할 수 있어야 하며, 이러한 평가는 대부분 통계적 예측치를 활용하게 된다.

현재 시장규모의 평가 매출 및 판매량 자료와 재무제표 분석 등을 포함한 재무적 자료를 활용하여 기업의 수익성 분석이 이루어지는 것이 일반적이다.

시장 잠재력의 평가 시장 잠재력에 대한 계량화는 시장 잠재력을 어떻게 정의할 것인가에 따라 달라질 수 있다. 일반적으로 일정 규모 이상의 시장 잠재력과 판매 잠재력이 있다고 판단되었을 때 신상품 및 서비스 개발에 대한 투자의사결정도 가능하게 되므로, 계량화된 자료를 토대로 한 정확하고 보수적인 판단이 필요하며, 계량 마케팅의 모델링을 이용하여 오차범위를 최소화하는 예측 값을 도출하려는 노력이 필요하다.

성장률 예측 일반적으로 성장률의 예측은 기존의 유사한 상품의 출시 경험과 매출 관련 데이터를 활용하여 시계열 분석을 통해 추세 회귀식을 산출하거나 소비자의 반응을 조사하여 조사결과를 토대로 모델링 기법을 적용하여 성장률을 예측하는 방법 등 다양한 데이터를 활용하여 통계적으로 예측하는 방법이 사용된다. 그러나 경쟁사의 대응, 거시환경 요소와 소비자 행동에 대한 예측 변수를 함께 고려해야 하며, 예측의 정확도를 높이기 위한 세심한 주의와 노력이 필요하다. 미래에 대한 예측을 바탕으로 중요한 투자의사결정을 할 때는 예측의 오차범위를 줄이는 데에는 한계가 있기 때문에 1개의 예측치 값을 도출하기보다는 예측의 범위를 도출함으로써 판단의 근거로 사용할 수 있다.

상품수명주기

상품은 시장에 출시된 후, 초기에 기업체의 막대한 투자와 비용지출을 통해 시장에 안착하는 시기로부터, 투자비용을 회수하고 일정 규모 이상의 매출신장을 이룩하며 성장하는 단계, 그리고 더 이상의 추가적인 마케팅 비용 투자 없이도 계속적인 매출증가를 이루는 효자상품이 되는 단계, 마지막으로 상품에 대한 시장의 니즈가 줄어들고, 경쟁상품이나 혁신상품이 출시되면서 소비자들의 인식에서 차츰 매력도가 하락하고 매출이 하락하는 쇠퇴기의 단계 등으로 나눌 수 있다. 이를 상품수명주기(PLC: product life cycle)라고 한다. 신상품 론칭 후 기업은 최대한 론칭 상품의 수명을 늘리면서 매출을 극대화하고 이윤을 높이기 위한 단계별 노력을 경주하게 되므로 상품의 수명주기에 따른 각 단계별 특징을 이해하고 그에 적합한 전략을 수립하는 것이 효율적으로 시장을 공략하고 지켜나가는 데 있어 매우 중요하다.

특히 상품과 서비스를 기획한다는 것은 보유 상품과의 상호 잠식을 최소화하며 효율적인 라인업을 구성하여 시장 점유율을 높일 수 있도록 경쟁사를 공략하고 때로는 노후한 기존상품을 대체하는 등의 다양한 전략적 선택의 연속을 의미하기 때문에 상품 및 서비스를 새롭게 기획하기 전에 반드시 현재 판매가 이루어지는 상품의 경쟁상황과 수명주기에 대한 분석을 통해 적절한 신상품 출시시기와 대체 여부, 상품의 라인업 구성 등에 대한 평가와 판단이 필요하다.

이를 위해 상품수명주기의 구성 단계와 각 단계별 특징에 대해 살펴보기로 한

그림 3-3 상품수명주기와 매출 및 이익 곡선

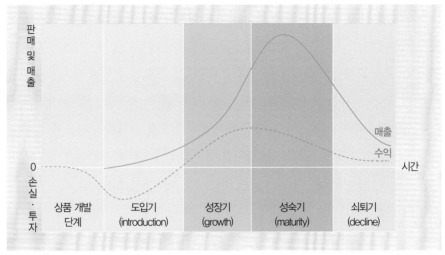

자료: P Kotler & G Armstrong(2012), *Principle of Marketing*(9th edition), US: Prentice Hall.

다. 상품의 수명주기는 상품 출시 후 시간의 흐름에 따라 도입기, 성장기, 성숙기, 쇠퇴기 등 4단계로 구분하며, 각 단계별 매출과 이익에 대한 도식화는 그림 3-3과 같다.

도입기　도입기(introduction stage)는 상품이 시장에 출시되는 출시 초기시점을 말한다. 상품을 개발하는 단계에서 이미 일정 규모 이상의 투자와 생산설비 구축, 마케팅 전략에 따른 준비 등이 진행되고, 시장에 처음 상품을 출시하고 나서도 소비자들에게 상품에 대해 알리고 유통 및 촉진 노력을 경주해야 하는 단계로, 성공적인 시장 진입이 목표인 단계라고 할 수 있다. 도입기는 느린 매출 성장과 높은 유통 및 촉진 등 초기 마케팅 비용으로 적자 또는 낮은 이익이 발생하는 단계로, 해당 기업이 시장 선도기업(market pioneer)일 경우에는 선도기업 우위(pioneer advantage)를 누릴 수 있으나 많은 초기비용과 위험부담도 함께 감당해야 하는 단점이 있다. 반대로 선도기업을 따라 진입한 모방기업(imitators)의 경우에는 개발에 소요되는 비용이 상대적으로 낮아 전체적으로 낮은 초기비용 및 시장 선도기업의 실수나 실패를 벤치마킹하여 지속적 상품개선 기회를 누릴 수 있다는 장점이 있다. 장기적인 시장 리더십을 누리기 위한 도입단계에서의 전제조건은 다음과 같이 요약할 수 있다.

- 대량시장에 대한 비전: 도입 초기 상품을 론칭하면서 일정 규모 이상의 시장 장악력을 갖는 것을 목표로 강력한 마케팅 활동을 병행하여 단숨에 일정 규모 이상의 시장을 확보할 수 있다면 시장규모 자체를 확장하거나 추후 시장 점유율을 확보하는 데 있어 보다 용이하게 경쟁우위를 차지할 가능성이 높아진다.

- 지속성: 상품수명주기는 정해진 시간이 있는 것이라기보다는 기업의 노력 여하에 따라 각 단계별 진행 속도나 시장에서의 생명력이 길어질 수 있기 때문에 출시한 상품을 일정시간 이상 지속적으로 생산하고 마케팅 활동을 병행하겠다는 기업의 지속적인 의지가 시장 리더십을 갖기 위한 필수적인 요건 중 하나라 할 수 있을 것이다.

- 강력한 혁신노력: 시장에 신규 출시한 시점부터 소비자의 피드백과 시장 반응에 따라, 내부적으로는 지속적인 연구개발과 수정보완하는 노력을 멈추지 않는 것이 경쟁심화 시장에서 모방기업의 도전을 효과적으로 방어하고 시장 리더십을 가질 수 있는 방법이다.

- 일정 규모 이상의 재무자원 투입: 도입단계는 투자자금을 회수하는 것이 목표가 아니라 시장에 성공적으로 안착하고 지속적인 매출신장을 가져올 수 있도록 하는데 그 목적이 있으므로 출시 초기에 소비자의 인지도 제고와 시장 장악력을 갖기 위한 다양한 마케팅 활동에 대한 일정 규모 이상의 재무자원이 지속적으로 투입되어야만 시장의 리더십을 가질 수 있다.

- 자산 레버리지: 도입단계에서 투자되는 재무자원을 상쇄할 수 있는 자산 레버리지를 갖추고 있을 때, 장기적인 관점에서의 시장 리더십을 유지할 수 있기 때문에 신상품 출시에 따른 재무자원 투입에는 보다 정확한 재무적 예측

과 자금조달 계획이 병행되어야 할 것이다.

성장기　신상품이 출시되어 성공적으로 시장에 안착한 후, 급격하게 매출신장을 이루며 성장이 이루어지는 단계를 말한다. 성장기 단계(growth stage)에 진입했더라도 소비자 집단은 여전히 출시된 상품을 신상품으로 인식하는 단계가 되므로, 지속적인 마케팅 비용은 계속 발생하게 되며, 적절한 마케팅 비용의 투자가 이루어질 때, 보다 강력한 성장 드라이브를 걸 수 있게 된다. 성장기 단계의 특징은 다음과 같다.

- 급격한 매출신장 및 이익 증가: 성공적으로 시장에 진입한 후, 빠르게 매출신장과 성장이 이루어지는 단계로, 매출의 증가에 힘입어 일정 규모 이상의 이익도 증가하게 되지만 여전히 초기 마케팅 비용이 일정 규모 이상 발생하기 때문에 이익의 신장률은 매출 신장률에 미치지 못하는 것이 일반적이다.
- 경쟁기업의 진입으로 인한 경쟁 심화: 성공적인 시장 안착과 성장을 가시적으로 보여주는 단계에 진입하게 되면 경쟁기업들의 참여와 모방이 시작되게 되므로 경쟁은 점차 심화되는 특징을 보인다.
- 시장 점유율 확대와 현재 이익 확대 간 상충관계 발생: 보다 강력한 시장 장악력 확보와 시장 확대 등의 외형적 성장을 위해서는 일정 규모 이상의 마케팅 비용과 지속적인 초기투자가 이루어져야 하기 때문에 매출이 급격히 신장한다고 해도 이익의 성장 폭은 다소 느릴 수 있는데 이익 신장 목표를 가져가면서 비용 효율을 고려하는 것은 시장 자체를 확장하는 데 있어서는 상충되는 목표가 될 수 있다. 중장기 전략적 관점에서 어떤 목표를 선행적으로 가져가야 하는지를 모니터링하면서 비용 투자의 효율성을 감안하여 적절히 조절하는 것이 필요한 단계이다.

매출의 급격한 신장을 가져오는 성장기를 지속하기 위해서는 다음과 같은 활동이 있을 수 있다.

- 상품 품질 개선: 출시 후에도 소비자 반응과 피드백을 반영한 지속적인 상품 품질 개선 노력이 병행되어야만 성공적인 매출 신장을 가져올 수 있다.
- 새로운 상품 특성 추가 및 수정보완: 상품이 시장에 출시된 후에는 일정 규모 이상의 매출신장과 시장 확보, 그리고 이익의 증가를 위해 소비자 불만이나 건의사항에 대한 수정보완 및 내부적인 기술혁신과 R&D 노력을 통해 계속적인 상품의 개선이 이루어져야 하는데, 시장이 확장되는 단계에서 이러한 노력은 더욱 중요한 역할을 할 수 있다.
- 새로운 모델이나 측면상품 추가: 신상품에 대한 시장의 반응이 시작되는 단계라고 볼 수 있으므로 발전시킬 수 있는 다양한 측면에서 시장 확대를 위한 부가적인 상품 출시가 효과적으로 이루어질 때보다 시너지를 가지고 시장을 확대할 수 있게 된다.
- 새로운 세분시장 진출 및 소비자 확장: 시장 확대 및 매출신장 노력의 일환으로 타깃 소비자를 확장하는 것이 필요한데, 소비자 집단을 확대하기 위한 세분시장 분석과 확장 노력이 병행될 때 효과적으로 매출 신장과 시장 확대를 이루어 낼 수 있다.
- 상품 인지도를 선호도로 전환하기 위한 지속적 광고활동: 출시 후 초기 마케팅 비용은 4P믹스 전반에 걸친 비용 투자인 반면, 성장기 단계의 마케팅 비용은 촉진과 프로모션, 광고홍보에 초점을 두는 것이 일반적이다. 성공적으로 시장에 안착했다는 것은 소비자들의 인지도가 높아질수록 시장 성공률도 높일 수 있다는 반증이기 때문에 지속적인 광고홍보 비용의 투자가 가장 필요한 시점이라 할 수 있다.
- 가격민감도가 높은 구매자 유인을 위한 가격인하를 통한 시장 확장: 가격인하는 시장을 단기간에 확장할 수 있는 가장 효과적인 방법 중 하나이긴 하지만 해당 상품의 수명이나 장기적인 매출에 영향을 미칠 수 있기 때문에 일단

출시 초기 계획했었던 타깃 소비자층에 대한 공략이 어느 정도 이루어졌다고 판단될 경우에 신중하게 이루어져야 할 것이다. 출시가격전략이 고가 전략 또는 프리미엄 전략으로 초점을 둔 상품일 경우에는 이러한 타깃 소비자 집단의 이탈이나 불만을 야기하지 않도록 보급형 상품을 출시하거나 보완할 수 있다면 해당 전략을 함께 고려하는 것도 필요할 것이다.

성숙기 출시 상품이 시장에서 일정 규모 이상의 시장점유율을 확보하고 안정적인 매출 규모를 확보하여 반복구매가 이루어지는 단계를 말한다. 이 단계에서는 소비자들도 출시된 상품에 대해 충분히 인지하고 사용하게 된다. 성숙기(maturity stage)의 특징과 적합한 마케팅 전략은 다음과 같다.

매출은 지속적으로 일정 규모 이상 발생하나 매출 성장률은 감소하는 특징을 보이게 된다. 다음은 성숙기에 활용할 수 있는 마케팅 전략이다.

- 시장수정전략: 시장수정(market modification)전략은 비 사용자의 사용자 전환을 유도하기 위해 시장 자체에 대한 정의 및 세분화를 수정보완하는 단계에 사용하는 전략으로, 새로운 세분시장 발굴 및 신규시장 개척이나 진입을 시도할 수 있다. 단, 성숙기에는 충분한 투자비용 회수가 일어나는 단계이므로 과도한 투자확대보다는 가용 자원을 이용하여 효율적으로 투자된 비용을 회수하는 전략을 가지는 것이 바람직하다. 시장수정전략은 상품 자체의 개선 노력보다는 해당 상품에 대한 소비자 니즈나 잠재시장을 확대할 수 있도록 노력하는 것에 초점을 두고 접근하는 방법이라 할 수 있다. 성장기에 치열하게 경쟁기업의 진입이 일어났다면 성숙기에는 시장 자체의 확대보다는 확장된 시장 내에서 점유율을 높이기 위해 경쟁하는 구도가 되는 것이 일반적인 경우이므로, 경쟁기업의 소비자를 최대한 확보하려는 노력이 경주되는 시점이라 할 수 있으며, 경쟁사의 고객 확보를 위해 효율적으로 시장수정을 시도하는 방법이다.

- 상품수정전략: 상품수정(product modification)전략은 품질 개선이나 상품특징 개선 및 수정보완, 스타일 및 디자인, 패키지 등의 개선 등 과도한 비용투자가 일어나지 않는 범위 내에서 상품을 수정보완하거나 개선하여 매출을 지속적으로 유지하려는 전략을 말한다. 이 경우에도 성장기와 같이 적극적인 R&D활동이나 비용지출보다는 기존의 자원을 활용하여 투자비용을 최소화하려는 노력이 필요하다.

- 마케팅 믹스 수정전략: 성숙기는 일정 규모 이상의 매출이 담보되는 시기이므로 기업의 입장에서는 추수의 시기라고 할 수 있다. 따라서 마케팅 믹스를 성장기와 같이 가져갈 필요가 없다고 판단되는 시점에 도달하게 되므로, 비용 효율적으로 마케팅 믹스를 수정하는 노력이 필요한데 이를 마케팅 믹스 수정(marketing-mix modification)전략이라 한다. 특히 성장기에 집중되었던 광고 홍보비용의 지출이나 촉진 노력에 대한 효율적인 집행변경이 요구되는 시점이라 할 수 있다.

쇠퇴기 쇠퇴기(decline stage)는 매출 규모 자체가 점차 감소하는 단계로, 상품이 시장 내에서 존속하기 어려운 단계에 이르기까지를 말한다. 기술혁신 및 사회 변화에 따라 더 이상 사용되지 않는 사양상품으로 인식되어 가거나 상품 자체의 활용도가 감소하는 단계라고 할 수 있다.

매출규모 자체의 감소가 일어나는 단계로, 기술진보, 소비자선호 및 트렌드 변화, 경쟁심화 등의 이유로 공급과잉, 가격경쟁 치열, 이익 잠식 등의 현상이 다양한 각도에서 발생할 수 있다.

쇠퇴기에 활용 가능한 전략으로는 ① 투자확대: 시장 지배적 위치 확보 또는 경쟁지위 강화 노력, ② 불확실성 해소 시점까지 투자수준 유지, ③ 선택적 투자 강화 또는 선택적 투자 감소, ④ 현금회수 등 투자 수확(harvesting), ⑤ 사업 철수(divesting) 등의 다양한 결정들을 고려할 수 있다. 단, 쇠퇴기 단계에서의 이러한 전략적 의사결정이나 판단은 반드시 퇴출에 대한 비용과 투자비용의 회수 정도를 고려한 재무적 판단이 전제되어야 할 것이다.

지금까지 살펴본 상품수명주기는 각 단계별로 투입되는 자원과 전략적 접근이 달라질 뿐 아니라 성장속도와 시장 장악력 등 외형적 요인에 있어서도 큰 차이를 보인다. 따라서 시장 자체의 매력도를 평가하는 것도 중요하지만 현재 보유상품의 상품수명주기에 따른 외형적 요인에 대한 평가를 통해 시장의 매력도를 판단하는 것이 바람직하다. 각 상품수명주기의 구성 단계별로 시장의 규모는 도입기로부터 서서히 확장되어 성숙기에 최대에 이르게 되고, 성장률과 시장 매력도의 경우는 성장기에 최고점에 도달하게 되는 것이 일반적인 패턴이라면 보유하고 있는 상품의 현재 시점에서의 기업의 전체 수익률과 시장 내 수익성, 투자여력을 함께 분석한 후, 예측되는 미래 수익성과 비교를 통해 투자 효율에 대한 추가적인 의사결정을 하는 것이 바람직하다.

이 외에 상품의 특징이나 중요 속성이 일정 주기가 있거나 계절성이 있는 상품일 경우에는 이러한 소비패턴도 시장규모를 형성하거나 성장률을 계산할 때 중요한 영향 요인으로 작용할 수 있다. 예를 들어 유행의 주기가 돌아오는 패션상품이나 아이스크림 등 계절적 요인이 중요한 상품들이 그에 해당한다. 이러한 주기나 패턴, 계절성은 기존상품의 판매량 변동 등 과거 데이터와 시장 흐름에 따른 적절한 추이 분석을 통해 시장규모와 성장률 등을 예측하고 분석하는 것이 필요하다.

결론적으로 앞에서 살펴본 몇 가지 요인들을 기준으로 외형적 요인의 시장규모와 잠재력, 성장률과 현재의 수익성은 높으면 높을수록 매력적인 시장일 수 있고, 수명주기 단계별로는 성장기 단계의 매력도가 가장 높으며, 주기성 또는 계절성에 영향을 받지 않고 안정적인 매출이 이루어지는 상품이나 시장의 특성을 보이는 것이 가장 매력적인 시장의 요건이다.

환경적 요인과 시장 매력도 평가

고려하고 있는 목표시장이 환경 변화에 민감한 영향을 받는다면 그 시장의 매력도는 낮아질 것이다. 시장 매력도에 영향을 미치는 환경적 요인에는 인구통계적 환경, 경제적 환경, 사회문화적 환경 및 기술적 환경, 법적 환경 등이 있다.

- 인구통계적 환경: 글로벌 시장에 대한 공략이 활발하게 이루어지면서 잠재시장의 종교 및 인구구성과 가족구성 등 인구통계적 특성은 시장에 영향을 미칠 수 있는 중요한 변수로 작용하게 된다.
- 경제적 환경: 소득수준이나 사회적 지위에 따른 경제지출 수준 등 개인의 경제력뿐 아니라 잠재시장의 경제적 수준이나 상태는 가처분 소득 수준과 구매 자체에 영향을 미치게 되는 중요한 변수이며, 특히 공략하려는 시장이 명품 등 럭셔리 상품일 경우에는 더욱 중요한 영향 요인이라고 할 수 있다.
- 사회적 환경: 사회적 환경은 정치 및 문화적 요인과 밀접한 관계가 있으며, 시장에 대한 신규진입을 시도할 경우에는 반드시 사회 문화적 배경에 대한 이해가 충분해야 한다.
- 기술적 환경: 기술 중심의 상품일 경우에는 주변기기에 대한 호환성 및 기술적 환경에 대한 사전 점검이 필요하며, 기술적인 통제와 법규에 대한 영향력도 시장 매력도에 영향을 미치게 된다.
- 법률적 환경: 특허 및 상품과 관련된 전반의 법규뿐 아니라 상품출시를 위한 기업의 진출에 대한 제약조건 등 법률적 환경에 대한 이해가 필요하며, 법률적 규제가 까다롭거나 변화가 잦은 경우에도 시장의 매력도는 떨어지게 된다.

시장과 소비자 분석

신상품 개발을 위한 첫 번째 단계가 기업의 시각에서 시장의 매력도를 평가하고 판단함으로써 투자가치를 가늠해 보는 단계였다면, 두 번째 단계는 소비자의 시각에서 제시되는 상품과 마케팅 활동에 대해 어떻게 받아들이게 되는지를 이해하는 것이다. 소비자들은 상품과 마케팅 활동 등 기업의 다양한 자극 외에도 본인만의 기준이 되는 소비자 자신의 특성과 소비행동에 대한 기준을 가지고 구매를 결정하게 되고, 최종적으로 구매행동을 발현하게 된다.

소비자의 시각에서 상품이나 서비스에 대한 수용이 어떻게 이루어지는지를 알게 되면 소비자의 입장에서 보다 효율적으로 신상품을 알리고 구매하고 싶은 동기를 자극할 수 있어 마케팅 전략의 효율을 크게 높일 수 있게 된다.

소비자들은 적극적인 소비행동과 구매 후 행동 발현, 소비자 집단의 압력집단화 등 최근의 추세에 비추어 점점 더 강력하게 기업에 영향을 미치고 있으며, 필연적으로 성공적인 마케팅 전략의 수립은 소비자를 출발점으로 하여야 한다. 마케팅 전략은 결국 기업의 상품을 소비자의 입장에서 커뮤니케이션하고 소비자가 매력을 느끼고 구매하고 싶도록 만드는 것이 목표가 된다. 따라서 소비자의 관점과 구매의사결정과정을 이해하는 것이 매우 중요한 전략의 출발점이라 할 수 있다. 소비자를 정확히 파악하지 못한 경우에는 필연적으로 투자가 일어난 후 시장 실패를 경험하게 되므로, 기업의 입장에서는 잠재 구매자로서의 소비자 심리를 정확하게 파악하는 것이 중요한 성공의 열쇠로 작용할 수 있다.

신상품은 평균적인 성공 확률이 5% 미만으로 낮은 것으로 알려져 있는데 이러한 결과는 상품 개발 자체가 기술 중심으로 이루어지거나 소비자가 생각하는 가치를 충족시켜주지 못한 결과라고 할 수 있다. 따라서 상품에 대한 실패 가능성을 줄이기 위한 첫 번째 초점은 소비자의 가치 체계와 구매의사결정 요인에 대한 이해라고 할 수 있다.

개발자들이 흔히 저지르기 쉬운 실수는 개발자의 관점에서 소비자를 설득하려는 노력을 경주하는 데 있다. 신상품에 대한 커뮤니케이션 전략을 수립할 때는 소비자의 언어로 소비자가 가치와 매력을 느낄 수 있도록 커뮤니케이션 메시지를 작성하는 관점의 변화가 반드시 필요한데, 이러한 과정을 성공적으로 수행하여 기업이 창출한 가치를 소비자가 이해할 수 있도록 만들기 위해서는 소비자의 인지 및 정보처리 프로세스에 대한 이해가 필요하고, 이러한 이해를 바탕으로 커뮤니케이선 메시지를 구성하는 것이 바람직하다.

효과적인 마케팅 전략의 실행은 마케팅 활동을 통해 소비자의 인지 및 구매의사 결정 과정을 강력하게 유도하는 것이라고 한다면 소비자에 대한 이해가 선행되지 않으면 효과적인 마케팅 전략의 수립 및 실행이 어렵기 때문이다. 더욱 다양해지고 고도화되어 가는 소비자의 욕구를 이해하고 체계적이고 지속적으로 모니터링하는 노력을 통해 신상품의 기획 및 출시 전 마케팅 전략 수립과 실행 등 모든 단계에서 성공적인 결과를 가져올 수 있을 것이다.

소비자 트렌드 분석과 라이프스타일의 이해

소비자 트렌드 분석 트렌드는 일시적인 유행과 달리 유행보다 길게 유지되는 사회의 주요 흐름이나 패턴을 의미한다. 사회적 트렌드는 소비자들의 의식과 소비행동에 영향을 미치고 소비 트렌드와 일시적인 유행을 만들기도 하지만 특징적인 소비 트렌드가 지속적으로 유지되면서 하나의 소비문화를 형성하기도 한다. 지금 현재의 소비문화와 소비자들의 소비 행태를 분석하여 정확한 트렌드 변화의 방향성을 관찰할 수 있다면 중장기적인 상품 및 서비스 기획에 활용할 수 있는 유용한 정보를 선점하는 효과를 누리게 될 것이다.

그만큼 트렌드는 긴 시간 동안 사람들의 마음과 소비행동에 영향을 미치는 중요한 요인이며, 따라서 소비 트렌드를 이해하는 과정은 새로운 상품이나 서비스의 성공 가능성을 높이고 잘못된 상품 기획이나 실패를 최소화할 수 있도록 새로운 아이디어나 상품 개발의 기획 방향을 다듬거나 확장시키는 데 유용한 도움을 줄 것이다.

다음은 2014년 소비자 트렌드와 상품화 활용 사례이다(트렌드워칭, 2014).

1 Guilt-Free
죄책감 없이 인류를 위한 공익, 윤리와 지속가능성을 갖는 상징적 소비

점점 많은 소비자가 자신들의 소비가 지구, 사회, 그리고 자신에게 불러오는 문제를 그냥 넘어가지 못하고 있다. 그럼에도 탐욕이나 중독성, 익숙함 때문에 대부분의 사람들이 소비 습관을 크게 바꾸지 못하고 있으며 그 결과 소비 자체가 죄책감을 느끼도록 유도하는 측면이 있다는 점에 주목하고 사회적 운동으로서의 바른 소비, 올바른 소비행동에 대한 동경과 추구가 파급력을 가지고 새로운 사회적 지위를 부여하게 되는 추세를 말한다. 이러한 추세에 맞게 상품과 서비스도 공익추구, 지속가능한 소비활동, 재활용, 전쟁과 기아 반대 등과 연계된 소비활동을 촉발할 수 있도록 기획되고, 이러한 상품과 서비스를 조금 더 비싸게 구입함으로써 소비자들은 사회적 운동을 이끄는 새로운 사회적 지위를 부여받는다.

● **Tesla Model S: 환경오염을 줄이는 최고급 전기 자동차**

호화 세단형 전기 자동차 테슬라 모델(Tesla Model) S가 2013년 8월, 노르웨이, 스위스, 네덜란드로 판매되기 시작했으며, 2014년 3월에는 운전석이 오른쪽에 있는 모델도 출시할 예정이다. 2013년 9월, Model S는 전기 자동차가 교통 체증을 피해 버스 노선에서 운전할 수 있는 노르웨이에서 가장 많이 팔린 자동차였다. Model S의 가격은 미화 6만 2천 4백 달러부터 시작한다.

● **누디(Nudie): 구제 청바지(used jeans)의 한정판 바닥깔개**

스웨덴 청바지 브랜드 누디(Nudie)는 기증받거나 이미 입었던 자사 청바지의 천 짜임 조각들을 이용해 만든 바닥깔개를 한정판으로 선보였다. 수동 셔틀 직기를 이용해 손으로 만든 이 바닥깔개는 전 세계 누디 진(Nudie Jeans) 콘셉트 스토어에서 판매되었는데, 가격은 무려 미화 599달러에 이른다.

● Liberty United: 총기 폭력에 반대하는 화기 장신구

미국의 리버티 유나이티드(Liberty United)는 폐기되어 해체
된 총이나 총알로 만들어진 장신구이다. 이 브랜드는 총기
로부터 자유로운 거리를 만드는 데 도움이 되고자 지방 정
부와 손을 잡고 더는 증거로 필요가 없거나 되사기 제도를
통해 모인 총을 받아서 유명 디자이너들에 의해 장신구로
재탄생되는데 각각의 장신구에는 사용한 총의 일련번호가
표기된다. 가격대는 미화 85~695달러에 이르며 수익 중
일부는 총기 범죄를 줄이기 위해 노력 중인 비영리조직에
기증하고 있다.

2 Crowd Shaped
네트워킹으로 촘촘히 얽힌 대중들이 직접 만들어 주는 서비스

소셜 미디어, 온라인 사용 기록, 전자 상거래, 끝없는 읽기·보기·재생 목록, 스마트폰 GPS
서비스 등을 통해 서로 연결된 소비자들은 좋아하는 음악 목록부터 일상의 움직임까지 모
든 것에 관련된 방대한 관심사와 정보를 만들어내고 있다. 이 같은 정보들을 수동적으로 공
유하거나 만들어내는 것을 도와주는 기술들의 유비쿼터스화가 그 어느 때보다 활발해지고
있다. 소비자들은 크라우드 셰이핑(crowd shaping)을 가능하게 하는 기술 자체에는 관심이
없을 수도 있다. 하지만 소비자 스스로의 취향이 연결되고 같은 경험과 취향의 사람들이 공
유하는 새로운 정보와 문화 그 자체에 대한 관심은 매우 높다. 이러한 같은 관심과 네트워크
를 공유하는 대중들을 위해 특화된 상품과 서비스도 속속 나타나고 있다.

● CheckinDJ: 다른 사람들이 만든 재생 목록을 나의 취향에 맞게 바꿔주는 장치

CheckinDJ는 크라우드 소싱을 받은 주크박스로 해당 장소
의 음악 목록을 현 주인의 취향에 맞춰 바꿔준다. 사용자는
온라인이나 앱을 통해 등록하고 자신이 좋아하는 음악 장
르를 표시하고 참여가 가능한 곳에서 NFC가 가능한 장치
로 체크인을 하면 그 장소의 재생 목록이 자동으로 체크인
한 사람의 취향에 맞춰 조정된다. 개개인은 앱을 소셜 네트
워크와 동기화하거나 친구들 그룹과 체크인을 같이 함으로
써 영향력 포인트를 얻게 된다. 이 플랫폼은 영국의 Mobile
Radicals에 의해 개발되었다.

● Kutsuplus: 탑승자를 위한 최선의 노선을 제공하며 요구가 있을 때만 운영되는 소형 버스

시범 운영의 성공에 이어, 2013년 10월 헬싱키의 교통 당국은 요구가 있을 때 운영하는 소형 버스 서비스인 Kutsuplus를 확대했다. 이 서비스를 통해 헬싱키 시민들은 자신들의 휴대 전화로 소형 버스를 부를 수 있으며 출발점과 도착점을 선택할 수 있다. 각 버스는 9인승이며 사용자는 개인전용을 사용하거나 Kutsuplus가 계산한 최단 시간 노선을 따라 몇몇 정거장에서 동승을 허락할 수 있다. 탑승 가격은 3.50유로가 기본이며 km당 0.45유로가 추가된다.

● IBM: 아프리카에서 휴대 전화 정보를 이용해 버스 노선 개선

2013년 5월, IBM의 더블린 연구소는 휴대 전화 정보를 이용해 코트디브아르 공화국의 최대 도시인 아비장 전역의 버스 노선을 개선하는 데 이용하였다. 연구원들은 전화통화와 문자가 모이는 시간과 지역 정보를 이용해 통근자들이 붐비는 노선을 알아보고 이 정보와 기존의 대중교통 시스템과 비교하여 이동 시간을 10%까지 줄일 수 있는 65개의 개선 지역을 찾아내었다.

3 Made Greener By/For China
친환경적인 중국산, 더 친환경적인 중국인

세계의 많은 소비자에게 중국 브랜드와 업체들은 친환경적인 관점에서 뒤처져 있다고 여겨지고 있으며, 이는 기존 글로벌 브랜드들이 누리는 강력한 경쟁력 중 하나일 것이다. 2014년 중국에서는 보다 더 친환경적인 노력이 세계적인 트렌드에 맞추어 진행되고 있으며, 이것은 비단 중국만의 이슈가 아닌 새로운 시장을 개척하기 위한 모든 글로벌 기업과 브랜드의 과제이기도 하다.

● 베이징 지하철: 플라스틱 병을 재활용하는 소비자에게 보상

2013년 5월, 베이징 지하철은 '반대 자판기'를 40개 설치했는데, 이 자판기는 이용객이 재활용을 위해 플라스틱 병을 넣으면 여행 경비를 차감해 준다. 이 기계를 이용해 재활용되는 모든 플라스틱 병은 지하철 비에서 0.05위안에서

0.10위안 사이로 보상된다.

● **Nike: 모든 재료를 재활용품으로 이용해 만든 상하이 매장**

2013년 8월 상하이에 개장한 Nike의 콘셉트 스토어는 매
장 전체가 음료 캔, 물병, 오래된 CD와 DVD 등의 재활용품
으로 만들어졌다. 이 매장은 다른 나이키 매장에도 확대 적
용할 수 있으며 접착제를 사용하지 않아 언제든지 모든 재
료가 다시 재활용될 수 있도록 설계하였다.

● **텐진 에코 시티: 보행자를 우선시하는 자원 절약형 도시**

텐진 에코 시티는 싱가포르와 중국 정부에 의해 개발된 지
속 가능한 도시 프로젝트이다. 북경에서 150km 떨어진 곳
에 있는 이 도시는 사회적인 조화와 자원 절약을 고려해
디자인되었다. 보행자, 무동력 차량 및 대중교통은 도시의
녹지 주변에서 우선순위를 가진다. 2020년 완공을 목표로
하는 텐진 에코 시티는 35만 명 입주가 가능하다.

4 Mychiatry
스스로 건강을 계량화하여 직접 관리

2014년, 스마트 시계와 같이 획기적이고 살만한 가격의 착용 가능한 첨단 상품들이 속속 시
장에 등장하고, '수치화된 자아(quantified self)' 관련 상품과 서비스에 대한 소비자들의 관심
은 계속해서 증가할 것이다. 지금까지 소비자의 관심은 물리적인 건강 정도를 측정하고 수치
화하는 데 있었지만 이에 머무르지 않고 자신의 스마트폰을 전반적인 생활방식 보조수단으
로 활용하여 자가 치료 지원, 스트레스 감지 기술의 적용 등에 사용하고 있으며, 마음의 건
강을 신체적인 아름다움, 경력 쌓기, 학벌처럼 새로운 기준의 스펙이라고 생각하는 추세이
다. 소비자들은 이러한 Mychiatry 이노베이션이 과로와 시간에 쫓기고, 스트레스와 걱정으
로 가득한 현대 사회의 압박으로부터 휴식을 제공하도록 도와줄 수 있을 것이라고 기대하고
있으며, Mychiatry 트렌드는 테크놀러지를 기반으로 하는 소비자 권한의 확대와 셀프 진단
서비스라는 메가트렌드는 계속 진행될 것이다.

● PIP: 플레이어를 편안하게 해주는 스트레스 감지 비디오 게임

소비자의 스트레스를 줄이는 데 도움을 주고자 만들어진 PIP는 2013년 7월에 Kickstarter에서 투자받아 아일랜드에서 개발한 무선 바이오 센서이다. 사용자가 게임을 하면서 블루투스를 통해 모니터나 스마트폰과 동기화되는 이 장치를 잡으면 장치가 실시간으로 손끝에서 전기 피부 반응을 감지하게 된다. 예를 들어 게임 속 등장인물이 사용자의 스트레스에 바로 반응하기 때문에, 게임에서 이기려면 플레이어는 경쟁자보다 더 느긋해야만 한다.

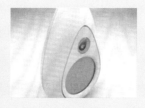

● Shadow: 사용자가 꿈을 기록, 공유, 분석할 수 있는 앱

2013년 Kickstarter가 개발한 Shadow는 사용자가 자신의 꿈을 기록하고 기억할 수 있도록 하는 앱이다. 알람시계가 사용자를 조심히 깨우면 꾸었을 가능성이 있는 꿈이 기억되고, 앱을 통해 사용자는 오디오나 텍스트로 꿈을 기록한다. 이 앱은 꿈과 수면 양상을 쫓아서, 호기심 많은 사용자가 일상생활과 꿈 습관을 연결할 수 있도록 한다. 각각의 기록은 일기에 기록되고 익명으로 클라우드로 보내져 꿈의 세계적 데이터베이스를 만들어낸다. 이곳에서 사용자는 다른 참가자의 꿈 내용이나 감상 등을 확인할 수 있다.

● Mico: 사용자의 기분을 감지해 그에 따라 음악을 재생하는 헤드폰

일본 상품 디자인 브랜드 Neurowear가 개발해 2013년 3월 출시한 Mico 헤드셋은 헤드폰과 사용자의 이마에 장착돼 신경 활동을 감지하는 EEG 리더로 구성되어 있다. 뇌파를 통해 이 장치는 졸린지, 스트레스를 받고 있는지, 집중하고 있는지 등 사용자의 기분을 감지하고, 이는 귀 부분에 LED로 표시된다. 이 헤드폰은 정보를 모바일 랩으로 전달하고 데이터베이스에서 기분에 맞는 음악을 선택한다.

5 No Data!
과도한 정보탐색은 사생활 보호의 적

고객의 개인정보가 공개되어 '사생활 침해' 문제로 고생하는 수많은 기업들과 정부 기관의 정보 수집 활동을 보면서, 이 문제가 더는 민감한 소수의 문제가 아님을 지각한 소비자들이 늘어나고 있다. 전 세계적으로 82%의 소비자가 기업이 소비자에 관해 지나치게 정보를 수집하고 있다고 생각하고 있으며, 미국 온라인 사용자의 86%가 자신의 온라인 활동을 숨기거나 삭제하는 것을 시도한 적이 있다고 밝혔다. 소비자들은 개인 정보를 효과적으로 보호하고 삭제해 주는 서비스에 눈뜨고, 이러한 니즈는 더욱 커질 것으로 전망된다.

기업이 직면한 도전은 소비자 정보의 수집과 활용의 효율성 대비 점점 더 민감하게 반응하는 소비자들에게 신뢰를 얻는 것 사이의 균형을 잡는 것이다.

6 The Internet of Caring Things
나를 보살펴 주는 인터넷

이제 인터넷은 개인이 사용하는 휴대용 기기를 연결하여 더욱 거대한 정보의 바다, 네트워크의 바다로 나아가고 있는 단계라고 할 수 있다. 2009년에 이미 인터넷에 연결된 장치들은 25억 개가 존재했고 그 대부분은 휴대 전화나 컴퓨터와 같은 개인용 장치였다. 2020년에는 3백억 개의 장치가 인터넷에 연결되어 사용될 것으로 예상되는데, 그 대부분은 일상적인 생활과 밀접한 관계가 있는 상품들이 될 것으로 보인다. 건강을 지켜주거나 모니터해주는 활동에서부터 돈을 모으는 것, 집안일들을 해주는 것 등 삶의 많은 부분이 인터넷과 연결된 네트워크 방식으로 구축될 것이다.

● Xkut One: 충돌 사고가 있을 시 알려주는 스쿠터

Xkuty One은 스마트 전기 스쿠터로 충돌사고가 날 경우, 운전자의 친지에게 자동적으로 연락이 간다. 스페인의 Electric Mobility Company가 개발한 이 하이브리드 자전거 스쿠터는 핸들에 아이폰 덕이 장착되어 있다. 휴대전화의 자이로스코프(방향과 가속도를 측정하는)를 이용하여 Xkuty의 앱은 충돌을 감지하고 자동으로 사고 소식과 위치 정보를 선택된 사람들에게 보내진다. Xkuty One의 매장가는 약 2,800유로이다.

● OMsignal: 의학 정보를 측정하는 센서 내장 티셔츠

캐나다의 테크놀로지 회사인 OMsignal은 개인의 심장 박동 수, 호흡, 움직임을 측정할 수 있는 압박 셔츠를 공개했다. 옷감에 함께 짜인 센서는 정보를 모아서 착용자의 휴대 전화로 보내져 정보를 추적하고 분석할 수 있게 한다. 세탁기로 세탁할 수 있으며 옷 아래 입거나 운동 시 착용하면 된다.

● Ford 자동차: 운전석에 심장 박동 모니터가 있는 '똑똑한' 차

2013년 9월, Ford는 다양한 스마트 케어 기능을 가진 지능형 다목적 차량 S-MAX Concept car를 공개했다. 운전석은 ECG 심장 박동 모니터가 설치되어 있어 운행 중 나타날 수 있는 갑작스러운 심장 마비와 그에 따른 사고를 피하는 데 도움을 준다. 탑승 시 당 치수 감시 시스템은 운전자에게 혈당량에 문제가 있으면 알려준다. 이 차량은 비슷한 사양을 갖춘 다른 차량과 가까운 거리에서는 무선 인터넷을 통해 소통할 수 있어 도로 위험 경고를 차량 간 전달을 할 수 있다.

라이프스타일과 가치 최근 소비자의 개성이 뚜렷해지고 라이프스타일도 다양화되면서 소비자의 태도나 소비행동 자체도 다양하게 변화되고 있는 추세에 있다. 사회가 발전하고 생활수준이 향상되면서 소비자들은 스스로 심리적인 만족감을 높여 줄 수 있는 자신 만의 삶의 방식을 찾고, 점점 더 강하게 영향을 받는 현상이 나타나고 있다. 감성을 중시하는 소비행태의 강화, 중년 이상의 소비성향이 강한 소비자 집단의 출현과 비슷한 소득수준을 가지고 있음에도 불구하고 자신만의 가치관에 따른 전혀 다른 소비행태가 나타나는 현상 등이 라이프스타일의 다양화에 따른 주요한 변화라고 할 수 있으며, 이러한 소비자의 라이프스타일은 결국 소비행동의 근본적인 차이를 야기하는 동인으로 작용한다.

라이프스타일이란 행동(activity), 관심(interest), 의견(opinion)으로 표현되는 소비자 개인의 삶의 패턴을 의미하며, 사람들이 살아가는 생활방식의 총체를 보여주는 구체적으로 그 사회의 문화나 가치를 포함한 개개인의 생활양식과 가치관, 성격 등의 복합체를 형성하는 다차원적인 개념으로서 사람이 환경과 상호작용하여 만들어낸 나름대로의 삶의 독특한 양식과 행동방식으로 정의 내릴 수 있을 것이다. 결국 소비자들은 스스로의 라이프스타일에 따라 추구하는 삶의 핵심가치가 달라지고, 이러한 핵심가치는 소비자 태도와 행동의 기저에 있는 신념 시스템을 구성하여 구매 동기에 영향을 미칠 수 있는 중요한 요인으로 작용한다. 따라서 상품과 라이프스타일 간의 관계를 탐구하여 상품 및 서비스 기획에 반영하는 추세는 앞으로도 꾸준히 증가할 것이다.

라이프스타일은 사회적 요인, 문화적 요인과 환경적인 요인으로부터 영향을 받게 되며, 궁극적으로는 소비자의 소비행동에도 영향을 미쳐서 소비자의 상품 구매와 소비유형을 규정짓도록 한다. 따라서 라이프스타일을 이해하기 위해서는 먼저 소비자의 의사결정과 삶의 행태에 영향을 주게 되는 사회적 요인과 문화적 요인 및 개인적 특성을 살펴볼 필요가 있다.

사회적 요인은 사회 내 비교적 동등한 지위의 사람들로 구성된 집단을 의미하는 사회계층(social class), 소비자 개인의 행동에 직접적 간접적으로 영향을 주는 개인이나 집단을 의미하는 준거집단(reference group)과 공동의사결정(joint decision making) 단위로서의 가족(family) 등 비슷한 가치관과 활동영역, 관심 및 행동패턴 등을 공유하는 집단들로부터 영향을 받게 된다.

문화적 요인은 문화권 간 혹은 국가 간 편차 및 지역 간 편차가 큰 요인을 가리키며, 국가나 사회의 구성원들이 공유하는 관습, 가치관, 도덕 등의 복합체로서 여러 시대를 거쳐 오면서 생성되고 변화되어온 생활방식을 반영할 뿐 아니라 소비자의 욕구 충족의 기준이 되고 행동의 규범을 제공한다.

그 외 개인적 요인으로는 결혼 및 가구 구성, 자녀 양육과 교육, 자녀 결혼 등 가족단위로서의 가족 생애주기(family life cycle)와 가구 구성형태 등의 근간을 이루게 되는 연령과 생애주기상의 차이, 현재의 생활패턴에 대한 심리적인 판단과 라이프사이클 주기를 의미하는 심리적 라이프사이클(psychological life-cycle) 등이 있다. 또 획일화된 가족 생애주기에서 벗어나 다양한 형태의 가구 구성과 개인의 라이프사이클 영위방식의 확장 등에 기인해 점점 더 중요한 요인으로 작용하고 있는 추세이다. 그리고 직업 및 경제적 환경과 함께 소비자 개개인의 개성(personality) 및 자아개념(self-concept)도 중요한 요인으로 부각되고 있는데, 특히 개성과 자아개념은 상품 및 서비스의 브랜드 개성과 연관되어 소비의 중요한 동인으로서 작용한다. 구체적인 개념적 정의는 다음과 같이 요약할 수 있다.

- 개성: 환경에 대해 상대적으로 일관되고 지속적인 반응을 유발하는 독특한 심리적 특성을 가리키며, 자신감, 지배성, 자율성, 존경심, 사교성, 자기방어, 적응성 등을 포함하는 개념이다.
- 브랜드 개성(brand personality): 특정 브랜드에 귀속되는 인간적인 특질의 집합을 의미하며, 현대의 브랜드는 곧 자아를 표현하는 수단으로 브랜드 개성을 자아개성과 동일 시 하는 특징이 발현되는 상품군의 경우에는 개인의 특성과 브랜드 개성의 연관성이 매우 중요하게 영향을 미칠 수 있다.
- 자아개념: 소비자 개인이 자신의 자아를 판단하고 개념화하는 기준으로 실제적 자아개념과 광고 및 기타 홍보수단에서 브랜드 개성과의 연관성을 강조하여 구축된 이상적 자아개념, 사회적 당위성을 반영하는 사회적 자아개념 등으로 구분할 수 있다. 이러한 자아개념은 소비자가 상품이나 브랜드에 투영하여 본인의 자아를 실현하려는 상품군의 경우 상품 자체의 가치보다 훨씬 중요한 가치로 작용하는 경우가 종종 있으며, 휴대폰이나 명품 백, 명품 화장품 등의 패션상품이나 럭셔리 상품 등이 이에 해당된다.

STP전략의 이해

STP(segmentation, targeting & positioning)전략은 시장을 소비자의 인지와 가

치 판단에 따라 세분화(segmentation)하고, 이렇게 나누어 본 시장 중에서 목표시장을 선정(targeting)하고 표적시장 소비자들을 대상으로 기업이 기획한 상품 및 서비스를 소비자의 관점에서 매력을 느끼고 구매할 수 있도록 소비자 인지상의 위치를 설정(positioning)해 주는 일련의 마케팅 전략의 수립과정이다. 각 단계별로 구체적인 내용에 대해 살펴보면 다음과 같다.

시장 세분화 시장 세분화(segmentation)는 목표시장을 비슷한 욕구를 가진 소비자 집단으로 나누어 소비자 집단의 특성에 따라 다르게 공략하기 위한 방편으로 실시되는 마케팅 전략의 일환이다. 시장 세분화를 통해 서로 다른 세분시장을 각각 다른 전략이나 속성으로 공략하는 마케팅 기법이 나타난 것은 그리 오래된 일이 아니다. 마케팅의 활성화 초기 단계에서는 대량 생산에 이어 영업활동의 개념이 대량 마케팅 개념으로 발전하게 되었고, 대량 마케팅은 대량생산, 대량유통을 통해 모든 구매자에게 하나의 상품을 대상으로 촉진 프로모션을 실시하는 데 초점을 두었다. 이러한 대량 마케팅을 실시할 때 기업의 입장에서 좋은 점은 ① 가장 큰 잠재시장을 창출하고, ② 원가를 최대한 낮출 수 있을 뿐 아니라, ③ 이에 따라 낮은 가격과 높은 마진을 실현하기 좋은 최적의 상태로 판매를 끌어올릴 수 있다는 점에 있다. 그러나 이러한 대량 마케팅은 소비자의 니즈가 차별화되고 다양화되면서 점차 쇠퇴하게 되었고, 시장의 분화로 대량 마케팅 수행의 효과는 점점 더 낮아지는 어려움에 봉착하게 되었다. 또한 매체와 유통경로의 발달로 대량 오디언스(audience)에 하나의 광고촉진 메시지가 도달하는 것이 점점 더 어려워지면서 기업들은 미시 마케팅(micro-marketing)으로의 전환 필요성을 절감하고 적극적으로 시장 세분화 작업을 통해 서로 다른 소비자의 니즈와 특질에 맞는 시장을 공략하고 있다. 시장 세분화를 하는 기준에 따라 세분시장을 다양하게 나누어 볼 수 있는데 대표적인 세분시장의 구분은 다음과 같다.

- 세분시장: 유사한 욕구를 공유하는 소비자들의 집단으로, 단순한 구분과는

다른 개념으로, 유사한 욕구를 가지기는 했지만 동일한 욕구를 가지고 있는 것은 아니므로 각각의 동질적인 요구로 집단화하여 유연하게 적용될 수 있는 제공물(flexible market offering)을 제공할 수 있어야 한다. 모든 세분시장 구성원들이 가치를 느낄 수 있는 상품이나 서비스 요소와 더불어 임의적인 옵션(discretionary options)들로 구성한 제공물 등을 고려해 볼 수 있다.

- 틈새시장: 다른 소비자들과는 구분되는 차별적 혜택들을 원하는 매우 좁은 소비자 집단을 규정한다. 틈새시장(niche market)의 장점은 소수의 경쟁, 전문화를 통한 경제성을 취할 수 있고, 규모, 이익, 성장 잠재력 측면에서는 매력적인 부분이 있는 시장이다. 인터넷 마케팅의 저비용성을 활용하여 인터넷상에서의 틈새시장은 점점 더 활성화되는 추세이다.

- 지역시장: 지역시장(local marketing)은 특정 상권, 특정 지역의 소비자를 대상으로 그들의 요구와 욕구에 적합한 마케팅 프로그램을 수행하는 것을 말한다. 주로 지역적 구분을 기준으로 한 토착 마케팅(grassroot marketing) 등이 여기 해당하며, 토착 마케팅은 개별 소비자들에게 밀접하고 개인적으로 적합한 마케팅 활동을 전개하는 것이 일반적이다. 그 외 경험 마케팅(experiential marketing) 등이 행해질 수 있다.

- 개인 소비자화 마케팅: 개인 소비자화 마케팅(customized marketing)은 개인을 하나의 시장으로 보는 가장 극단적인 세분화의 수준을 말한다. 확장된 개념이 대량 소비자화(mass customization)의 개념으로 기술의 발달을 근거로 대규모 시장을 대상으로도 맞춤형 상품을 마케팅할 수 있게 되어 개별 소비자의 요구사항을 탄력적으로 충족시키는 동시에 대량 생산과 커뮤니케이션을 진행할 수 있도록 하는 마케팅 기법이다.

소비자의 니즈가 다양해지고 있지만 모든 시장을 세분화하는 것이 효과적인 것은 아니다. 시장을 구성하고 있는 소비자들의 선호 패턴이 어떻게 다른지에 대한 이해가 필요하고, 세분시장 내에서 소비자의 선호 패턴의 유형에 대한 깊이 있는 이해를 바탕으로 세분화의 방향을 결정하는 것이 바람직할 것이다.

시장 내에서의 소비자의 선호 패턴을 유형화하는 예는 다음과 같다.

- 동질적 선호: 시장 내 소비자의 선호에 큰 차이가 없는 경우로, 이러한 경우에는 시장을 세분화할 필요가 없이 동질적인 선호에 맞게 공략하면 된다.
- 분산된 선호: 시장 내 소비자의 선호가 큰 차이가 있고 유사한 특징을 보이는 것이 아니라 개별적인 특징이 강하여 선호 자체가 분산되어 있는 유형으로서, 기업이 주도적으로 유사한 선호를 창출해 주는 방법이 있다.
- 군집화된 선호: 시장 세분화 전략이 가장 효율적으로 수용되는 시장의 형태라 할 수 있는데 소비자들의 니즈가 군집화되어 있어 군집화된 선호의 특징에 따라 차별적으로 공략해 나갈 수 있는 시장의 유형이라 할 수 있다.

소비재 시장을 세분화하는 기준은 지리적 구분이나 인구통계 특성을 이용한 표면적인 세분화와 소비자의 심리적 특징 및 소비행동 특징 등을 이용한 세분화 등 다양한 기준으로 차별화된 세분시장을 도출할 수 있다. 세분시장을 나누는 가장 일반적인 기준으로는 다음과 같은 것들을 사용할 수 있다.

- 지리적 구분을 이용한 세분화: 지리적 구분을 이용하여 지역(region) 특성이나 도시 또는 도시 권역의 규모, 인구밀도, 기후 등의 지리적 특성에 따른 세분시장 공략 전략을 수립하는 경우에 해당된다. 이때 지역 특색에 대한 이해도 충분히 반영되어야 한다.
- 인구통계 특성을 이용한 세분화: 지리적 구분 외에 성별과 소득, 연령 및 세대 특징, 가구별 소비행태나 생애 주기 단계, 생애 단계 등의 인구통계 특성을 이용한 세분화도 일반적으로 많이 사용되고 있다. 인구통계 특성은 가장 쉽게 소비자 집단별 특징을 세분화할 수 있는 기준으로 널리 쓰이고 있으며, 최근 들어서는 사회 경제적 수준이나 사회 계층 등 가구 소비특성과 가구 지출

의 특성에 따른 세분화도 많이 사용되는 추세에 있다.

● 소비자의 심리적 특징을 이용한 세분화: 소비자의 심리적 특징을 이용한 세분화는 시장의 경쟁이 심화되면서 차별적인 소비자 니즈를 파악하려는 노력의 일환으로 소비자들의 심리적인 특징과 개성에 초점을 둔 세분화 방법이다. 동일한 지역 내의 유사한 인구통계 특성을 갖고 있는 소비자들이라고 하여도 심리적인 동인이나 니즈는 달라질 수 있고, 이러한 변화는 라이프스타일의 세분화와 삶의 가치에 대한 다양성 추구로 더욱 중요한 차별화 특징으로 발현된다. 고가의 상품이나 명품 등 생활필수품이 아닌 상품의 경우에 심리적 특징을 이용한 세분화 방법이 더욱 유용하게 활용될 수 있다.

● 소비자의 소비행동 특징을 이용한 세분화: 상품 지식, 상품에 대한 태도 및 사용행동, 반응 등에 기초한 세분화를 의미한다. 구체적으로 소비행동 특징을 이용한 세분화에 많이 사용되는 기준은 다음과 같다.

− 상품 사용 상황: 상품을 언제 어떤 상황(occasions)에서 사용하는가에 따라 소비자가 기대하는 편익과 혜택의 종류가 달라지는 경우에 유용한 세분화 기준으로 작용한다. 예를 들어 같은 조리기구라 해도 가정의 주방에서 사용하는 경우와 여행가서 사용하는 경우에 기대하는 바는 확연한 차이를 보일 것이다.

− 소비자 인식 혜택: 기업이 제시하는 혜택(benefits)과 달리 소비자들이 인식하는 상품의 혜택은 차이가 있을 수 있는데, 예를 들어 미국 주부들은 빵을 발효시키는데 사용되는 베이킹 파우더를 냉장고 탈취제로 사용하는 등의 사례를 들 수 있다.

− 사용자 지위: 상품이 사용자의 지위(user status)를 상징하거나 강조하는 속성을 가지고 있을 때 이를 이용해 차별화할 수 있다. 대표적인 사례는 자동차 광고에서 활용되는 바와 같이 대한민국 1% 등의 카피가 이러한 세분화 기법을 사용한 예라고 할 수 있다.

− 이 외에 상품의 사용빈도(usage rate), 소비자의 준비상태(buyer−readiness

stage) 및 충성도(loyalty status), 해당 상품이나 브랜드에 대한 선호도, 추천 의향 등 다양한 소비자 태도(attitude)를 이용한 세분화가 이루어질 수 있으며, 이러한 세분화의 기준을 찾아 적절하게 활용하는 것도 중요한 마케팅 전략의 일환이라 할 수 있다.

효과적인 시장 세분화(segmentation)가 되기 위한 조건을 크게 측정가능성(measurability), 실질성(substantiality), 접근가능성(accessibility), 차별성(differentiation), 실행가능성(actionability) 등으로 나누어 볼 수 있으며 각각의 특징은 다음과 같다.

- 측정가능성: 세분집단의 규모, 구매력, 기타 특성들을 측정 가능해야 한다.
- 실질성: 세분시장의 단위는 독자적인 별개의 마케팅 프로그램을 실행할 수 있을 정도의 수익성과 실질성의 가치가 보장되어야 한다.
- 접근가능성: 세분시장에 효과적으로 접근가능하고 마케팅 활동을 할 수 있어야 한다.
- 차별성: 상이한 마케팅 믹스들에 대해 반응의 차이가 있어야 한다.
- 실행가능성: 세분시장 소비자들을 끌어들이고 효과적인 마케팅 프로그램을 수행할 수 있어야 한다.

효과적인 시장 세분화는 마케팅 전략을 수립하는 기본이 되며 자원의 효율적인 배분에 중요한 역할을 담당하게 되지만 실상 시장 세분화가 언제나 반드시 이루어져야 하는 것은 아니다. 보통 상품이 지나치게 혁신적이거나 기술 중심적일 경우에는 오히려 시장의 특성을 나누어보기보다 시장의 반응을 살펴보고 순차적으로 혁신 수용 소비자층을 중심으로 공략을 강화해 나가는 접근이 바람직할 수 있다. 또, 시장을 세분화할 때 지나치게 규모를 적게 상정하거나 일정 규모 이상으로 성장할 가능성이 없는 경우에도 바람직하지 않을 수 있다.

목표시장의 선정 시장에 대한 이해와 세분화 기준을 선정한 후 시장을 세분화했다면 세분시장 각각에 대한 평가 결과를 놓고 목표시장을 선정(targeting)하는 과정을 거치게 되는데, 이때 목표시장을 선정하는 기준은 세분시장의 매력도와 경쟁력, 기획하는 상품 또는 서비스와 시장의 적합도 등의 판단 기준을 적용할 수 있다. 목표시장을 선정하는 문제는 마케팅 계획뿐 아니라 목표시장 선정 후 일정기간 이상 상당히 집중도 높은 자원의 투자가 이루어지기 때문에 신중하게 접근해야 한다. 세분시장의 매력도는 시장규모와 성장률, 경쟁 정도, 기업의 목표와 자원을 종합적으로 고려해서 판단해야 하며 가장 중요하게 다루어져야 하는 점은 새롭게 기획한 상품 및 서비스의 콘셉트가 시장에서 잘 수용되는지 여부를 가늠하는 적합성 여부가 될 것이다. 이때 상품 콘셉트에 가장 적합성이 높은 세분시장이라 할지라도 반드시 직접적으로 관련된 소비자 집단만을 목표시장으로 삼을 필요는 없다. 적합도는 상대적으로 낮지만 심리적 수용도가 높다거나 동조, 부러움 등 호감을 전이할 가능성이 높은 시장을 함께 포함하는 것이 출시 후 목표시장의 확장과 매출 증대에 도움이 된다. 일단 목표시장을 명확히 선정한 후에는 표적이 되는 목표시장 이외의 다른 세분시장은 과감히 제외해야 한다. 상이한 특질을 나타내는 서로 다른 소비자 집단을 동시에 공략하려고 욕심을 부려서는 선정한 목표시장의 소비자를 사로잡을 수 없기 때문이다. 기업의 경영전략이나 보유하고 있는 상품군, 경쟁 상황이나 상품 특징에 따라서 목표시장을 선정하기 위한 다양한 접근방법이 있을 수 있는데, 목표시장 선정의 패턴과 유형별 특징을 요약하면 다음과 같다.

- 단일 세분시장 집중화: 상품에 적합한 단일 세분시장을 선택하여 집중적으로 공략하는 접근방법이다.
- 선택적 전문화: 몇 가지 유력한 세분시장을 선정하여 그 세분시장에 맞게 전문화시킨 상품을 출시하여 각각 공략하는 방법이다. 모바일 단말기를 고가로 출시한 후 보급형 상품을 출시하여 가격 존이 다른 세분시장을 시간차를 두고 공략하는 등의 예를 들 수 있다.

- 상품 전문화: 기술력에 집중하여 상품 자체를 특화시켜 시장을 공략하는 방법으로 첨단기술 적용 상품군 등이 여기에 해당한다.
- 시장 전문화: 세분시장의 특징에 맞게 한 시장을 선택하여 공략하되 목표시장을 대상으로 다양한 상품군을 출시하여 커버리지를 높이려는 접근방식을 말한다.
- 전체 시장 커버리지: 세분화 분석 후 특정 세분시장을 공략하는 것이 아니라 전체 시장을 커버할 수 있도록 공략하는 접근방법을 말한다.

목표시장을 선정하고 나서는 대상이 되는 목표시장을 효과적으로 공략하기 위한 마케팅 전략에 대한 방향성을 설정해야 한다. 대상 목표시장만을 특별한 방법으로 차별화하여 공략할 것인가, 목표시장을 선정했을지라도 특별히 세분시장별로 차이를 두지 않고 전체 시장을 공략할 수 있도록 할 것인가 혹은 두 개 이상의 목표시장을 차별적으로 동시 공략하는 전략을 사용할 것인가 등등을 고려할 수 있다. 각각의 접근방법에 대한 보다 구체적인 고려사항은 다음과 같다.

- 세분시장에 맞는 차별적 마케팅: 목표시장을 선택한 후 공략하기 위해서 선정한 세분시장별로 세분시장 특성에 맞게 차별화된 마케팅 프로그램을 설계하고 이를 실행하는 마케팅을 말한다. 차별적 마케팅을 수행하는 경우에는 높은 매출을 달성할 수 있지만, 마케팅 비용도 증가하게 되므로 지나친 세분화 때문에 비용 비효율적인 접근이 되지 않도록 주의가 필요하며, 기존 세분화 방법에 대한 발상을 전환한 역세분화(counter-segmentation) 등의 접근법도 고려해 볼 수 있다.
- 비차별적 마케팅: 세분시장들 간의 차이를 무시하고, 하나의 제공물로 전체 시장 커버하는 마케팅 전략을 말한다. 차별적 마케팅에 비해 비용 효율적이지만 경쟁이 심화된 시장이거나 초기 진출시장의 경우에는 마케팅 도달률이 낮아진다.

● 다양한 세분시장 동시 공략: 기업이 다양한 세분시장을 동시에 공략하기 위해서는 서로 다른 마케팅 전략을 계획하고 실행 및 관리하는 실질적인 세분시장 관리자의 임명이 필요하다. 각각의 마케팅 전략이 충돌하지 않고 시너지를 내기 위해서는 기업 내 다른 부서와의 협력이 필요하다.

기업은 끊임없이 시장을 세분화하고 새로운 목표시장을 선택하여 진입하려는 노력을 경주해야 하며 그 일환으로 새로운 세분시장 진입을 위한 전략을 수립할 때는 경쟁력을 감안하여 진출대상 목표시장이 노출되지 않도록 장기적 전략수립이 필요하다. 또 진입장벽이 있거나 경쟁기업이 뚜렷한 경쟁우위를 차지하고 있는 시장을 공략하기 위해서는 봉쇄된 시장을 침투 공략하기 위한 여러 이해 당사자들과의 협력을 통한 메가 마케팅(mega-marketing) 전략 등의 접근방법도 고려해야 한다.

시장 세분화는 한번 분석해서 끝나는 것이 아니라 지리적 구분이나 인구통계적 특징을 세분화 기준으로 삼았을 경우조차 끊임없이 달라지고 변화한다. 따라서 세분시장을 이루고 있는 소비자의 니즈와 욕구가 어떻게 변화되고 있는지를 추적하고 정기적으로 업데이트하는 체계적 접근이 필요하다. 정기적으로 시장 세분화 기준과 현황을 점검하면서 새로운 세분시장을 파악하고 확장되는 시장을 분할(market partitioning)하려는 노력을 기울임으로써 경쟁우위를 주도할 수 있다. 또, 최근 사회적 관심이 집중되고 있는 기업의 사회적 책임과 윤리적 기업 활동 등 지속가능한 사회적 책임에 대해서도 관심을 가지고 반영하려는 노력이 필요할 것이다.

소비자 인지상의 위치설정, 포지셔닝 시장 세분화와 목표시장의 선정이 끝나면 목표시장 소비자들에게 기업의 상품이나 브랜드를 포지셔닝하는 과제가 남게 된다. 포지셔닝(positioning)의 개념은 목표시장의 마음속에 차별적 위치를 차지하도록 기업의 제공물과 이미지를 설계하는 활동 전반을 의미한다. 기업은 잠재적 혜택을 최대화할 수 있도록 소비자의 마음속에 상품 및 브랜드를 차별화하고 소비자의 니즈와 욕구를 충족시켜 줄 수 있도록 심리적 혜택을 강화할 수 있는 방향으로 포지셔닝에 접근해야 한다. 성공적인 포지셔닝 전략을 수립하기 위해서는 기업이나 상품 중심이 아니라 소비자 중심의 가치제안(customer-focused value proposition)을 해야 하고, 목표시장 소비자들이 상품을 구매해야 하는 설득력 있는 이유를 제시할 수 있어야 할 것이다.

보다 구체적으로 기업은 현재 목표시장 내의 경쟁 상품과의 유사점을 소구하거나 차별점을 소구하는 접근을 통해 포지셔닝을 실행할 수 있다. 먼저 유사점(points-of-parity)을 소구하는 접근방법은 다른 경쟁브랜드도 가지고 있는 독특하지 않은 연상을 강조함으로써 기존의 경쟁우위를 가진 상품과의 비교 및 소비자의 구매고려군으로 손쉽게 진입하려는 전략을 말한다. 이때 기업이 강조할 수 있는 유사점들은 범주의 유사점과 경쟁의 유사점 등으로 구분할 수 있는데, 범주의 유사점(POPs) 소구는 소비자가 어떤 기업의 상품을 특정 상품범주에 있는 믿을만한 상품 혹은 브랜드라고 연상하는 경우를 말하고, 경쟁의 유사점 소구는 경쟁기업의 차별점을 무력화시킬 수 있는 연상을 강조하는 접근방법이다.

또, 차별점(points-of-difference)을 소구하는 접근방법은 소비자가 강력하게 연상할 수 있는 경쟁브랜드에는 없고 자사 상품 혹은 브랜드만의 속성이나 혜택을 차별점(PODs)으로 부각시켜 목표시장 소비자를 공략하는 방법이다. 차별점 선택의 기준은 소비자 측면과 기업 측면으로 나누어 볼 수 있는데 소비자 측면의 차별점으로 강조할 수 있는 상품의 속성은 적절성, 독특성, 신뢰가능성 등이며 기업의 대응행동 측면에서의 차별점은 실행가능성, 전달가능성, 지속가능성 등으로 구분할 수 있다.

LG전자 꼬망스 세탁기 사례를 통해 살펴보는 1인 가구 트렌드와 시장 세분화

Going Solo, 트렌드에 따른 1인 가구의 급증

　1인 가구가 증가하면서 최근에는 솔로 이코노미(solo economy)라는 신조어가 생길 만큼 새로운 소비주체로 급부상하고 있다. 1인 가구의 증가는 선진국을 중심으로 주요 국가에서 공통적으로 나타나는 현상이며 우리나라의 경우에는 1인 가구 증가속도가 세계에서 가장 빠른 수준으로 나타나고 있다. 개인주의와 자아실현의 욕구가 커지면서 전통적인 결혼관이 퇴색하고 취업률 감소에 따른 경제적 불안감 확대까지 겹쳐 젊은 세대의 만혼을 증가시키는 등 1인 가구의 증가가 더욱 가속화되고 있는 추세이다. 2000년 이후 10년 동안 미국의 1인 가구 비중은 26% 내외, 영국의 1인 가구 비중은 30% 내외, 독일의 경우는 2010년 40%에 달하며 이들 1인 가구는 주요 대도시권에 집중되어 있다. 1인 가구의 증가는 생활필수품에 대한 개념을 바꾸고 의식주와 관련된 산업들의 상품과 서비스의 패턴 자체를 바꾸게 하는 막강한 영향력을 행사하고 있다. 1인 가구 대상 주택건설 산업과 주거 관련 서비스 시장이 생성되었고 소형화, 고급화된 주택시장이 등장했을 뿐 아니라 조리시간을 단축하고 간편하게 식사를 해결할 수 있는 가공식품 시장이 성장하였다. 소포장 가공식품을 근거리에서 구매할 수 있도록 하는 편의점 등 소규모 유통체인이 활성화되고 1인 가구에 적합한 소형 가전 상품의 수요가 늘어나면서 가전 및 생활용품시장을 소형 상품과 대형 상품 시장으로 분리시켰다. 기본적으로 1인 가구는 주택관리 비용, 가전 및 가정용품 등의 하드웨어적 비용 측면에서 다인 가구보다 높은 수준의 소비지출을 필요로 하는데 1인 가구의 가구 수 증가에 따른 소비시장에서의 비중 증가뿐 아니라 개별 1인 가구의 소비지출 규모 역시 증가하는 추세로 전망되어 소비시장에서의 중요성은 더욱 커질 것으로 예상된다. 주요 항목별 소비지출의 구성도 4인 가구와 확연한 차이를 보이는 소비패턴을 나타내고 있다. 구매력을 갖춘 젊은 1인 가구를 중심으로 자기홍보 및 관리를 위한 이미용 서비스업, 자기계발 및 여가활용을 위한 오락과 문화산업, 소비 및 구매과정 간소화 및 효율화를 위한 우편, 통신 서비스업 등의 성장이 예상된다. 또한 고령층 1인 가구의 삶의 질 향상을 위한 보건, 의료서비스업과 안정적인 노년 생활을 위한 복지시설 이용 등은 한층 더 확대될 것으로 전망된다. 간편한 식사를 위한 가공식품 산업 및 외식산업과 여성 및 노약자를 위한 방법과 치안 서비스업의 수요도 확대될 것으로 예상되는 등 다양한 변화에 대응하기 위한 노력이 필요한 시점이다.

4조 시장 1인 가구를 겨냥한 소형가전 개발과 마케팅 강화

일반 대형 세탁기 용량의 1/6에 불과한 벽걸이형 세탁기, 크기를 80% 이상 줄인 미니 냉장고 등 최근 1인 가구(싱글족)를 타깃으로 한 소형가전이 인기를 얻으면서 가전업계 전략이 바뀌고 있다. 주로 대형 프리미엄 라인업에 집중했던 삼성전자와 LG전자가 이 시장의 규모가 커져 수익성을 높일 수 있다는 판단에서 소형가전 시장으로 공격적인 보폭을 넓히고 있는 것이다.

2014년 4월 시장조사업체 GFK, 후지키메라 등에 따르면 세탁기, 냉장고, 전자레인지, 청소기, 밥솥, 헤어드라이기 등 국내 소형가전 시장규모는 2013년 3조 6,000억 원으로 전년 대비 2,400억 원 성장했으며 2014년 3조 8,000억 원, 2015년 4조 원대로 크게 확대될 것으로 예상하였다.

동부대우전자가 2012년 4월 싱글족을 겨냥해 세계 최초로 출시한 3kg 용량 벽걸이 드럼세탁기 '미니'는 월평균 2000대 이상이 팔려 지난해 누적판매 4만 대를 넘어섰다. 지난해 7월 선보인 국내 최소형(높이 61cm, 폭 47cm, 깊이 31cm)의 2도어 150L짜리 콤비냉장고 'The Classic(더 클래식)'도 월평균 1000대 이상이 팔렸다. 2010년 8월 출시한 15L 전자레인지도 월평균 3,000대 이상 팔리며 국내에서 누적 판매 13만 대를 돌파했다. 동부대우전자는 지난해 전체 매출 가운데 싱글족 대상 소형가전 매출비중은 21%였고, 올해 이 비율이 25%까지 상승할 것으로 보고 있다. 이르면 올해 말에는 소형 로봇청소기도 출시한다는 계획이다. 회사 관계자는 "복잡한 기능의 대용량 상품보다 본연의 기능과 공간활용도를 높인 소형가전 판매가 꾸준히 늘고 있다."며 "최근 시장이 커지면서 이들 소형가전 상품에도 프리미엄 기능과 디자인을 적용하는 사례도 늘고 있다."고 전했다.

이에 삼성전자와 LG전자도 소형 가전시장 진출에 속도를 내고 있다. 삼성전자는 2002년 첫 출시해 50만대 이상 팔린 3kg 용량의 '아가사랑' 세탁기 신상품을 지난해 10월 내놓은 데 이어 지난달 의류·신발 건조기능을 갖춘 '인버터 제습기'도 선보였다. 지난해 6월 출시된 프리미엄 청소기 '모션싱크'는 고가(최저 59만 원)인데도 인기를 얻었고, 항균기능을 가미한 20~30만 원대 침구청소기도 2013년 봄부터 판매 중이다.

LG전자는 2014년 4월, 소형가전 패키지 브랜드 '꼬망스컬렉션'을 출시했다. 꼬망스컬렉션은 3.5kg 용량의 꼬망스 미니세탁기(64만 9,000원), 1도어 미니냉장고(51만 9,000원), 청소기(29만 9,000원), 전자레인지(17만 9,000원), 로봇청소기(79만 9,000원), 침구청소기(26만 9,000원) 및 정수기(월 렌탈료 3만 900원) 등 7종으로 구성된 생활가전 풀 패키지를 제안하는 상품으로 구성되었다.

흥미로운 점은 삼성전자 아가사랑과 LG전자 꼬망스 세탁기를 비교해 보면 가격부터 사양까지 상품 성능의 미세한 차이가 있다는 점이다. 삼성전자 아가사랑은 영유아 자녀를 둔 가정을 목표시장으로 선정하여 삶음 기능을 강조하는 차별화 마케팅을 펼치는 반면, LG 꼬망스는 란제리나 면 속옷 등을 수시로 빨래하는 20~30대 1인 가구를 대상으로 마케팅을 집중하고 있으며, 함께 구매하는 생활가전 토털 컬렉션의 개념을 강조하며 가전제품의 인테리어 디자인에 초점을 두고 1인 가구를 공략하는 전략을 선택했다는 점이다(머니투데이. 2013년 산업경제분석 중 '1인 가구 증가가 소비지출에 미치는 영향 분석', 재인용 및 일부 수정 발췌, 2014. 04).

토의 문제

- 평소 관심을 가지고 있었던 상품이나 서비스에 대해 마이클 포터의 산업분석을 작성해 보고 함께 토의해보자.
- 상품이나 서비스를 이용하는 소비자의 관점에서 시장과 소비 트렌드, 라이프스타일의 변화에 대한 앞으로의 대응이 어떻게 이루어져야 하는지에 대해 함께 토의해보자.
- 관심을 가지고 있었던 상품이나 서비스에 대한 STP전략을 개략적으로 만들어보고 함께 토의해보자.

내부역량 점검과
마케팅 전략수립의
기초

본장에서는 기업의 관점에서 상품 및 서비스 기획을 위해 필요한 마케팅 전략 수립의 기초가 되는 4P믹스에 대해 살펴보고자 한다. 마케팅 전략의 기초가 되는 4P믹스는 상품(product), 가격(price), 유통(place) 및 판매촉진(promotion) 등 구체적인 마케팅 활동을 위해서 살펴보아야 하는 실행계획을 의미한다.

상품 및 서비스를 기획하는 과정은 신상품 개발 프로세스에서 살펴본 상품 콘셉트 개발의 과정으로 이해할 수 있으며, 실제로 실행계획을 수립하기 위해서는 소비자 관점에서의 신상품 수용 정도, 그리고 어떻게 시장에 접근할 것인가에 대한 가격설정, 유통계획 수립 및 판매촉진전략 수립 등 통합적인 관점에서의 기획 능력이 필요하다. 따라서 본장에서는 혁신상품의 시장 수용과정을 살펴보고, 신상품이 시장에서 어떻게 수용되고 확산되는지를 이해한 후, 그 외 가격(price), 유통(place) 및 판매촉진(promotion) 각각을 나누어서 살펴보게 될 것이다.

또한 판매촉진 단계에서 중요하게 다루어질 소비자 인식상의 포지셔닝에 대한 개념을 바탕으로 브랜드 아이덴티티(brand identity)를 설정하는 단계, 네이밍, 패키징, 로고 등 브랜드 구성 요소들에 대한 기본개념들을 익히고, 브랜드 자산(brand equity)의 관리에 대한 개념을 이해할 수 있도록 구성하였다.

본장에서 다루는 마케팅 전략의 기초적인 개념들은 상품의 콘셉트와 통합적인 방향에서 상호 연결되어야 한다는 점에 중점을 두고 통합적인 마케팅 커뮤니케이션(IMC: integrated marketing communication)의 관점에서 이해할 수 있도록 하였다.

이 장의 목표

1. 혁신상품 수용과정을 살펴보고 혁신상품이 소비자에게 어떻게 수용되는지를 이해한다.
2. 통합적인 관점에서 가격전략을 수립하는 데 고려해야 할 사항과 가격관리에 대한 개념을 이해한다.
3. 통합적인 관점에서 유통전략을 수립하는 데 고려해야 할 사항과 유통관리에 대한 개념을 이해한다.
4. 통합적인 관점에서 판매촉진전략의 고려사항과 마케팅 커뮤니케이션 전략에 대한 개념을 이해한다.
5. 통합적인 관점에서 브랜드와 관련된 요소에 대한 개념과 브랜드 관리에 대한 개념을 이해한다.

▌혁신상품의 수용과정과 촉진요인에 대한 이해

혁신상품이란 사람들에 의해 새롭다고 지각되는 재화나 서비스, 아이디어 및 기술의 발전이 상품을 선도하는 경우로, 소비자 니즈로부터 신상품 출시가 결정되기보다는 주로 첨단기술 주도 상품(high-tech driven product)을 개발할 때 적용된다. 혁신상품 소비자들은 초기 혁신 수용자들의 특성에 따라서 또는 오피니언 리더(opinion leaders) 집단의 반응에 따라서 혁신 확산의 속도와 파급력이 크게 달라지기 때문에 초기 확산 속도를 높이고 강화시키기 위해서는 일반적인 혁신의 확산과정에 대한 이해와 확산과정에 영향을 미치는 요인을 발굴하는 것이 무엇보다 중요한 성공 요인이 될 수 있다.

소비자의 혁신에 대한 수용과정은 타깃 소비자 집단의 2.5% 내외에 해당하는 초기혁신 수용자 집단이 최초 반응을 보인 후, 2단계로 조기 수용자 집단으로 확산되고, 조기 다수자로부터 후기 다수자, 최후 수용자 집단으로 일반화되는 과정이라고 할 수 있다. 초기 혁신 수용자 집단이 혁신상품의 소비자 수용과 확산에 미치는 영향은 매우 크기 때문에 상품의 특성에 따라서는 초기 혁신 수용자 집단이 혁신상품의 성패를 좌우하는 중요한 역할을 담당하기도 한다.

혁신상품의 수용과정은 새롭게 시장에 출시되는 상품이나 서비스에 대한 수용

그림 4-1　시간의 흐름에 따른 소비자의 혁신상품 수용 및 확산과정

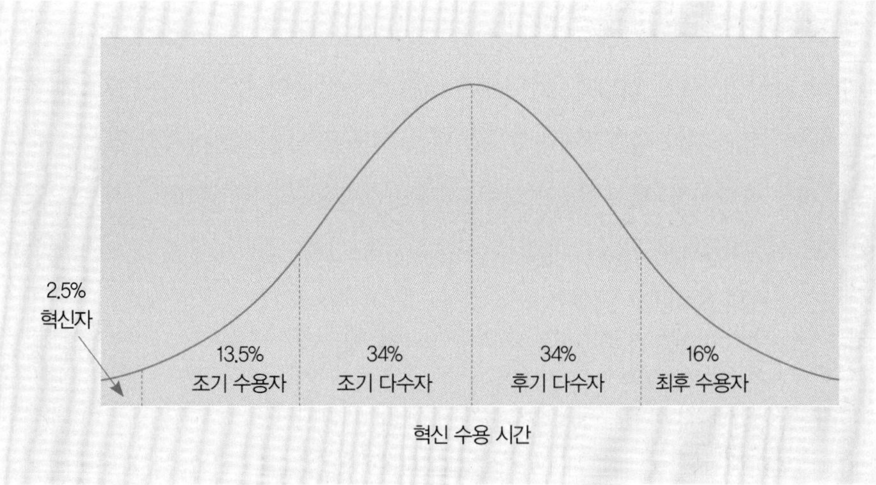

자료: 안광호 외 공역(2012). 코틀러의 마케팅원리(14판). 시그마프레스.

과정 중 하나로서 다루어져야 하며, 혁신상품의 수용과정과 촉진요인에 대한 이해를 바탕으로 새롭게 기획하는 상품 및 서비스에 대한 소비자 수용과 확장에 필요한 전략을 이해할 수 있을 것이다.

혁신의 확산과정(innovation diffusion process)은 발명이나 창조의 원천에서 최종 사용자나 수용자까지로 혁신 자체의 활용이 전파되는 과정을 통칭한다. 주로 혁신적 첨단기술을 바탕으로 개발된 혁신 신상품의 최초 수용자부터 범용화되는 모든 전파과정을 말하며, 혁신확산의 속도를 높일수록 혁신상품 성공률도 높아지고 투자회수가 가능해지므로 기업의 입장에서는 확산속도관리가 중요한 마케팅 포인트가 될 수 있다.

혁신의 수용과정(innovation adoption process)은 소비자가 혁신에 대해 알게 되면서부터 실제로 활용하도록 수용할 때까지 거치게 되는 인지프로세스를 말한다. 혁신 수용과정은 소비자들이 혁신상품을 알게 되고, 혁신상품의 속성에 대해 관심을 보이는 단계를 거쳐 구매여부를 판단하는 평가 단계와 초기 사용과정을 통해 혁신상품 수용 여부를 결정하는 인지 프로세스를 거치게 된다. 구체적인 단계

별로 나누어 보면 ① 인지(awareness), ② 관심(interest), ③ 평가(evaluation), ④ 시용(trial), ⑤ 수용(adoption: 혁신을 완전하고 정규적으로 사용하겠다는 결정)의 5 단계로 나누어 볼 수 있는데, 각 단계는 소비자의 상품이나 광고 수용에도 동일하게 적용되나, 혁신의 수용과정에서 강조되는 부분은 시용 단계에서의 혁신상품 편익에 대한 판단이다. 혁신상품의 경우는 기존의 사용경험이나 판단이 전무한 경우이므로 시용(trial) 후 판단은 추후 혁신상품의 확산과 성공 여부에 중요한 영향을 미치는 요소가 된다.

혁신 수용과정에 영향을 미치는 요소로는 혁신을 바라보는 개인의 혁신성(innovativeness)과 주변 구성원의 영향(personal influence) 등이 있는데 개인의 혁신성은 어떤 개인이 사회의 다른 구성원보다 새로운 아이디어를 상대적으로 더 빨리 수용하는 정도를 의미한다. 혁신은 시용에 이르기까지도 소비자의 입장에서는 실패의 위험을 가지고 있는 상품으로 평가되므로, 혁신 요인에 대한 구전이나 영향력 있는 타인의 사용 후기 등에 의존하려는 성향이 높은 소비자 집단, 즉 개인의 혁신성이 상대적으로 낮은 소비자의 경우에는 확산초기 상품시용 또는 수용을 꺼리게 된다. 반면, 혁신상품 초기수용자의 경우, 새로운 속성에 대한 매력도를 크게 느끼고, 처음으로 혁신을 수용하고 수용한 다양한 경험을 전파하는 성향이 높은 집단으로, 초기 혁신수용자들의 구전이 혁신의 확산과정과 속도에 미치는 영향은 혁신상품이 아닌 경우에 비해 상대적으로 매우 크다. 주변 구성원의 영향은 다른 사람의 태도나 구매가능성에 미치는 영향 혹은 다른 사람의 태도나 구매행동에 영향을 받는 정도를 말한다. 수용과정 중 평가과정에 가장 크게 영향을 미치는 요인이며, 초기 혁신 수용자가 의사결정 영향력을 행사하는 정도에 따라 확산의 속도가 크게 달라질 수 있고, 초기 혁신 수용자의 특성이 오피니언 리더일 경우 이러한 영향력은 배가 될 수 있다.

혁신의 수용 속도에 영향을 미치는 요인들은 상대적 이점(relative advantage), 부합성(compatibility), 복잡성(complexity), 분할 가능성(divisibility), 의사소통 가능성(communicability) 등 다섯 가지로 나누어 볼 수 있는데, 각각의 특성들은 다음과 같다.

- 상대적 이점: 혁신은 개발된 기술이나 혁신 속성에 대해 소비자들이 기존상품이나 혁신상품이 없었을 때와 비교해서 상대적 이점(relative advantage)이 있다고 인식되었을 때 확산이 빨라지게 된다. 이때 상대적 이점은 개발자나 기업 입장이 아니라 반드시 소비자의 입장에서 편익으로 인식되는 이점이어야 한다.
- 부합성: 부합성(compatibility)은 혁신과 상품의 용도가 소비자의 기대에 부합하는지 여부가 혁신의 수용 속도에 영향을 미친다는 것이다.
- 복잡성: 혁신 자체가 소비자에게는 낯선 요소가 될 수 있기 때문에 복잡성(complexity)이 있으면 혁신에 대한 사용이나 수용은 늦춰질 수밖에 없다. 따라서 소비자 관점에서 혁신상품의 구체적인 편익(benefits)에 대한 이해나 매력도를 높일 수 있도록 접근하는 것이 중요하다.
- 분할 가능성: 혁신이 반영된 특성을 나누어 소비할 수 있는가에 따라, 사용을 분할(divisibility)하여 접근할 수 있는가에 따라서도 확산 속도는 영향을 받을 수 있다.
- 의사소통 가능성: 혁신은 첨단기술을 바탕으로 하는 경우가 많기 때문에 실제로 일반적인 소비자 집단이 바로 이해하기는 어려운 경우가 상당부분 존재한다. 따라서 기술적 기반을 이해시키기보다는 소비자 언어로 쉽고 빠르게 상품의 콘셉트나 혁신이 반영된 부분의 차별화된 매력도에 대해 의사소통을 통해 전달해 낼 수 있는지 여부는 혁신 확산속도에 중요한 영향을 미친다. 이러한 의사소통 가능성(communicability)은 출시된 상품의 마케팅 전략에서도 통합적인 마케팅 커뮤니케이션(IMC)에 대한 핵심으로 중요하게 다루어져야 할 것이다.

카카오톡 사례로 본
혁신의 확산

스마트폰의 대표적인 킬러 앱인 카카오톡은 ㈜카카오가 2010년 3월 서비스를 시작한 글로벌 모바일 인스턴트 메신저이다. 카카오톡은 현재 스마트폰 사용자를 대상으로 프리웨어로 제공되고 있으며, 사용자 수는 국내 사용자와 해외 사용자 수를 합하여 2013년 7월 기준 1억 명의 가입자를 확보하였고, 하루 메시지 전송 건수는 50억 건이 넘었는데, 이는 이동통신 3사의 SMS메시지 전송 건수를 모두 합한 것보다 많은 숫자이다.

카카오 설립자 이석우 대표는 카카오톡의 혁신 비결이 기존의 휴대폰 메시지 서비스와 달리 고객의 가치에 주목한 결과라고 주장한다. 이 대표는 2012년 12월 12일 조선비즈가 주최한 포럼에서 카카오톡 혁신성의 비결에 대해 카카오톡 이용자는 이윤 추구의 대상이 아니라 함께 가치를 나누는 존재라고 했다. 그는 관점의 변화가 엄청난 혁신적 변화를 가져온다며 이용자를 함께 참여하고 가치를 나누는 대상으로 여겼기 때문에 현재의 카카오톡이 있는 것이라고 주장하였다. 또 카카오톡의 다양한 기능은 이용자의 요구를 수렴해 만들어졌다. 이용자는 원하는 기능을 카카오에 적극적으로 건의하고 카카오는 그 의견을 현실화한다. 그렇게 만들어진 기능이 바로 움직이는 이모티콘, 보이스톡, 카카오스토리 등이다.

움직이는 '이모티콘'은 이용자의 요구를 현실화했을 뿐만 아니라 생계가 어려운 웹툰 작가들의 새로운 수입원으로 떠오르고 있다는 점에서 관련 산업에 긍정적인 영향을 끼치고 있다. 지난해 11월 웹툰 작가 네 명의 참여로 시작한 이모티콘 서비스는 현재 75명의 작가가 참여 중이다. 이 대표는 이모티콘 기능에 대해 카카오의 수익에 큰 도움이 되는 서비스는 아니지만 콘텐츠를 생산하는 사람이 정당한 대가를 못 받는 환경에서 건강한 생태계를 만들 수 있다는 점에서 의미 있다고 생각한다고 밝혔다. 실제로 카카오는 웹툰 작가와 5:5로 수익을 분배해 그들이 지속적으로 수익을 올릴 수 있는 구조를 만들었다. 그는 "우리가 카카오톡을 단순히 수익을 내기 위한 서비스라고 여겼다면 이렇게 적극적으로 이용자와 상호 피드백하지 못했을 것이다."라고 말했다. 이용자의 목소리를 증명하듯 '카카오스토리'는 서비스 시작 보름 만에 1,000만 이용자, 포스팅 8억 건, 댓글 80억 건의 기록을 쓰기도 했다.

카카오가 새로운 관점을 통해 만들어낸 혁신적 플랫폼에는 '플러스친구 서비스'가 있다. 이 대표는 플러스 친구 서비스는 '문자로 연결되는 친구가 꼭 개인과 개인일 필요는 없지 않을까 하는 생각에서 시작했다고 한다. 이용자가 관심이 있는 기업이나 연예인, 콘텐츠를 직접 선택해 친구를 맺으면 관련된 정보를 직접 받아볼 수 있다.

여기서 멈추지 않고 카카오는 2012년 7월 '카카오톡 게임 서비스'를 선보이며 변화를 꾀했다. 이 서비스를 통해 카카오는 '애니팡', '캔디팡', '드래곤플라이트' 등 월 매출 100억 원이 넘는 국민게임을 대거 배출하면서 강력한 모바일 콘텐츠 플랫폼으로 진화하고 있다. 또 카카오의 성장 동력에 대해 언제 어디서나 접근성이 높은 모바일이라는 특성과 풍부한 이용자를 기반으로 하는 높은 트래픽(접속량)이라고 밝혔다. 현재 카카오는 카카오톡에 기초해 게임, 쇼핑, 뉴스 서비스 등 다양한 분야로 확장해 나가고 있다. 그리고 계속해서 이용자에게 필요한 가치가 무엇인지, 그 가치로 그들을 어떻게 연결할 것인지를 고민해 나갈 것이며 다양한 가치를 이어가는 '스마트 커넥터'가 될 것임을 밝혔다(테크조선, 2012. 12. 15.).

4P믹스: 가격전략

마케팅 담당자가 상품의 가격을 결정하기 위해서는 가격의 개념과 특성을 이해하고 가격전략이 다른 전략과 시장에 미치는 파급력에 대한 이해가 필요하다. 가격(price)전략을 다룰 때에는 개별상품의 가격만을 다루는 것이 아니라 가격의 구조를 결정하고 이해하는 것이 중요하며 경쟁사와 다른 소비자 가격을 결정했을 때 촉발될 수 있는 가격 경쟁에 대해서도 충분한 사전검토가 이루어져야 한다.

이를 위해 먼저 가격의 개념과 가격을 결정할 때 고려해야 하는 가격의 특성에 대해 살펴보도록 하겠다.

가격의 개념

가격의 개념은 가격결정 메커니즘에 따라 다른 관점을 적용할 수 있다. 먼저, 경제학적인 관점과 마케팅 관점으로 나눌 수 있는데, 경제학적 가격결정은 주로 판매자와 구매를 원하는 소비자와의 수에 의해 특징지어지는 독점, 과점 또는 완전경쟁 등의 시장구조와 관련하여 결정되고, 가격은 정상적으로 상품이나 서비스의 실제 가치를 반영한다고 가정하고 있다. 반면에 마케팅적인 관점에서는 수요자와 공급자의 수는 시장세분화, 상품 포지셔닝, 마케팅 믹스 전략의 질 등 여러 마케팅 전략상의 고려요인 중 하나로 간주되며, 개별 가격의 결정에 있어서 가격의 목표는 상품 개발의 원가를 상쇄하는 것이 아니라 소비자가 새롭게 출시하는 상품에 대해 느끼는 지각된 가치만큼을 산정하는 것에 있다고 보는 관점이다.

그 외에도 판매자가 가격을 결정하고, 구매자는 그 가격에 살 것인지의 여부만 결정할 수 있는 경우와 소비자가 가격을 결정하고 판매자는 그 가격에 판매할지 여부만을 결정하는 경우도 있다. 이러한 관점은 누가 판매의 주도권을 가지게 되는지와 밀접한 관련이 있다.

제조업자의 관점에서는 상품의 출고가격이 가격전략의 핵심이 되지만 소매업자의 관점에서는 소매가격이 가격전략의 핵심이 된다. 따라서 기획하는 상품이나 서비스의 마케팅 주체가 가진 관점이 가격전략을 결정하는 핵심적인 방향성을 가지게 된다.

가격결정 시 고려요인들

가격을 설정하기 전에 마케팅 담당자가 고려해야 할 대표적인 요인들에는 소비자의 가격에 대한 민감도, 생산 원가와 경쟁 환경, 유통경로 및 정부의 규제 등 다양하다. 이러한 다양한 검토가 필요한 이유는 가격의 특성이 쉽게 바꿀 수 있지만 한번 소비자에게 각인된 가격에 대한 이미지는 쉽게 바꿀 수 없기 때문이다. 가격을 결정한다는 것은 기업의 입장에서도 손익에 직결되기 때문에 즉각적으로 큰 영향을 미칠 수 있는 강력한 파급력이 있을 뿐 아니라 시장 판도에도 파괴력 있는 영향을 미치게 된다. 따라서 경쟁이 치열하더라도 가격 경쟁이 시작되면 돌이킬 수 없는 경우가 발생할 수도 있으므로 가격경쟁은 가능한 피하고 차별화 경쟁으로 나아가는 것이 바람직하다.

마케팅적 관점에서 적절한 가격수준 책정의 목표는 생산 원가를 커버하는 것이 아니라 소비자가 지각한 가치만큼을 설정하는 것이다. 가격을 결정할 때 기본적인 고려요인은 소비자의 심리와 행동에 기반하여 소비자가 인식하는 가치 정도를 환산한 영향력, 기업 내부의 이익 목표와 원가, 그리고 시장 내 경쟁자의 원가와 가격 등을 꼽을 수 있다. 그 외, 해당 산업이나 상품의 특징에 따라 유통업자와 판매 사원의 반응이나 산업의 구조적인 요인, 정부의 규제 등도 가격 결정에 영향을 미칠 수 있다.

가격의 결정

가격을 결정하는 방법은 앞에서 살펴본 가격결정 시의 고려사항들을 반영하여 소비자의 가치 중심 결정방법과 기업의 원가 및 내부 수익률 중심 결정방법, 그리고 시장의 경쟁구도 하에서 경쟁우위에 설 수 있도록 결정하는 방법 등으로 나누어 볼 수 있다.

먼저 소비자의 가치 중심적인 가격결정방법은 상품의 원가 혹은 기업 내부의 투자에 대한 재무적 비용을 감안한 가격결정이 아니라 목표시장에서의 소비자들이 대상 상품을 구매하는 데 있어서 얼마만큼의 가치를 느끼는가에 대한 영향력을 계량적으로 산정하는 접근방법이다. 개념적으로는 타당하지만 사실 소비자가 느끼는 인지상의 가치를 정확하게 계량해 내는 것은 생각만큼 쉽지 않다. 소비자들은 이득보다 손실을 더 크게 지각하고 영향을 받으며, 가격인하보다 가격인상에 더욱 민감하게 반응한다고 알려져 있다(loss aversion). 그럼에도 일정한 범위 내에서는 가격을 인상하거나 인하하는 정도를 지각하지 못한다(웨버의 법칙, Just Noticeable Difference)는 연구 결과도 있다.

이러한 가치의 계량화에 대한 어려움 때문에 기업들은 소비자들의 구매의도, 가격의 변화에 대한 민감도와 목표시장의 소비자 특성 등 다양한 소비자 조사를 통해 정보를 도출한 후, 가격결정의 기초로 삼고 있다. 일반적으로 준거가 되는 기준 상품을 선정한 후, 소비자가 지각하는 가치인 편익의 증가분을 화폐단위로 계산하고 적절한 가격수준을 결정하는 등의 순으로 진행된다. 이때, 가격의 상한선은 준거상품의 가격에 편익의 증가분을 합하여 결정하게 되며, 가격의 하한선은 준거 상품의 가격으로 설정할 수 있다.

소비자의 지각된 가치(perceived value)에 대한 평가는 비단 소비자만의 인식이라기보다는 상품 콘셉트와의 적합성과 설정된 가격으로부터 연상되는 기대 품질의 수준이 설득력이 있어야 한다. 또한 구매의사결정자가 구매의사결정만 하고 지불하는 주체는 따로 있는 경우, 가격 민감성은 상대적으로 낮아지므로, 구체적으로 누가 지불하고 누가 사용하며 누가 구매의사결정의 주체인지에 대한 탐색도 더불어 이루어져야 한다.

기업의 관점에서 비용 중심의 가격 결정방식은 상품의 생산과 판매에 관련된 모든 비용을 충당하고 목표이익을 낼 수 있도록 가격을 결정하는 방식이다. 비용중심적인 가격결정방법에는 원가 기준법과 목표수익률 기준법 등이 있다. 원가 기준법은 소비자의 관점을 완전히 무시하고 경쟁자의 가격이나 원가에 대한 고려도 없이 내부적인 원가에만 초점을 두고 가격을 결정하는 논리적인 결함을 포함한 가격결정방법이고, 목표수익률 기준법은 수익률을 기준으로 가격을 결정하는 방법으로 기본적인 접근방법은 원가 기준법과 같다.

시장의 경쟁우위를 점하기 위한 가격결정방법은 경쟁사들의 시장 가격을 자사 상품의 가격 결정에 가장 중요한 기준으로 고려하는 접근방법이다. 주로 시장 내 경쟁기업의 가격수준을 준거가격으로 경쟁우위를 누릴 수 있는 대응가격 수준으로 가격의 범위를 결정하게 되는데, 가격 경쟁력에만 초점을 둘 경우 불필요한 가격전쟁으로 경쟁기업과 함께 수익성 악화를 가져올 수 있다.

가격은 개별상품의 가격뿐 아니라 소비자와 출시 시간의 변화에 따른 시장 판도의 변화, 상품의 할인과 프로모션 등 전반적인 시장에서의 유통구조에 이르기까지 다양한 관점과 다양한 시점에 대한 고려가 필요하다. 소비자들은 가격에 민감하므로 논리적으로 수용될 수 있는 가격 운영 전략이 없을 경우 혼란을 느끼고 불신하게 된다. 기존에 판매하던 가격을 조정하고자 할 때는 가격전쟁을 피하고 경쟁 측면에서 항상 불필요하게 가격 경쟁이 일어나지 않도록 주의해야 하며, 꼭 필요한 가격인상 시에는 경쟁자들도 가격을 인상할 수 있도록 만들어야 한다. 반대로 경쟁자의 가격인하 전략에 대한 대응은 산업 전반의 불필요한 가격경쟁을 야기할 가능성은 없는지에 대해 신중하게 검토해야 한다.

이지젯의 가격전략:
기차운임보다 저렴한 저가항공

이지젯의 유럽 내 운임은 영국 런던에서 프랑스 파리까지 최저 6.99파운드, 텍스(Tax)를 포함해도 18파운드 내외로 런던–파리 간 유로스타 최저 가격 65유로보다 저렴하다. 저가 항공사의 시초는 미국 사우스웨스트 항공(southwest airlines)이며 기내식과 기내 서비스를 최소화하고 운임을 기존의 대형 항공사보다 획기적으로 낮춤으로써 항공 저가 시장을 여는 단초를 제공하였다. 이지젯은 1995년 11월 루튼–글라스고, 루튼–애딘버러 2개 노선을 취항하며 사업에 착수한 뒤로 2003년 유럽 내 39개 공항 125개 노선을 운행할 정도로 급성장한다.

이지젯은 그리스계 영국인 스텔리오스에 의해 창립되었으며 스텔리오스는 이지젯의 운송기능만을 집중하고 가격을 낮추어 더 많은 사람들이 비행기를 이용하게 하도록 하려는 단순한 논리에 집중하였다.

이지젯의 항공운임 책정은 수요와 공급이라는 경제학의 기본원리에 충실하게 좌석의 수요에 비례해서 가격을 결정하는 시스템으로 예약일정에 따른 가격 변동제를 도입하고 수요가 적은 시간대의 가격은 파격적으로 저렴하게 구성하였다. 이지젯의 가격구조는 수요공급 법칙뿐 아니라 기업의 비용구조를 최대한 낮출 수 있도록 한 경영 마인드에서도 그 성공 요인을 찾아볼 수 있는데 주요 절감 정책은 앞의 내용과 같다(자료: www.emars.co.kr, 재구성).

이지젯

이지젯의
주요 비용 절감 정책

1 예약은 인터넷과
전화로 한정

이지젯은 여행사에 지불해야 하는 수수료 부담을 없애기 위해 직접 인터넷과 전화로만 예약을 받고, 콜센터 인건비를 최소화하기 위해 인터넷에서 직접 좌석을 선택하여 예약할 수 있도록 하는 시스템을 조기에 도입했다.

2 예매 티켓과 마그네틱 탑승권 등
티켓 대신 신분증으로 대체

지금은 국내 항공사에서도 일상적으로 사용하는 방법이지만 초기의 이지젯은 비행기 표가 없는 항공사로 센세이션을 일으켰으며, 모든 과정은 온라인으로 처리하여 티케팅 절차를 밟을 필요가 없고 인터넷에서 부여받은 예약번호와 신분증을 제시하는 것으로 수속절차를 단순화하였다.

3 공항 체류시간 절감 및
공항 사용료 최소화

비싼 공항 사용료를 최소화하기 위해 런던 근교 루튼 공항을 기반하여 사업을 시작하였으며, 주로 도심에서 떨어진 한가한 공항을 이용함으로써 비행기 이착륙 및 정비에 소요되는 시간과 비용을 최소화하여 항공기 회전율을 높이는 효율성을 중시했다.

4 기내 서비스 최소화 및
유니폼 간소화

이지젯은 기내 무료 서비스를 없애고 간단한 식음료는 판매하였으며 음악, 영화, 신문 등의 기내 서비스도 모두 없앴다. 비즈니스 클래스도 운영하지 않는데, 단 이지젯이 취항하는 노선 자체가 운항시간이 평균 5시간을 넘지 않는 유럽 내 단거리 노선 및 국내노선에 집중되도록 하여 이용자의 불만을 최소화하였다. 또, 승무원의 유니폼도 간소화하였다.

5 사무공간을 최소화하여
운영비용 절감

업무적 지위만 인정하고 사무공간의 직위를 없앰으로써 공간효율성과 비용절감효과를 극대화하였다.

6 동종의 항공기 구매를 통한
비용 효율성 극대화

이 밖에 보잉737 기종을 주로 운영함으로써 운항 비행기의 정비와 유지, 부품보유 비용을 효율화하고 조종사 훈련비용도 절감하도록 하였다.

4P믹스: 유통전략

유통(place)전략을 이해하기 위해서는 먼저 유통경로의 개념과 필요성에 대해 이해하는 것이 중요하다. 중간상이 없는 경로라고 할지라도 중간상의 기능은 여전히 존재하며 소매상과 도매상 등으로 구성되는 유통경로만으로도 경쟁우위를 확보할 수 있다. 따라서 상품 개발자는 유통경로의 구조를 이해하고 경로의 통제 가능성과 투자비용에 대한 균형을 유지함으로써 효율적인 상품 판매를 위한 유통망을 구축해야 한다.

유통경로의 개념

유통경로는 상품 자체를 패스하는 것이 아니라 경로 구성원들을 함께 하는 파트너로 인식하는 협력과 신뢰 관계 구축이 중요하다. 유통경로(distribution channel) 존재의 근본적인 이유는 시간, 장소, 형태상의 불일치로 인한 거래 실현의 제약을 극복하고 소비자의 소유효용(possession utility)을 극대화하기 위해서이다. 소유효용이라는 개념은 상품이나 서비스가 제조업자로부터 소비자에게 이전되어 소비자가 상품이나 서비스를 사용할 수 있는 권한을 갖는 것을 유통경로가 도와줌으로써 발생하게 되고, 유통경로를 구성하는 중간상들은 제조업체 대신 소비자들에게 신용판매나 할부판매 등의 다양한 편의를 제공함으로써 상품의 소유를 돕게 된다. 따라서 유통경로의 기능은 교환과정의 촉진, 상품구색 불일치의 완화, 소비자와 제조업자의 연결, 고객서비스의 제공, 기술지원, 신용 및 금융지원, 재고보관, 시장 정보수집 등과 같은 다양한 기능을 담당할 수 있다. 반드시 중간상들이 유통경로기능을 담당해야 하는 것은 아니며, 생산자나 소비자도 일부 기능들을 수행할 수 있다. 예를 들어 태평양의 화장품 전문점과 같이 기업이 유통경로를 직영하고 관리하는 경우도 있지만 델 컴퓨터와 같이 인터넷을 이용하여 소비자가 직접 생산자에게 필요한 부품을 조달하도록 설계할 수도 있다. 암웨이와 같은 판매 시스템은 생산자가 유통경로를 구축하는 대표적인 예이다.

유통경로의 유형별 구분

유통경로는 최종 사용자가 소비자인가 제조업체인가에 따라 도매상과 소매상으로 나누어볼 수 있다.

먼저 도매상의 유형은 상인으로서의 도매상, 대리점, 브로커, 제조업자 도매상 등으로 나누어볼 수 있는데, 상인으로서의 도매상은 다시 도매상인, 산업재 유통업자 등과 같이 완전 서비스를 제공해 주는 완전서비스 도매상과 현금거래 도매상, 트럭 도매상, 직송 도매상 등 한정서비스 도매상으로 구분할 수 있다. 대리점의 형태는 제조업자 대리점, 판매 대리점, 구매 대리점, 수수료 상인을 말하며, 브로커의 경우는 구매가 아니라 거래를 성사시키는 기능을 담당하는 것을 말한다. 그 외, 제조업자 도매상은 제조업자가 도매상의 기능을 담당하는 경우를 말한다.

소비자를 대상으로 하는 소매유통에 중점을 둔 소매상의 유형은 크게 점포형 소매상과 무점포 소매상으로 나누어진다. 점포형 소매상의 종류를 우리나라에 도입된 순서대로 살펴보면 재래시장, 전문점, 백화점, 슈퍼마켓, 양판점, 편의점, 할인점·하이퍼마켓·슈퍼센터, 전문할인점(카테고리 킬러), 회원제 창고형 도소매점(코

표 4-1 국내 소매 유통경로의 종류와 특성

		종류	특징	예시
점포유통	생필품 + 전문품	구멍가게, 재래시장	소비자와 가장 근접, 외상판매 가능, 소비자 대면판매, 단독점포로 한정된 상품판매	중부시장, 남대문시장
		편의점	편리성 추구, 긴 영업시간	GS25, 세븐일레븐, 패밀리마트 등
		슈퍼마켓	저비용, 저마진, 한정된 상품구색	지역 슈퍼마켓
		연금매장	특정계층 대상 구매 시 보조기능 역할 수행	공무원, 농협, 축협 연금매장 등
		할인점(대형마트)	상시 저가, 넓은 상품구색, 빠른 회전율, 다양한 기능	이마트, 롯데마트, 홈플러스 등
		회원제창고 도매상	회원제, 상품구색 한정(고회전 품목 중심)	코스트코, 롯데 빅마트 등
		SSM (Super-Super Market)	전통적인 슈퍼마켓보다 대규모 가격할인	롯데슈퍼, 이마트 에브리데이 등
	전문품	양판점	가격은 백화점과 할인점의 중간	하이마트, 전자랜드 등
		백화점	고가격, 넓은 상품구색, 최상의 서비스 제공	롯데, 현대, 신세계 백화점 등
		전문점	해당 상품계열의 다양한 상품	주류전문점, 주얼리 전문점 등
		팩토리아울렛	주로 재고상품을 저가 판매	여주아웃렛, 파주아웃렛 등
		카테고리 킬러	특정 상품군만 전문적으로 취급, 대형화 및 저마진, 비용절감	토이저러스, ABC마트 등
무점포유통	생필품 + 전문품	자동판매기	24시간 셀프 서비스, 상품 구색 한정	
		방문판매	소비자를 직접 방문하여 판매	다수의 화장품 및 건강식품 업체
		통신·우편판매	통신수단, 우편을 이용한 판매	카탈로그 판매
		텔레마케팅	전화를 이용한 판매	라이나 실손보험 등
		TV홈쇼핑	TV 홈쇼핑 채널을 통한 판매	CJ오쇼핑, GS홈쇼핑, 현대홈쇼핑 등
		온라인 쇼핑	인터넷을 이용한 가상공간에서의 판매	다수의 인터넷 쇼핑몰 및 Open Market
		모바일 커머스	이동 중에도 무선 인터넷과 첨단 통신기술을 이용한 모바일상거래	모바일 홈쇼핑

자료: 김대철 외(2011). 상품학. 도서출판 청람. p.189. 재구성.

스트코) 등으로 다양화되어 있다. 또 최근 급속하게 확산되는 정보통신 기능에 힘입어 인터넷과 모바일 등 새로운 형태의 다양한 무점포 소매의 행태가 출현하고 있고, 무점포 소매의 형태는 다이렉트 마케팅 부분에서 더욱 활성화되고 영역을 넓혀가고 있는 추세이다. 카탈로그 마케팅, 다이렉트 우편·이메일 마케팅, 텔레마케팅, TV 홈쇼핑, 인터넷 마케팅, 모바일 마케팅 등 기술적인 발전에 힘입어 그 영역이 급속히 확장되고 급속하게 성장하고 있는 유통구조의 형태라고 할 수 있다.

유통경로의 구조와 특징

유통전략을 수립하기 위해서는 유통경로의 특징과 구조를 이해하고, 상품과 서비스가 제공되는 유통경로의 구조를 전략적으로 설계할 수 있어야 한다. 유통경로의 구조는 통제가능성과 투자비 사이 균형을 유지하려는 노력이 중요한 구조적 전략의 핵심이 된다.

유통경로는 바통패스가 아니며 매출 증대와 비용 절감에 큰 영향을 미치게 되므로, 경로구성원들을 공동번영의 파트너로서 인정하고 경로구성원들이 추구하는 목표가 다를 수 있음을 이해해야 한다. 경로구성원의 행동은 유통경로 전반 혹은 연결된 다른 경로구성원들의 성과에 영향을 미치게 되므로 상호 신뢰 혹은 파워의 균형이 필요하며, 유통경로 관리의 중요한 목표는 경로구성원들이 경로 전체의 이익을 극대화하는 방향으로 움직이도록 하는 것이다.

유통경로 구조의 특성별로 통합적인 유통경로(integrated distribution channel), 독립적인 유통경로(independent distribution channel), 유통경로의 계열화 또는 수직적 마케팅 시스템(vertical marketing system, VMS) 등으로 나누어 볼 수 있다. 각각의 특징은 다음과 같다.

- 통합적인 유통경로: 기존의 유통경로의 효율성을 극대화하기 위한 전략적 접근으로 기존 유통경로를 잘 구축해 놓은 경우에 활용 가능하다. 통합적인 유통경로(integrated distribution channel)는 통제가능성이 높지만 투자비용도

높은 집약적 구조라고 할 수 있다.

- 독립적인 유통경로: 상품의 특성상 기존의 유통경로에는 적합하지 않거나 유통경로의 구조를 분리하는 것이 더 효율적인 경우에 선택할 수 있다. 독립적인 유통경로(independent distribution channel)는 가장 비용효율성이 높지만 상대적으로 통제가능성이 낮은 구조이다.

- 유통경로의 계열화 또는 수직적 마케팅 시스템 구축: 유통경로가 매우 중요한 역할을 담당하는 경우에 유통경로에 대한 관리와 통제를 위해 계열화하거나 수직적인 마케팅 시스템을 구축하는 것을 말하며, 투자비용과 성과를 잘 계산하여 사전 예측을 통해 효율적인 방법을 택하는 것이 바람직하다. 수직적 마케팅 시스템(VMS: vertical marketing system)의 가장 대표적인 계약형태 중 하나가 프랜차이즈 조직(franchise organization)이라고 할 수 있는데, 본부(franchisor) 입장에서의 계약형 VMS의 대표적인 유형인 프랜차이즈 조직의 장점은 큰 투자비 부담 없이 사업을 빠르게 확장할 수 있다는 점, 의욕적인 사람들을 가맹점(franchisee)으로 확보할 수 있다는 점, 안정적인 수입 확보(가입비, 로열티 등), 일관된 이미지 확립이 가능하다는 점과 유연성 등을 들 수 있으며, 고려해야 하는 문제점은 가맹점의 통제와 퇴출관리가 어렵고, 가맹점이 탈퇴해서 경쟁자가 될 수 있는 가능성이 상존하며, 가맹점과 갈등 발생 가능성이 있고 부실채권 발생 가능성이 있다는 점 등을 고려해야 한다.

애플 스토어의
유통전략

2001년 애플이 애플 스토어 계획을 발표했을 때, 〈비즈니스위크(Business Week)〉에서는 'Sorry Steve, Here's Why Apple Stores Won't Work'라는 상당히 자극적인 제목으로 애플의 계획을 비난했고, TheStreet.com의 유명한 컨설턴트인 데이비드 골드스타인(David Goldstein) 역시 애플이 2년 내에 얼마나 큰 실수를 한 것인지 알게 될 것이라며 이 계획에 부정적인 견해를 보였다.

그러나 현재 미국의 대부분의 고급 쇼핑몰에는 거의 애플 스토어가 입점하고 있으며, 사람들로 북적일 뿐 아니라 심지어 매장 문을 열기 전에 줄을 서는 사람들도 있다. 매장의 분위기는 세련되고 독특한 애플만의 디자인 철학을 그대로 보여줄 뿐 아니라 전시된 애플 상품들을 자유롭게 이용할 수 있고, 게임도 할 수 있을 정도로 개방적인 분위기로 운영된다.

애플 스토어는 2001년 5월 캘리포니아주 글렌데일에 첫 매장을 연 이래, 현재까지 소매업 역사상 가장 빠른 성장률을 기록하고 있는 기록적인 성공사례가 되었으며, 오픈 이후 3년 만에 연매출 10억 달러를 넘기더니, 2006년 이후 분기별 매출이 10억 달러를 넘겼다. 세계적으로 유럽과 북미 지역을 중심으로 급격하게 애플 스토어의 숫자를 늘려가면서 일본, 호

애플 스토어

ⓒ Synthesis Studios(플리커 ⊜①◎)

주, 중국에도 애플 스토어를 만들어 많은 매출을 올리고 있다. 애플 스토어는 전 세계 주요 국가와 도시에서 애플 상품을 접할 수 있는 하나의 '특별한 공간'으로서 독특한 포지셔닝을 갖고 있으며, 애플은 애플 스토어를 애플의 가치를 나타내는 '상징적 공간'으로 만들기 위해 특별한 노력을 기울이고 있다.

애플 스토어를 론칭시키는데 주도적인 역할을 했던 유통 전문가 론 존슨은 완전히 새로운 유통점으로서의 애플 스토어를 구상하고, 마치 호텔에 들어와 있는 것처럼 느끼고, 누구나 호텔을 이용하듯이 편안하게 애플 스토어를 이용할 수 있도록 하는데 초점을 맞추었다. 상품 서비스 영역은 호텔의 컨시어지(concierge)와 같이 물건을 파는 곳이 아니라 사람들을 돕는 곳으로 디자인하였다. 이를 위해 애플 스토어의 명물인 지니어스 바(Genius Bar)를 설계하고 소비자의 체험훈련과 각종 서비스 및 지원을 담당하도록 하였다. 애플의 상품에 문제가 생기면 지니어스 바에서 소비자들이 직원들과 직접 문제를 같이 해결하도록 하되 친절하고 완벽한 서비스로 애플 상품의 명성을 높이는데 기여할 수 있도록 했다. 스티브 잡스는 컴퓨터 업계의 서비스 직원들의 성향을 고려할 때, 그들이 고객들에게 제대로 서비스할 것이라고는 믿지 못했다고 한다. 그러나 론 존슨은 그동안 가전제품 판매유통 업체들이 공통적으로 적용하던 판매수당을 없앰으로써 매장의 직원들이 판매에 혈안이 되지 않고, 고객 서비스에 집중하도록 하였다.

지니어스 바의 성공 요인은 판매수당을 없애고, 좋은 서비스를 하는 직원들을 평가를 해서 직원들의 지위를 올려주도록 하는 새로운 소통방식에 기인한다. 최고의 직원은 '맥 지니어스(Mac Genius)'로 승진이 되거나 매장에 있는 강습소에서 고객들을 대상으로 교육을 하는 프레젠터가 되도록 함으로써 돈으로 살 수 없는 명예와 자부심을 최대한 자극한 것이다.

이러한 혁신적인 발상과 설계를 통해 애플 스토어는 그 자체로 애플 상품을 체험할 수 있는 특별한 장소가 되었다. 애플 스토어는 이러한 직원들의 서비스 마인드를 바탕으로 첨단 라이프스타일의 상징성까지 부여받게 되었는데, 뒤를 이어 소니의 'Sony Style'이나 삼성의 'Samsung Digital'과 같은 경쟁사 소매점 전략의 모델이 되었다.

삼성은 2014년 갤럭시S5의 출시와 함께 유럽과 북미 지역을 중심으로 삼성 스토어 (Samsung Store)를 설치하여 유럽과 북미 지역에서 시장 점유율을 높이는 데 총력을 다 할 것이라고 선언한 후, 세계 주요 도시에 '삼성 스토어'를 개장했고, 많은 사람들이 '삼성 스토어'에서 삼성의 모바일 상품을 체험하며 삼성의 상품을 소비하고 있다.

우리나라에서는 사실 애플이 직영하는 애플 스토어는 없고 대신에 국내 최대의 애플 리셀러 숍으로 불리던 '컨시어지'가 비슷한 역할을 담당해 왔으나 수익성 악화를 이유로 2014년 3월 영업을 종료하였다. 애플 리셀러 숍이 국내에서 수익성 악화의 길로 접어들게 된 원인 중 하나는 상대적으로 낮은 애플의 시장점유율과 국내의 특이한 유통구조의 영향도 무시할 수 없다. 국내 가전제품 소비자들은 이러한 전문점 형태의 유통보다 인터넷을 선호하고, 특히

아이폰과 같은 애플의 대표상품은 '통신사'를 통해서 보조금을 활용하여 구매하는 것이 일
반적이다. 또 삼성과 LG 등 경쟁업체의 방어로 인해 아이폰의 국내 시장 점유율은 10%에
미치지 못하고 있는 상황이다.

애플 스토어가 가지는 상징성과 문화적 특성을 플래그십 스토어로 계속 추구해 나가야 할
것인가, 아니면 수익성을 고려한 현지 유통전략을 강화해 나가야 할 것인가는 여전히 IT강국
인 대한민국 소비자와 시장을 바라보는 애플의 고민이 아닐 수 없다. 아울러 세계시장에서
애플의 차별화된 독특한 상징성과 경쟁해야 하는 삼성전자와 LG전자 등 국내 가전업체의
고민이기도 하다(자료: health20.kr/650, 재구성).

▌4P믹스: 판매촉진전략

판매촉진(promotion)전략은 광고 홍보 및 커뮤니케이션 전반을 관장하는 통합
적 마케팅 커뮤니케이션(IMC: integrated marketing communication) 부분과 판매
촉진을 위한 인센티브의 제공 및 인적판매를 모두 포괄하는 폭넓은 개념이다. 광
고 홍보 및 커뮤니케이션 전략은 소비자의 인식상에 상품 및 서비스를 포지셔닝시
키기 위한 중요한 실행전략의 일환으로서 다루어져야 한다.

통합적 마케팅 커뮤니케이션의 개념

통합적 마케팅 커뮤니케이션(IMC)의 개념은 광고, DM, 판매촉진, PR 등 다양한
커뮤니케이션 수단들의 전략적인 역할을 비교, 검토하고, 명료성과 정확성 측면에
서 최대의 커뮤니케이션 효과를 거둘 수 있도록 이들을 통합하는 총괄적인 계획
의 수립과정을 모두 포괄하는 총체적 개념을 말한다. 통합적 마케팅 커뮤니케이션
은 소비자의 태도와 행동에 영향을 미치는 것을 목표로 하며 궁극적으로는 커뮤
니케이션 전달 과정을 거쳐 궁극적으로 구매를 유도하는 것이 가장 중요한 목표가
된다. 소비자에게 메시지를 전달할 수 있는 모든 접촉수단들을 검토하고 활용할

수 있어야 하며, 처음부터 끝까지 소비자의 관점을 가지고 커뮤니케이션을 통해 설득하는 목표가 소비자에게 있다는 점을 잊지 말아야 한다. 사용하려고 생각하는 커뮤니케이션 도구들이 각각 서로 상승효과를 낼 수 있도록 조정하고 가장 효율적인 전략의 포트폴리오를 구성하는 것이 핵심이라 할 수 있다.

통합적 마케팅 커뮤니케이션에 활용되는 도구는 광고(advertising)를 포함한 PR 및 퍼블리시티(publicity), 스폰서십 마케팅(sponsorship marketing), 판매촉진(sales promotion)과 인적판매(personal selling) 등 다양한 방식으로 확장되어 왔으며, 각각에 대한 개략적인 소개는 다음과 같다.

- 광고: 확인된 스폰서(광고주)가 비용을 지불하고 다양한 청중 대상 비인적 매체를 통해 이루어지는 커뮤니케이션 활동
- PR 및 퍼블리시티: 불특정 다수의 청중(다양한 기업 이해관계자 집단) 대상 기업과 소비자 간 우호적인 관계를 형성하기 위해 수행되는 모든 활동들(예: 기업광고, 기부활동, 특집기사 등)
- 스폰서십 마케팅: 기업이나 그 기업이 소유한 브랜드를 구체적인 이벤트나 자선활동과 연계시킴으로써 소비자들로 하여금 기업과 기업의 브랜드에 대한 관심을 제고시키기 위한 커뮤니케이션 활동
- 판매촉진: 구매자의 즉각적인 (구매)행동을 자극하기 위해 혹은 단기적인 상품매출을 증대시키기 위해 사용되는 모든 형태의 마케팅 커뮤니케이션 활동(예 : 쿠폰, 샘플, 경품 및 콘테스트, 가격할인 등)
- 인적판매: 영업사원이 자사상품 혹은 서비스를 구매하도록 유망소비자에게 정보를 제공하고 설득하기 위해 사용하는 대면 커뮤니케이션 활동

통합적 마케팅 커뮤니케이션 전략의 수립

통합적 마케팅 커뮤니케이션(IMC: integration marketing communication) 전략을 수립하기 위해서는 먼저 마케팅 전략에 대한 전반적인 검토를 통해 표적 소비

자 집단과 표적 소비자 집단에게 커뮤니케이션해야 하는 콘셉트에 대해 결정하고 마케팅 믹스 전반에 대한 검토를 바탕으로 어떤 커뮤니케이션으로 접근하는 것이 가장 효과적일 것인지에 대한 목표 설정과 다양한 커뮤니케이션 도구들의 비교검토를 통해 포트폴리오를 구성해야 한다. 이러한 커뮤니케이션 도구별 전략적 역할에 대한 정리가 어느 정도 이루어지면 그에 따른 예산의 확보와 배정이 이루어지게 된다. 각 단계별 진행은 다음과 같다.

마케팅 전략에 대한 검토
- 표적청중과 브랜드 콘셉트의 설정
- 브랜드 콘셉트의 결정: 목표시장으로 선정된 소비자들을 대상으로 어떤 브랜드 아이덴티티와 상품 콘셉트로 접근할지에 대한 결정을 하는데, 이때는 상품의 콘셉트와는 달리 소비자에게 어필할 브랜드의 콘셉트를 결정하는 단계라고 이해해야 한다.
- 표적청중의 선정: 마찬가지로 목표시장의 소비자가 아니라 목표시장의 소비자에게 가장 효과적으로 메시지를 전달할 수 있는 커뮤니케이션 표적청중이 누구인지를 결정하는 단계라고 할 수 있다.
- 마케팅 믹스 프로그램의 검토: 상품관리, 가격정책, 유통경로정책 및 기타 마케팅 믹스 요소를 총괄적으로 살펴보고, 커뮤니케이션이 전략과 배치되지 않고 통합적이고 효율적으로 소비자를 설득할 수 있는지에 대해서 검토해야 한다.

IMC 목표의 설정　커뮤니케이션효과 단계별 목표의 구체적 설정과정으로, 단기적인 목표를 세분화해 접근하는 것이 효율적이다.

커뮤니케이션 도구들의 비교검토 및 선택　광고, PR, SP, 인적판매, 이벤트, POP 등 다양한 도구들을 검토하고 가장 효율적으로 표적청중에게 도달할 수 있는 믹스를 구성하는 것이 중요하다.

커뮤니케이션 도구별 전략적 역할의 담당　커뮤니케이션 도구별로 표적청중과 달성하고자 하는 목표를 세분화하여 겹치거나 비효율이 발생하지 않도록 구성한다.

커뮤니케이션 예산의 확보 및 배정　설정한 커뮤니케이션 도구들과 전략을 수행하기 위한 예산을 확보하고 실행하기 위한 준비단계이다.

소비자 인식상의 포지셔닝을 위한 타깃 소비자 커뮤니케이션 과정 모형의 이해

커뮤니케이션이란 결국 '정보의 전달' 혹은 발신자와 수신자 간에 인지 및 생각의 틀에 있어서의 공통 영역을 구축해 나가는 과정이라고 정의할 수 있다. 기업의 입장에서는 소비자에게 새롭게 만들어진 상품 콘셉트와 포지셔닝 전략을 설득하기 위한 정보를 전달해야 하는 과정이지만 정보를 받아들이고 이해해야 하는 소비자의 입장에서는 수신자의 관점에서 다양한 정보의 비교 및 내재화를 위한 처리 과정을 진행해야 한다.

커뮤니케이션 과정 중에서 메시지를 만들고 전달하는 기업의 입장에서 중요한 구성은 광고 메시지를 보내는 주체로서의 발신자(sender), 발신자의 생각을 단어, 상징, 그림 등을 통해 상징적인 형태로 표현한 부호화(encoding)된 정보, 그리고 발신자가 수신자에게 전달하고 싶은 정보를 언어적 혹은 비언어적 수단 또는 시각적, 청각적 수단이나 상징 등을 통해 표현한 메시지(message)와 이러한 메시지를 전달하는 매체가 되는 커뮤니케이션 채널로 이루어진다.

커뮤니케이션 과정에서 수신자 입장에서의 중요한 구성은 수신자가 메시지를 해석하는 과정을 의미하는 해독화(decoding) 단계와 메시지를 전달하고자 하는 목표 소비자를 의미하는 수신자(receiver), 그리고 메시지 정보를 통해 메시지 수신자들이 상품에 대한 인식 또는 지식을 형성하고 상품 지식을 토대로 상품에 대한 태도를 형성하거나 구매의도를 갖게 되는 반응(response) 단계와 발신자에게 수신

그림 4-2 커뮤니케이션 과정 모형

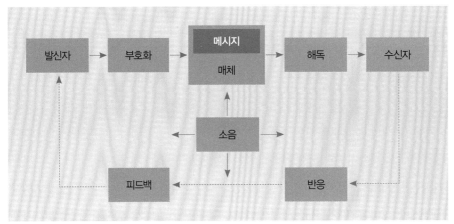

자료: Philip Kotler & Kevin Lane Keller(2012), *Marketing Management*, 14th ed., Prentice-Hall, p.480.
　　박찬수(2014), 마케팅원리(제5판), 법문사, p.295, 재인용.

자가 보내는 다양한 반응으로서의 피드백(feedback)단계를 나누어 볼 수 있다.

　그 외, 커뮤니케이션 과정 전반에 영향을 미치는 잡음(noise) 요소는 전체적으로 메시지가 전달되는 과정의 방해요소로 작용할 수 있는 다양한 요소를 포괄하며 영향을 미치게 된다.

　목표 소비자들은 마케팅 담당자가 설득하고자 하는 의도를 스스로의 주관적인 인식에 따라 해독하게 되고, 이러한 과정을 통해 설득되기도, 혹은 전혀 다른 반응을 보이기도 한다. 따라서 마케팅 담당자들은 의도된 설득 메시지를 정확하게 전달하기 위해 잡음 요소를 최대한 배제하고 소비자의 해독(decoding)과정에서 일어날 수 있는 의도하지 않은 반응을 최소화하기 위해 노력해야 한다.

판매촉진 활동

　판매촉진은 구매를 독려하는 모든 직접적이고 적극적인 활동으로, 상품을 소개하고 커뮤니케이션을 통해 설득하는 광고 및 PR 등의 활동과 달리 구매행동 유발을 목표로 인센티브를 제공하는 등의 직접적인 촉진 활동을 의미한다. 판매촉진을 판촉이 일어나는 주체를 중심으로 나누어 보면 직접적으로 소비자에게 인센티브를 제공하는 소비자 판촉과 유통업자에게 판매를 강화할 수 있도록 유도하는 중간상 판촉, 제조업자의 보상을 받고 유통업자가 소비자에게 다양한 판촉활동을 펼치게 되는 소매업자 판촉 등으로 나눌 수 있다.

소비자 판촉에 사용될 수 있는 다양한 판촉 수단은 광고 지향적 접근과 판촉 지향적 접근으로 나누어 볼 수 있으며, 광고 지향적 접근은 주로 광고메시지를 전달하는 데 초점을 둔 접근방법으로, TV, 라디오, 신문, 잡지 등 4대 매체와 다양한 신규채널들을 적극적으로 활용하는 접근방법이며, 판촉 지향적 접근은 메시지의 전달보다는 구매행동유발을 위한 판촉활동에 초점을 두게 된다. 각종 리베이트, 무료샘플, 충성소비자 보상프로그램(보너스팩, continuity 프로그램), 쿠폰, 프리미엄, 경품(sweepstake) 및 콘테스트(contests) 등을 다각적으로 활용하게 되며, 대중매

홈플러스 온라인 쇼핑몰의 광고와 판촉전략

홈플러스는 2014년에 론칭 15주년이 된 기념으로 당시 인기를 누린 '아빠 어디가' 프로그램 출연진들이 출연하는 TV광고를 실시하고, 온라인 및 오프라인 판촉 전략을 위한 다양한 프로모션을 동시에 진행한다.

TV광고를 통해 홈플러스가 전달하려는 메시지는 품질과 가격이 좋은 가족 휴식공간으로서의 홈플러스 이미지 강조와, 15주년을 맞아 다양한 축제와 같은 할인행사를 전개한다는 것이다. 이와 더불어 온라인 홈페이지에서는 다양한 쿠폰과 이벤트, 할인 프로모션을 상시 진행함으로써 판촉의 효과를 극대화하기 위한 공략을 병행하고 있다.

그런데 홈플러스의 이러한 광고와 판촉은 이마트와 롯데마트 등 대형 할인점의 광고 메시지 소구점과 크게 차별화되지 않고 있어 15주년을 기념해 좋은 품질의 상품을 더욱 싸게 제공한다는 메시지가 설득력을 얻기가 어려운 부분이 있고, 판촉도 대동소이하다는 점에서 홈플러스만의 차별화된 접근이 아쉬운 부분이 있다.

체, 다이렉트메일, 신문 삽입 방식(FSI)의 판촉광고, POP 디스플레이 등의 매체를 활용하여 판촉활동을 더욱 강화시킬 수 있다.

▌브랜드 아이덴티티의 개념과 브랜드 전략

브랜드는 단순히 새로운 상품이나 서비스에 이름을 붙이는 것이 아니라 상품의 콘셉트를 소비자의 가치와 편익으로 바꾸어 더욱 강력한 선호를 이끌어 낼 수 있는 전략이다. 상품과 서비스가 넘쳐나는 현대의 시장에서 브랜드는 소비자가 구매 의사결정을 하는 전 과정에서 의미 있는 정보를 제공해 주는 단초로 작용할 뿐 아니라 브랜드 자체가 소비자에게 사회적 지위, 또래집단의 상징 등을 나타내는 중요한 가치를 제공하기도 한다. 기업의 입장에서 브랜드는 품질이나 기능 이외의 또다른 소비자 가치를 부여할 수 있는 중요한 마케팅 전략의 일환으로 활용될 수 있다. 이 장에서는 브랜드의 개념과 브랜드 관리의 개념에 대해 이해하고 소비자가 가지는 가치체계를 반영하여 또 다른 부가가치로 인식되는 브랜드 자산의 형성 및 확장에 대해 살펴보고자 한다. 소비자의 지각된 가치를 높여주거나 지각된 가치 자체를 상품 브랜드에 반영할 수 있도록 하는 구체적인 브랜딩 전략과 네이밍, 패키지를 결정하는 과정에 대해서도 개략적으로 살펴보도록 하겠다.

브랜드 전략과 브랜드 아이덴티티의 개념

브랜드(brand)란 판매기업의 상품이나 서비스를 식별시키고, 경쟁기업의 브랜드와 차별화하기 위한 의도된 이름, 단어, 사인, 상징, 디자인의 총체적 결합체를 말한다. 소비자가 느끼는 브랜드의 가치에 따라 구매의사결정을 단순화시켜주고, 브랜드에 대한 생각이 지불하는 가치를 높여주고 구매의사결정에 영향을 미쳐 보다 쉽게 선택할 수 있도록 도와주게 된다. 마케팅 담당자의 입장에서 브랜드는 상품관리를 보다 쉽고 편리하게 해줄 뿐 아니라 브랜드 자체가 또 다른 가치를 부여받는 하나의 자산으로서 무형의 부가가치를 창출해 준다. 기업의 입장에서 브랜드 충성도가 높은 브랜드는 강력한 경쟁우위의 수단으로 작용할 수 있는 효과적인 무기로 활용될 수 있다.

브랜드를 만들어 가치를 부여하는 과정을 브랜딩(branding)이라고 할 수 있는데, 브랜딩 과정은 상품이나 서비스에 브랜드 파워를 부여하고 차별성을 갖도록 하는 것을 의미한다. 이때 가장 중요한 개념이 브랜드 아이덴티티(brand identity)를 형성하는 과정이 되는데, 브랜드의 아이덴티티를 형성하는 것은 소비자들이 같은 상품범주 내에 있는 브랜드들과 다르다고 생각하게 되는 차별화된 브랜드 콘셉트와 속성을 부여하는 작업이며, 브랜드를 만드는 작업의 핵심이 된다.

브랜드 아이덴티티를 부여할 때는 소비자가 의사결정을 명확히 할 수 있도록 상품과 서비스에 대한 지식을 잘 조직화하도록 도움을 주어 브랜드와 관련된 지식구조(knowledge structure)를 만드는 것이 중요하다고 할 수 있다.

이렇게 만들어진 브랜드는 소비자가 브랜드 자체에 대한 가치를 느낄 때 브랜드 자산(brand equity)으로서의 개념을 형성하게 되는데, 브랜드 자산은 가격, 시장점유율, 수익성뿐만 아니라 소비자가 브랜드를 어떻게 생각하고, 느끼고 행동하는가에 영향을 줌으로써 상품과 서비스에 부가적이 가치를 부여해 주는 것으로, 눈에 보이지 않는 무형의 자산이지만 그 부가가치나 파급력은 엄청나게 영향을 미칠 수 있기 때문에 더욱 중요하다.

브랜드 이미지의 형성과정

브랜드 콘셉트(brand concept)를 만들고 브랜드 아이덴티티와 속성(brand personality)을 구성한 후에는 브랜드 자체가 가치 있게 느껴질 수 있게 되기까지의 몇 가지 소비자 인지 프로세스상의 과정이 필요하다. 먼저 소비자들은 그 브랜드에 대한 인지도(brand awareness)를 형성하고 구매시점 또는 상품 구매 고려시점 등에 이르렀을 때 그 브랜드를 재인(recognition) 또는 회상(recall)할 수 있어야 한다. 성공적으로 브랜딩되고 시장에서 수용된 브랜드의 경우, 소비자에게 그 브랜드가 재인 또는 회상되었을 때 브랜드가 가지고 있는 아이덴티티와 속성이 강력한 차별화 동인을 제공하며 특정한 이미지를 형성하게 되는데, 이렇게 강력한 연상을 불러올 수 있게 되기까지는 일관되고 꾸준한 커뮤니케이션 전략이 바탕이 되어야 한다.

브랜드만으로 구매하고 싶은 동기를 불러일으키는 정도까지 강력한 브랜드 자산을 형성하기 위해서는 인지도, 재인 및 회상 정도와 함께 브랜드에 부여한 아이덴티티와 속성을 바탕으로 한 차별화된 브랜드 이미지가 구축되고 있는지를 정기적으로 점검하고 커뮤니케이션 전략을 수정보완하는 노력이 필요하다.

각각의 세부개념에 대한 정리는 다음과 같다.

브랜드 인지도   소비자가 한 상품범주에 속한 특정브랜드를 알아보거나 그 브랜드를 쉽게 떠올릴 수 있는 능력을 말한다. 브랜드 인지도는 브랜드 재인과 브랜드 회상으로 분류할 수 있으며, 브랜드 재인(brand recognition)은 소비자에게 특정의 브랜드를 제시했을 때 과거에 그 브랜드에 노출된 적이 있는지를 확인할 수 있는 능력을 의미하며, 브랜드 회상(brand recall)은 상품범주 혹은 특정이 구매상황을 단서로 제시했을 때 특정의 브랜드를 기억으로부터 끄집어 낼 수 있는 능력을 말한다. 두 가지 지표는 브랜드 인지도를 추적하며 관리할 중요한 지표로 사용되기도 한다.

브랜드 인지도의 창출   반복노출을 통한 브랜드 친숙성을 높이고, 해당 상품범주 또는 적절한 구매상황과 자사 브랜드 간의 강력한 연상 관계를 형성할 수 있도록 해 주는 노력을 의미한다.

브랜드 이미지의 구축   브랜드 이미지(brand awareness)는 목표 소비자의 기억 속에 저장되어 있는 다양한 브랜드 관련 연상들의 집합을 말한다. 브랜드 아이덴티티의 총합이라고 할 수 있으며, 기획자는 이러한 브랜드 연상의 유형, 연상의 호의

성, 연상의 강도, 연상의 독특성 네 가지 측면과 상품 및 서비스의 특성을 고려하여 한 가지 혹은 그 이상의 연상유형을 선택해 강력하고 호의적이며 차별적인 연상이미지를 구축하는 것이 중요한 과제가 된다.

브랜드 이미지를 구축하기 위한 속성과 브랜드 아이덴티티에 대한 연상은 유형별로 상품 관련 속성에 대한 연상, 상품과 직접 관련이 없는 속성에 대한 연상 및 편익과 관련된 연상 등으로 나누어 볼 수 있다.

상품 관련 속성에 대한 연상은 '조미료 하면 미원' 등 상품 자체의 범주에 대한 연상과 상품의 속성에 대한 연상, 품질 및 가격과 관련된 연상 등 상품 그 자체의 기능적 편익과 연관된 연상들이 주를 이룬다. 해당 시장의 경쟁이 치열할 경우 소비자의 인식상의 차별화를 얻기가 어렵다는 점을 고려해야 한다.

반면, 상품과 직접 관련이 없는 속성에 대한 연상의 경우는 주로 브랜드 퍼스널리티(brand personality)에 대한 연상으로, 나이키의 자유로운 이미지, 말보로 담배의 마초적인 이미지 등 브랜드를 만들 때 부여한 아이덴티티 혹은 속성(personality)에 대한 연상이며 연상을 만들기까지 상당한 시간과 섬세한 노력이 필요하나 일단 이미지를 형성하면 그 자체가 특별한 가치를 부여받을 수 있다.

그 외, '우리 강산 푸르게 푸르게' 슬로건을 통해 유명한 유한킴벌리의 예와 같이 기업과 관련된 강력한 연상을 구축하기 위한 기업명 상표전략(corporate brand strategy)을 채택하기 위해서도 기업에게 중요한 가치를 네이밍이나 기업 브랜드를 통해 연상할 수 있도록 하는 강력한 연계 전략을 선택할 수 있다.

브랜드 자산의 관리

소비자기반 브랜드 자산(brand equity)은 소비자의 가치체계에 기반을 두어 기구축된 브랜드에 대한 소비자의 지식이 마케팅에 대한 소비자의 반응에 미치는 영향을 의미하며, 브랜드의 가치를 결정하는 요소로는 소비자, 브랜드에 대한 소비자 지식 및 지식의 결과로서의 마케팅 활동에 대한 소비자의 반응을 꼽을 수 있다.

소비자기반 브랜드 자산의 3가지 핵심적 요소는 브랜드 자산의 핵심적인 차별화

가치가 소비자 반응에서의 차이에서 발생해야 한다는 점과, 이러한 소비자 반응의 차이는 소비자의 브랜드 지식의 결과로서 형성되어야 한다는 점, 그리고 소비자의 차별적 반응이 마케팅의 모든 측면과 관련된 지각, 선호, 행동 등을 반영한 결과로서 나타나야 한다는 점 등이다.

브랜드 자산은 높은 브랜드 인지도와 긍정적 브랜드 이미지에 의해 형성되므로 브랜드 자산을 높이기 위해서는 브랜드의 인지도와 긍정적인 브랜드 이미지를 만드는 것이 무엇보다 중요하다. 브랜드 인지도는 브랜드 자산의 필요조건이지만 충분조건은 아니다. 브랜드 자산은 높은 인지도와 독특하고 강력한 브랜드 이미지로부터 나온다. 따라서 브랜드 자산의 관리는 브랜드 아이덴티티 개발 → 브랜드 콘셉트의 결정 → IMC 노력을 기울이는 순으로 진행되는 브랜드 관련 모든 전략적 의사결정의 흐름과 반복을 의미한다. 브랜드 자산 관리는 결국 브랜드 아이덴티티를 개발하고 그중에서 집중적으로 관리되는 한두 가지를 이용한 브랜드 콘셉트 관리를 통한 소비자의 인식상에 포지셔닝하는 과정을 의미하며, 브랜드의 수명주기에 맞추어 브랜드 콘셉트를 선택·실행·통제하는 과정이다. 이같은 브랜드 관리는 콘셉트를 어떻게 집중적으로 강조하는가에 따라 다음과 같이 세 가지로 나누어질 수 있다.

- 기능적 브랜드 콘셉트: 상품의 기능적 속성에 초점을 두고 개발한 브랜드 콘셉트(functional brand concept)를 말한다.
- 상징적 브랜드 콘셉트: 그 상품이 가지는 상징성을 아이덴티티로 만들어 내는 브랜드 콘셉트(symbolic brand concept)를 말한다. 명품이나 그 상품 자체의 기능적 속성보다는 그 상품을 구매 또는 소비하는 과정에서 소비자들이 느낄 수 있는 심리적인 편익과 연결된다.
- 경험적 브랜드 콘셉트(experiential brand concept): 소비자가 경험하고 사용하는 과정에서 부여될 수 있는 상품 브랜드의 콘셉트를 말한다. 놀이동산의 즐거움이나 편(fun)의 개념 등을 콘셉트화하는 경우를 말한다.

신상품의 브랜드 전략

상품이나 서비스를 새롭게 준비하는 단계에서의 브랜딩(branding)과 브랜드 전략은 기업이 판매하는 서로 다른 상품들에 적용되는 공통 및 차별적 브랜드 요소의 성격 및 수를 반영하고 신상품 및 기존상품에 적용되는 신규 및 기존 상표요소를 고려해서 결정해야 한다. 신상품의 브랜딩 방법은 브랜드 요소의 개발 방향에 따라 다음과 같이 나누어 볼 수 있는데 부득이한 경우를 제외하고는 기업이 가지고 있는 기존의 브랜드 자산을 최대한 활용하여 경쟁우위를 확보하는 것이 효율적이다.

● 신상품에 대한 새로운 브랜드 요소를 개발하여 별도 브랜드로 론칭: 단, 브랜드 확장 대신 새 브랜드를 만들 때는 신중해야 하며 앞으로의 확장가능성과 코브랜딩 등 다양한 대안들에 대한 검토가 필요하다.

● 기존 브랜드 요소의 일부를 적용하여 신규 브랜드 전략을 수립: 브랜드 확장, 기존 브랜드를 모 브랜드로 삼아 서브브랜드로 개발, 라인 확인 또는 범주 확장 등 기존 브랜드의 요소를 최대한 활용하는 방법 등이 있다.

● 신규 브랜드 요소와 기존 브랜드 요소를 결합하여 공동 브랜드를 구성하는 등의 방식: 공동 브랜드, 라이센스 브랜드 등을 검토할 수 있다.

현대카드의 브랜드 전략

　브랜드를 경영한다는 것은 미래를 내다보는 일이다. 적어도 10년은 바라보고 계획해야 한다. 광고를 하면 바로 매출이 올라간다는 생각으로는 브랜드를 만들 수 없다. 이에 대해 김진태 상무는 "마케팅에 관련된 수많은 활동들은 그 하나하나로는 빛을 발하지 못한다."고 말했다. 영업에 조금 도움이 될 수는 있겠지만, 회사를 바꾸는 임팩트는 주지 못한다는 것이다. 그러나 굉장히 많은 것들이 쌓이고 쌓이면 비로소 마케팅이 힘을 발휘한다고 했다.

　공중파 TV의 9시 뉴스 직전에 나가는 15초 광고의 단가가 회당 3천만 원이다. 3천만 원을 광고에 쓰느냐 아니면 영업사원 100명에게 30만 원씩 수당으로 나눠줄 것이냐 하는 것은 경영자의 선택이다.

　현대카드는 전자를 택한다. 그리고 광고를 연간 250~300억 원씩 집행한다. 브랜드라는 보이지 않는 자산을 위한 장기 투자이다. 각종 이벤트를 개최하는데 거액을 쏟아 붓는 것도 같은 이유에서다. 마케팅의 힘을 믿는 것이다. 광고 하나하나만 봐서는 쉽게 기억에 남지 않을 것이다. 하지만 장기간 일관성을 가지고 전략적으로 메시지를 발신했을 때, 광고는 엄청난 파워를 발휘할 수 있다. 우리나라에서 대형 브랜드가 좀처럼 나오지 않는 이유는 장기적인 관점에서 브랜드 관리를 강화하기보다 단기적인 매출을 우선시하기 때문이다. 단기간에 성과를 입증해야 하는 전문경영인으로서는 어쩔 수 없는 구조적인 문제이기도 하다. 그러나 현대카드는 그 악순환의 고리에서 벗어나 대형 브랜드가 될 가능성을 보여주고 있다. 물론 이는 정태영 사장이 오너 경영인이기 때문에 가능한 일이기도 하다. 김진태 상무는 "현대카드는 오너가 받쳐주니까 연간 몇 백억 원씩 투자할 수 있다."고 설명한다.

　현대카드는 수익의 20~25%를 광고나 이벤트 등 마케팅 비용으로 투자한다. 다른 카드사는 대체로 10%를 넘지 못한다. 광고 대행사들은 현대카드를 광고 커뮤니케이션 활동이 브랜드 가치에 미치는 영향을 가장 잘 이해하는 클라이언트 중 하나라고 말한다. 광고 커뮤니케이션 활동이 당장 효과를 입증하기 어렵고 상당한 시차를 두고 누적적으로 효과를 발휘하는 활동이라는 것을 이해하고 자신만의 메시지를 전달하는 데 주력하는 것이 장기적으로는 차별화된 브랜드를 구축하는 성과를 가져오게 된다는 것이다.

현대카드는 CEO급 이상의 사회 지도층을 타깃으로 하는 VIP 카드인 블랙카드를 내놓고, 2006년 또 하나의 VVIP 카드, 상위 5%를 위한 연회비 30만 원인 퍼플카드를 출시하면서 컬러 카드로 유명한 브랜드 포트폴리오를 가져가는 전략을 채택하게 된다. 퍼플카드의 핵심고객은 차세대 리더 집단으로 소수, 왕과 지도자들이 좋아하는 퍼플 컬러를 강조하며 고객으로 하여금 특권의식을 누리도록 유도하고 또 하나의 컬러인 레드카드는 전문적인 엘리트를 위한 프로페셔널 럭셔리 카드로 론칭하였다.

이러한 현대카드의 장기간에 걸친 투자로 2003년 현대카드 브랜드의 최초 상기율이 1% 미만이었다면 2010년에는 15~20%에 달하게 되었다. 이는 곧 시장점유율에도 비약적인 변화가 있었음을 시사한다.

보통 기업들이 가격정책을 통해 경쟁하려고 하는 데 반해 현대카드는 브랜드에 투자한 뒤 가격 정책을 맨 나중에 가져가는 방식을 택했다. 현대카드는 질문한다. 신상품을 만들었을 때 가장 신경 쓸 부분이 무엇인가? 누구나 알 수 있는 매력적인 브랜드를 만드는 일이 중요한가? 아니면 일단은 시장에 팔아야 하니까 다른 경쟁사보다 싼 가격에 빨리 내놓는 일이 중요한가? 당신은 무엇을 택하겠는가?

현대카드 마케팅 담당자들은 브랜드가 특별한 감정, 자신감, 기업의 개성을 뿜어내는 어떤 것이라고 생각한다. 그들에게 브랜드를 구축한다는 것은 가격정책이나 상품 포트폴리오, 판매정책을 정하는 것 이상의 기업의 영혼과 개선을 전달하는 작업으로서의 의미를 갖는다고 믿는다(이지훈, 2012).

토의 문제

- 가장 혁신이라고 생각되는 상품이나 서비스를 찾아서 조기 수용자가 누구인지, 어떻게 영향을 미치는지를 함께 토의해보자.
- 가격전략이 차별화되었다고 생각되는 상품이나 서비스를 찾아서 차별화 포인트가 되는 점이 무엇인지를 함께 토의해보자.
- 유통전략이 차별화되었다고 생각되는 상품이나 서비스를 찾아서 어떤 점에서 차별화되어 있다고 느꼈는지를 함께 토의해보자.
- 판매촉진전략 중 광고 홍보 전략이 차별화되었다고 생각되는 상품이나 서비스를 찾아서 차별화 포인트가 되는 점이 무엇인지를 함께 토의해보자.
- 판매촉진전략 중 판촉활동이 차별화되었다고 생각되는 상품이나 서비스를 찾아서 차별화 포인트가 되는 점이 무엇인지를 함께 토의해보자.
- 브랜드 전략이 성공적이라고 생각되는 상품이나 서비스를 찾아서 왜 그렇게 느꼈는지를 함께 토의해보자.

PART 3

창의적인 아이디어 발굴과
상품화를 위한 기획

5

창의적인
아이디어 발굴을
위한 준비

본장에서는 앞에서 다루었던 다양한 상품 및 서비스 기획과 관련된 주요 개념을 적용하여 환경분석과 기업의 내부역량 점검, 시장과 소비자에 대한 분석들을 수행해 보고, 다양한 분석을 통해 기업과 상품 개발자가 직면한 산업 및 경쟁구도에 대한 이해를 높임으로써 창의적인 아이디어 발굴을 위한 사전 준비를 경험해 볼 수 있도록 한다.

창의적인 아이디어를 발굴한다는 것은 애플의 스티브 잡스와 같이 천재적인 면모를 가진 사람들이나 몇몇 특별히 창의적인 사람들이 갑자기 떠올린 번뜩이는 아이디어를 모으는 것을 말하는 것이 아니다. 물론, 창의적인 사람들이 내놓은 번뜩이는 아이디어가 새롭고 획기적인 상품과 서비스로 이어져 세상을 바꾸고 기업의 새로운 동력이 되는 경우를 종종 보게 된다. 그러나 개인의 창의적인 역량에만 기대는 아이디어 발굴은 그 개인이 떠나면 조직의 역량으로 남을 수 없다. 따라서 장기적인 관점에서 시장 분석과 소비자 변화를 꾸준히 연구하고 분석하며 계량화된 지표를 모니터링하는 사전 준비 과정은 누구나 시장에 맞는 새로운 아이디어를 내어 놓을 수 있도록 독려하고, 특히 시장과 소비자에 대한 연구를 바탕으로 풍부하게 더해지는 아이디어들을 발굴해 내기 위해 매우 중요한 과정이다.

이 장에서 다루는 환경분석과 기업의 내부역량 점검, 현재 직면한 시장과 소비자에 대한 분석들은 상품이나 서비스를 기획하는 상황이 아니라고 하더라도 마케팅 담당자라면 누구나 항상 고민하고 연구하는 부분들이다. 특정한 기업 혹은 관심이 있는 상품이나 서비스를 정해서 실습 핸드북을 활용하여 각각의 실무적인 수행방법을 적용해 보면서 앞에서 살펴본 개념적인 내용을 적용해 학습한다면 더욱 효과적일 것이다.

이 장의 목표

1. 기업 혹은 마케팅 담당자가 개발하려는 상품이 속한 산업구조를 파악하고 경쟁구도를 분석해본다.
2. 기업의 내부역량과 현재 생산, 제공되는 상품 및 서비스의 구조, 핵심 시장 등을 분석해 본다.
3. 현재 생산, 제공되는 상품 및 서비스의 목표시장과 소비자 특성, 선호도 등에 대해 분석해본다.
4. 개발하려는 상품 및 서비스 기획 프로세스를 명확히 하고, 개발의 목표와 방향을 설정해본다.

창의적인 아이디어 발굴을 위한 준비

▌ 산업구조에 대한 이해와 경쟁구도 파악

상품 개발을 담당한다는 것은 해당 기업의 마케팅 부문에서 일정기간 이상 업무를 수행했다는 것을 의미한다. 따라서 개발자들은 이미 스스로의 위치와 경쟁구도에 대해 잘 알고 있을 뿐 아니라 경쟁기업의 개발자들과 네트워크를 형성해 정부의 정책 방향이나 업계 전체의 공동대응이 필요한 부분에 대한 협의, 판매를 위한 정보의 교환 등 공식적 또는 비공식적 교류를 갖는 것이 일반적이다.

그러나 오랜 시간 동안 해당 업계에 종사했고, 많은 정보와 이해를 바탕으로 한다고 할지라도 산업의 구조는 생각했던 것보다 빠른 속도로 진화하고 있으며, 다양한 내·외부 요인으로부터 영향을 받고 있다. 따라서 비단 상품이나 서비스를 개발하고자 하는 시점이 아니라도 정기적인 산업구조 분석과 경쟁구도 파악을 위한 노력이 필요하며, 다양한 분석 방법 중에서 손쉽게 산업구조와 경쟁구도의 변화를 파악할 수 있는 틀이 마이클 포터의 산업분석과 BCG매트릭스 등이 될 것이다.

3부에서는 평소 관심을 가지고 있었던 기업이나 상품, 서비스를 정해서 각각의 분석과정과 아이디어 도출 과정을 핸드북을 이용해 직접 수행해 봄으로써 2부에서 다루었던 이론적인 개념에 대한 실무적인 시사점을 학습할 수 있도록 구체적인 적용방법에 중점을 두었다.

마이클 포터의 산업분석을 이용한 산업구조 이해

마이클 포터의 산업분석을 통한 산업구조의 이해를 위해서는 먼저 대상 산업을 이해하기 위한 각종 문헌자료에 대한 데스크 리서치가 필요하다. 산업에 대한 정의와 현재 경쟁을 펼치고 있는 기업들, 그리고 국가의 규제나 관련 법규 등에 대한 폭넓은 이해가 전제가 되어야 하며, 이는 비단 산업분석이라는 표를 채우기 위한 작업이 아니라 개발하려는 상품과 서비스의 모체가 되는 기업과 주력상품, 시장에 대한 이해를 위한 사전 이해 단계라고 보는 것이 적절하다. 실무 담당자로서 산업에 대한 이해가 충분하다면 최근 달라지고 있는 경쟁현황이나 국가 규제 등의 변화 유무, 잠재 진입자들의 가능성 등의 정보를 업계 종사자들과 협의회 등을 통해 수집하고 업데이트하는 과정에 집중도록 하되, 전체적인 큰 구조에 대한 이해를 높이기 위한 분석을 실시하도록 한다.

산업분석의 틀을 적용한 분석을 하기 위해서는 산업과 관련된 자료조사를 통해 해당 산업의 최근 성장률, 업태별 특징 등 다양한 분석보고서 자료들을 활용한 정보 수집을 먼저 거쳐야 한다. 통계청 및 해당 산업이 관련된 국가 및 공공기관 연구소 등은 보통 매년 해당 산업의 성장과 현황, 그리고 가까운 미래의 예상되는 변화에 대한 분석자료를 내고 있으며, 대부분의 자료는 인터넷 등으로 무료로 확인할 수 있도록 하고 있다. 따라서 인터넷과 공공기관 산업 통계 자료 등을 활용하면 비교적 정확한 산업에 대한 정보를 얻을 수 있다.

산업과 관련된 다양한 자료의 수집을 통해 산업에 대한 이해가 어느 정도 이루어 진 후에는 산업구조의 틀을 채워 보면서 취합된 정보를 구조화하는 작업이 필요하다. 산업구조의 이해를 위해서는 먼저 해당 기업을 중심으로 공급자와 구매자 등 연관 기업들과의 관계를 나타내는 그림 5-2에서 ①에 대한 구조를 작성할 수 있다. 구조 ①은 기업의 가치사슬(Value Chain)의 연장선상에서 분석할 수 있으며, 유관 기업들과 산업의 특수성을 이해할 수 있도록 도와준다.

이어서 구조 ②의 잠재적 진입자의 위협은 해당 산업의 매력도를 다른 기업들이 어떻게 평가하는지에 대한 기업 간 경쟁의 구도를 이해하고 작성할 수 있다. 구조

그림 5-1 백화점 산업 관련 자료 수집의 예

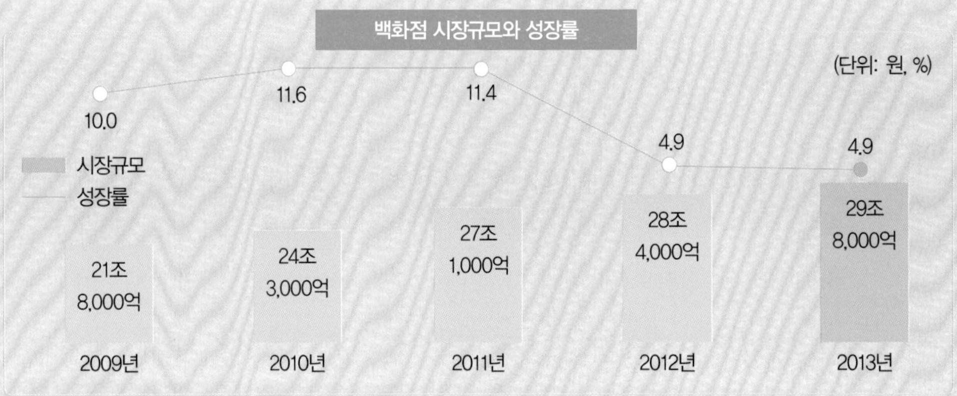

백화점 시장규모와 성장률

(단위: 원, %)

10.0   11.6   11.4   4.9   4.9

■ 시장규모
— 성장률

21조 8,000억	24조 3,000억	27조 1,000억	28조 4,000억	29조 8,000억
2009년	2010년	2011년	2012년	2013년

백화점 업계 매출액 및 성장률

(매출액: 조 원)   (성장률: %)

매출 및 성장률 현황

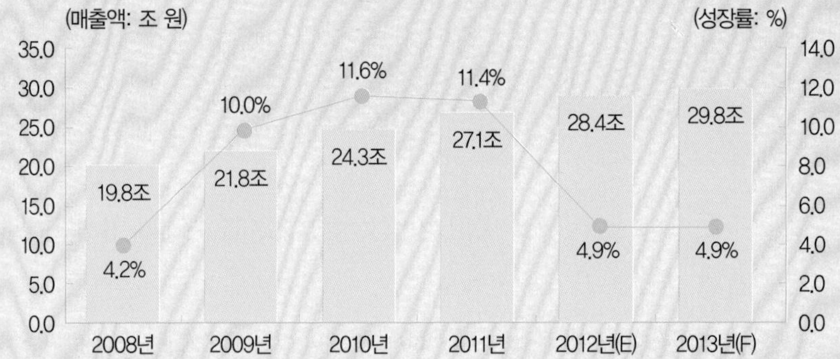

	2008년	2009년	2010년	2011년	2012년(E)	2013년(F)
매출액	19.8조	21.8조	24.3조	27.1조	28.4조	29.8조
성장률	4.2%	10.0%	11.6%	11.4%	4.9%	4.9%

환경분석	성장요인(O)	위협요인(T)
	▪ 세계 경제의 점진적인 회복 기대(소비심리 개선) ▪ 중국인을 중심으로 한 외국인 관광객 증가 ▪ 차별화된 매장 및 상품 구성 강화 노력 지속 ▪ 온라인 강화(기존 온라인 채널 모바일)	▪ 세계 경제의 불확실성 − 유럽 재정위기 진행형, 새로운 돌발 악재 발생 시 세계 경제의 장기침체 가능성 상존 ▪ 면세점의 성장 + 온라인과의 경쟁 − 가격경쟁력을 무기로 백화점 업태를 위협 ▪ 대형 유통업체들에 대한 정부의 규제

2013년 업태 특징	▪ 세계 경제의 점진적 회복에 대한 기대 확산 및 전년 부진했던 실적으로 전년과 유사한 성장세 유지 ▪ 중국인을 중심으로 한 외국인 관광객들의 꾸준한 유입 및 이들의 소비 증대 ▪ 백화점 대체 채널인 면세점의 성장 및 정부 규제 강화 등의 불확실성은 위협요인으로 작용

자료: 통계청·신세계유통산업연구소(2012년은 추정치, 2013년은 예상치이다)

그림 5-2 마이클 포터의 산업분석의 틀

②를 채워 넣을 때는 가까운 시일 내에 진입을 계획하는 기업뿐 아니라 국가 규제 및 요구되는 기초 투자비용 등 진입장벽의 변화 및 정책 변화도 함께 살펴보고, 다른 산업에 속한 기업들의 투자여력도 함께 살펴보는 것이 바람직하다.

마지막으로 구조 ③은 소비자의 관점에서 대상 기업 혹은 산업이 생산, 제공하는 상품과 서비스의 대체가능성을 점검해 보는 과정으로, 사용처의 대체뿐 아니라 다양한 관점에서 소비자가 해당 상품이나 서비스에 대한 니즈를 충족시킬 수 있는 것들이 있는지를 살펴보아야 한다.

BCG매트릭스와 SWOT분석을 활용한 경쟁구도 파악

산업분석은 기업이 속한 산업 전체의 구조에 대한 분석이다. 따라서 산업 전체의 구조와 향후 잠재적 진입자 등과 관련된 전체적인 정보의 취합과 이해가 끝나면 비즈니스 유닛(business units) 단위의 분석을 중심으로 하는 BCG매트릭스를 통해 유망한 사업영역을 판단할 수 있다. 한 기업이 다양한 사업부와 비즈니스 유닛을 가지고 있을 때 사용하면 유용하며, 그렇지 않은 경우에는 SWOT분석을 통해 내부의 강약점과 외부의 기회 및 위협 요인을 명확하게 할 수 있다.

BCG매트릭스와 SWOT분석은 모두 상대적인 강약점과 비교우위를 판단하기 위한 분석방법이므로, 정확하게 계량화되지 않더라도 상대적 경쟁력과 시장 내 평균적인 능력을 기준으로 접근해 볼 수 있다는 장점이 있다. 단, 계량화된 수치가 아니라고 하더라도 분석의 근거가 되는 기준점을 명확히 할 필요가 있다.

정확한 기업 내부 자료나 확인해야 할 수치자료 등에 직접 접근하기 어려운 경우 BCG매트릭스와 SWOT분석표를 작성하고자 할 때는 먼저 기업의 내외부 정보를 2차 자료를 중심으로 취합한 후, 상대적인 비교를 통해 대략의 방향성을 알아보기 위한 자료로 작성할 수 있다. 이 경우에도 아이디어 개발을 위한 방향성 설정 및 상대적 비교우위를 판단하는 데 유용한 결과를 도출해 볼 수 있다.

먼저 BCG매트릭스를 작성하기 위해서는 비즈니스 단위 혹은 분석 단위가 되는 사업영역별 시장 점유율과 성장률에 대한 상대적인 위치를 판단할 수 있는 자료가 필요하다. 반드시 수치화되지 않은 자료일지라도 참고해서 상대적인 위치를 표시할 수 있다면 영역별로 나누어 상대적 우열을 나타낼 수 있도록 한다.

BCG매트릭스 작성을 위해 필요한 자료는 주로 기업이나 비즈니스 유닛 단위의 점유율, 성장률 등이므로 기업의 내부자료 혹은 과거 매출 관련 자료 등을 활용할 수 있으며, 기업이 소속된 상공회의소 등에서 개략적인 자료를 참고할 수 있다. 조사 예산이 있는 경우에는 닐슨 판매 데이터 등을 구매하거나 개략적인 매출 관련 조사 등을 진행할 수 있다.

SWOT분석은 기업의 내부역량과 외부환경으로부터의 영향력을 동시에 고려하는 분석방법이다. 특별한 내용이 없더라도 분석표에 강점과 약점을 명확히 구분지어 서술해 보고, 외부환경의 변화에 따른 기회와 위협 요인을 찾는 노력을 통해 기업이 직면하고 있는 도전과 환경의 변화에 대한 대응방향을 한눈에 살펴볼 수 있다는 장점이 있다. SWOT분석표를 작성할 때는 SW(strong, weakness) 영역에 대한 것은 기업의 내부 역량에 대한 것이라는 점과, OT(opportunity, treat) 영역에 대한 것은 외부 환경, 기업이 내부적으로 통제가 불가능한 영역에 대한 것이라는 점을 명확히 구분하여 분석을 하는 것이 도움이 된다.

내부역량 분석

산업분석과 BCG매트릭스, SWOT분석을 통해 해당되는 산업의 현황과 경쟁구조, 특징 및 성장 정도 등 개략적인 정보를 취합하고 이해한 뒤에는 본격적으로 상품 및 서비스를 기획하기에 앞서서 현재 해당 기업이 주력하고 있는 상품이나 서비스에 대한 현황과 내부역량에 대한 분석이 필요하다.

아이디어를 도출하는 과정은 사실상 현재 시장에서의 주력상품과 다른 새로운 어떤 것을 개발하고자 하는 과정이므로, 반드시 현재의 주력상품과 소비자 니즈를 깊이 분석하는 작업이 선행되어야 한다.

먼저 기업의 관점에서 현재 주력하고 있는 상품과 서비스, 브랜드 포트폴리오 등을 분석하고, 4P믹스 등 수행하고 있는 마케팅 전략을 파악할 필요가 있다. 이 과정은 기업의 내부 자료가 중요하지만 내부의 전략적인 의사결정과 관련된 자료를 구하기 어려울 경우에는 노출되는 사후 정보를 중심으로 분석해야 한다.

마케팅 전략은 전략을 수립하는 과정에서는 기업 비밀로 다루어지지만 시장에서 직접 경험할 수 있도록 실행되기 때문에 시간차는 있지만 어떤 전략을 채택했는지는 소비자 관점에서도 충분히 예측해 볼 수 있다. 이를 위해 고객을 가장한 경쟁사 모니터링 및 매장 방문, 판매자 인터뷰 등 다양한 방법을 활용할 수 있다.

주력상품 및 서비스의 마케팅 전략과 브랜드 포트폴리오

어떤 상품과 서비스를 개발할 것인가는 사실 창의적인 아이디어에 기반을 둔 완전히 새로운 상품을 선택할 수도, 시장에 대한 폭넓은 이해를 바탕으로 기업의 주력상품을 개선 보완하는 방향을 선택할 수도 있다. 그러나 어떤 쪽을 선택하더라도 기업의 주력상품이나 서비스에 대한 이해가 선행되어야만 중복되어 자기 잠식이 일어나지 않으면서 기존의 주력상품이나 서비스가 충족시켜 주지 못했던 소비자의 언맷니즈(unmet needs)를 채워 줄 수 있는 상품 및 서비스를 기획할 수 있게 된다.

주력상품을 특정 기업에 한정할 필요는 없다. 현재 목표하는 시장에서 경쟁우위를 점하고 있는 경쟁 타사의 주력상품에 대한 분석도 함께 진행하면 더욱 중요한 소비자 언맷니즈를 발굴할 수 있다. 먼저 기업의 관점에서 생산 설비 및 마케팅 플랜을 점검하고, 보유하고 있는 브랜드 포트폴리오와 소비자에게 강조하고 있는 상품 및 서비스의 내재된 가치 등을 조사하여 정리해 보도록 하는 것이 바람직하다. 관련된 정보는 기업의 홈페이지와 다양한 마케팅 활동을 통해 시장에 노출되어 있기 때문에 먼저 해당기업과 경쟁기업의 홈페이지, 온라인과 오프라인 유통단계별 이벤트와 마케팅, 광고홍보 전략 등을 자세히 파악하여 정리할 수 있다. 시장점유율과 같은 경쟁정보는 전년도 매출 관련 자료 등을 활용할 수 있으며, 이렇게 취합된 자료는 시장의 매력도를 파악할 수 있는 근거자료로 활용될 수 있다.

소비재를 제공하는 대부분의 기업들은 홈페이지를 통해 기업의 비전과 상품의 구성, 그리고 이벤트 등 광고 홍보활동에 이르기까지 다양한 4P믹스 전략의 실행에 대한 정보를 제시하고 있다. 대상기업과 경쟁기업에 대한 대략적인 비전과 상품의 구조, 주력상품과 주요 소비자 등에 대한 정보를 취합한 후에는 표 5-1의 예와 같이 대상이 되는 기업의 주력상품을 중심으로 하는 주력상품 리스트를 만들어 보고, 각각의 주력상품에 대한 마케팅 전략과 브랜드 포트폴리오 등 취합된 정보를 정리하는 작업이 필요하다. 가능하면 상세하게 정보를 정리하고 취합하면서 주력시장 소비자에 대한 분석을 통해 앞으로 새롭게 개발해야 할 아이디어의 방향성을 점검할 수 있다.

특히 4P믹스와 같은 마케팅 전략의 경우에는 다양한 경로를 통해 탐색된 정보를 바탕으로 가급적이면 자세하게 특기 사항을 기록하고, 필요할 경우 별도의 4P

표 5-1 주력상품 리스트와 마케팅 전략 및 브랜드 포트폴리오에 대한 취합의 예

주력상품 리스트	마케팅 전략 (4P믹스)	브랜드 포트폴리오	목표소비자 특징	경쟁사 대응상품
주력상품 1	상품특징:	자사:	인구통계 특성:	시장점유율:
	유통채널:			특징과 장단점:
	이벤트 & 광고홍보:	경쟁사:	사회문화적 특징:	
	가격:			

믹스 분석표 등을 작성해 보는 것이 도움이 된다.

주력상품의 리스트에 따라 한 개의 주력상품만 작성하는 것이 아니라 주력상품이 여러 개 있을 경우에는 각각의 주력상품에 대한 분석을 실시하되, 어떤 것이 기업의 핵심적인 상품영역인지를 파악하여 우선순위를 가지고 분석하도록 한다.

주력상품의 STP전략 검토

주력상품이 목표 소비자로 삼은 시장의 특징은 시장을 구성하는 소비자들의 특징을 어떤 기준으로 나누어 볼 수 있는가(시장 세분화: segmentation)와 다양한 기준으로 나누어진 시장 중에서 어떤 시장을 목표 소비자로 선정하고 있는가(목표시장 선정: targeting), 그리고 마지막으로 선정된 목표시장을 구성하는 소비자들에게 주력상품은 어떤 위치를 점하고 있는가(positioning)에 대한 중요한 근거가 된다.

기업이 전략적으로 선택한 목표시장과 넓은 의미에서의 소비자 특징은 서로 같을 수도 있고, 다를 수도 있다. 그러나 전략적으로 선정된 특정 시장을 구성하는 주력 소비자들의 특성이 어떤 기준을 가지고 선택되었는지, 그리고 현재 효율적으로 공략되고 있는지를 검토하는 것은 새로운 상품 및 서비스 개발의 근간이 되는 아이디어의 목표시장에 대한 이해를 폭넓게 확장시켜 주는 역할을 한다. 또한, 새로운 상품이나 서비스를 개발하거나 기획하는 단계가 아니라고 하더라도 마케팅 전략의

효율성을 높이기 위해 상시적으로 검토되어야 하는 사항이기도 하다.

주력상품 리스트를 작성하면서 정리한 목표소비자의 특징을 이용해서 시장을 나누어 볼 수 있는데, 가장 간단하면서 많이 사용되는 시장 세분화는 인구통계 특성을 이용한 세분화로, 세분화의 1단계 접근에서 주로 활용되지만, 경쟁이 치열한 시장 내에서 단순히 인구통계 특성을 이용한 세분화는 크게 의미 있는 차별화를 가져다주지 못한다. 따라서 기업들의 관심사는 소비자들이 중요하게 생각하는 사회 문화적 가치의 차이와 라이프스타일의 차이 등 정서적 가치를 이용한 시장 세분화로 이동하였으며, 이를 최종적으로 기업의 주력상품의 포지셔닝과 연관 지어 강력한 연상을 제공하고자 노력하고 있다.

기업의 마케팅 담당자들은 이러한 소비자의 라이프스타일에 대한 차이와 시장의 규모, 그리고 포지셔닝에 필요한 정보를 얻기 위해 소비자 조사 등을 기획하여 STP전략을 실시하기도 하는데, 이때 사용되는 것이 라이프스타일에 대한 다양한 질문을 하고 질문의 통계적인 응답 패턴을 이용하여 가치에 대한 구조가 다른 소비자 집단을 판별해 내는 분석 방법이다.

소비자 조사를 통해 STP전략을 검토하는 방법을 사용하기 위해서는 주력상품의 목표 소비자를 정의하고 일반화시킬 수 있도록 기존 주요 고객의 인구통계 특성을 반영한 표본 집단을 대상으로 라이프스타일과 주력상품의 이용행태(usage and attitude)에 관한 질문을 포함하는 구조화된 질문지를 이용한 정량조사를 실시할 수 있다. 라이프스타일을 이용한 소비자 조사결과를 활용한 STP전략 수립의 예를 들어 살펴보면 다음과 같다.

2000년 초반 두산 주류는 '설중매'라는 고가 매실주 상품에 대한 소비자 분석을 통해 저가 매실주를 신규 론칭할 것인지 여부에 대한 의사결정을 하고자 소비자 조사를 실시하였다. 주력상품인 설중매뿐 아니라 당시 시장의 저가 매실주 대표 브랜드인 영남지방 매실마을 음용자를 일부 포함할 수 있도록 표본을 구성하였으며, 구체적인 표본 선정 방법은 20~49세의 남녀로 최근 1개월 이내 매실주를 마셔본 경험이 있고, 최근 6개월 내 총 매실주 음용 경험 횟수가 3회 이상인 매실주 소

표 5-2 주류 음용 스타일에 따른 시장 세분화의 예(군집분석의 활용 사례 중심)

	비싸고 좋은 술을 희망하는 애주가형	편한 술을 취할 때까지 마시는 폭주가형	분위기 중시형	편한 술을 즐기며 마시는 음주희망형	원료와 성분을 중시하는 애주가형
세그먼트 사이즈와 모집단 비율	12.8%/10.3%	11.4%/11.3%	8.9%/9.8%	18.0%/16.7%	13.3%/11.7%
세그먼트 사이즈 / 모집단	124	101	91	100	114
매실주 선택 시 중요 고려 요인	▪ 매실 맛이 난다. ▪ 목에서 잘 넘어간다. ▪ 숙성이 오래되었다.	▪ 술 마신 다음날 숙취가 적다. ▪ 목에서 잘 넘어간다. ▪ 마시기에 편하다.	▪ 알코올향이 적다. ▪ 병 모양이 마음에 든다. ▪ 고급스럽다.	▪ 숙성이 오래되었다. ▪ 맛이 순하고 부드럽다. ▪ 매실이 들어 있다.	▪ 숙성이 오래되었다. ▪ 좋은 매실을 사용하였다.
인구통계적 특성	▪ 성별: 남성, 여성 ▪ 거주 지역: 서울, 마산 ▪ 연령: 30~39세 ▪ 직업: 기능 작업직, 주부 ▪ 월소득: 중간	▪ 성별: 남성 ▪ 거주 지역: 서울, 영남 ▪ 연령: 40~49세 ▪ 직업: 기능작업직, 주부 ▪ 월소득: 고소득	▪ 성별: 남성, 여성 ▪ 거주 지역: 서울 ▪ 연령: 20~34세 ▪ 직업: 자영업, 학생 ▪ 월소득: 저소득	▪ 성별: 남성, 여성 ▪ 거주 지역: 서울 ▪ 연령: 35~49세 ▪ 직업: 자영업 ▪ 월소득: 저소득	▪ 성별: 남성 ▪ 거주 지역: 서울 ▪ 연령: 35~49세 ▪ 직업: 자영업 ▪ 월소득: 저소득
주류 음용행태	▪ 선호 주종: 매실주, 포도주 ▪ 소주 월 평균 음용 빈도: 11.2회 ▪ 매실주 월 평균 음용빈도: 3.8회 ▪ 헤비유저	▪ 선호 주종: 소주 ▪ 소주 월 평균 음용 빈도: 8.0회 ▪ 매실주 월 평균 음용빈도: 3.1회 ▪ 헤비유저	▪ 선호 주종: 양주 ▪ 소주 월 평균 음용 빈도: 7.0회 ▪ 매실주 월 평균 음용빈도: 2.8회 ▪ 미드유저	▪ 선호 주종: 매실주 ▪ 소주 월 평균 음용 빈도: 8.1회 ▪ 매실주 월 평균 음용빈도: 3.3회 ▪ 미드유저	▪ 선호 주종: 약주, 매실주, 양주 ▪ 소주 월 평균 음용 빈도: 9.2회 ▪ 매실주 월 평균 음용빈도: 3.5회 ▪ 미드유저

자료: 당시 매실주 시장 상황을 분석하여 가상으로 작성된 군집분석 결과 예시.

비자로 설정할 수 있다. 조사방법은 면접원이 체계적으로 설계된 질문지를 가지고 직접 응답자를 방문하는 일대일 개별 면접법으로 선택하고 대표성을 높이기 위해 인구 센서스 자료를 활용한 성별, 연령별 할당 추출로 조사를 진행하도록 구성하였다. 2000년 초반만 해도 대부분의 마케팅 조사는 오프라인의 대면면접법을 이용해 진행하였으나 최근에는 온라인 패널을 대상으로 손쉽고 빠르게 소비자 조사를 수행함으로써 효율성을 높이고 있는 추세이다. 다만, 군집분석 등 시장의 규모를 예측할 수 있으려면 세분시장을 구성하는 소비자의 수를 최소한 통계적 대표성을 가질 수 있도록 표본을 일정 규모 이상으로 크게 구성하는 것이 바람직하다.

소비자 조사에 응답한 소비자들의 라이프스타일별 군집분석을 실시하게 되면서 서로 다른 주류 음용의 패턴을 가진 소비 집단으로 나누어 볼 수 있으며, 라이프스타일 질문을 이용한 소비자의 주류 음용 행태에 따른 세분화 결과는 표 5-2와 같다.

상기 매실주 음용소비자 집단의 세분화 결과 예시를 살펴보면, '비싸고 좋은 술을 희망하는 애주가형', '편한 술을 즐기며 마시는 음주희망형' 등의 주류음용 라이

그림 5-3 세분시장의 특징과 목표시장 선정의 예(매실주 시장 중심)

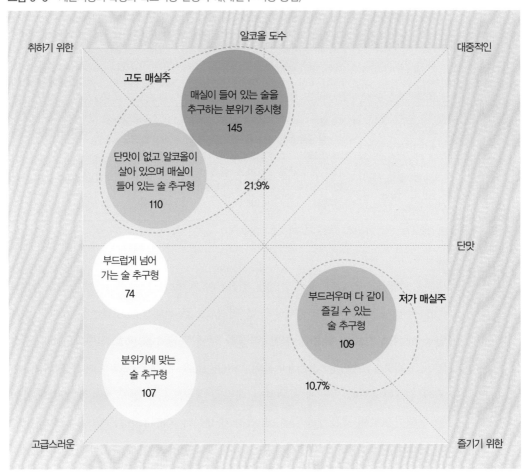

※ 당시 매실주 시장 상황을 분석하여 가상으로 작성된 세분시장 선정의 예시.

프스타일을 가진 소비자 집단이 다른 집단 대비 상대적으로 매실주를 선호하는 집단으로 나타났으며, 이 중 고가 매실주의 목표 소비자 집단은 '비싸고 좋은 술을 희망하는 애주가형' 소비자 집단이 될 수 있고, 저가 매실주의 목표 소비자집단은 '편한 술을 즐기며 마시는 음주희망형' 소비자 집단이 될 수 있을 것이다. 각각의 라이프스타일별 인구통계 특성과 주류 음용행태 등 해당 집단의 주류 소비행태와 관련된 다양한 질문의 결과를 분석하여 목표 소비자 집단을 선택하는 과정이 바로 목표시장 선정(targeting)과정이 될 것이다. 이때 중요하게 고려해 보아야 할 것은 해당되는 세분시장의 규모와 성장성, 그리고 세분시장 내 경쟁 구도 등이 될 것이다. 시장의 크기와 주요 특징을 중심으로 구조화하여 목표시장을 선정하는 예를 도식화하면 그림 5-3과 같다.

시장을 소비자의 라이프스타일에 따라 세분화하고 목표시장을 선정한 후에는 소비자의 언어로 인식 구조상의 위치를 점하는 포지셔닝 단계를 거치게 된다. 보통은 상품이나 브랜드와 브랜드 퍼스널리티에 해당하는 다양한 속성들의 조합을 확인해 봄으로써 전체적인 포지셔닝 상황을 점검할 수 있다.

현재 주력상품에 대한 시장의 경쟁 상품들과의 포지션을 점검해 봄에 있어서 원래 기획했었던 상품의 포지셔닝 전략이 소비자들에게 그대로 잘 전달되고 있는지를 확인하는 것과, 경쟁사 상품이나 내부의 함께 판매가 이루어지고 있는 다른 주력상품과의 잠식(cannibalization)이 있는지를 확인해 볼 수 있다는 장점이 있다. 단, 소비자의 인지 구조상의 포지션을 확인하는 과정이므로 상당히 주관적일 수 있다는 점을 염두에 두어야 한다. 최근 1년 내 진행된 광고 홍보 및 소비자 커뮤니케이션 활동, 홈페이지의 소개 자료 등을 참고하여 기업이 내보낸 다양한 메시지가 소비자에게 어떻게 전달되었는지, 간격은 얼마나 되는지를 확인하는데 초점을 두는 것이 좋다.

기업의 전략 방향과 소비자의 인식 구조상에 간격이 있거나 포지셔닝 맵상의 잠식이 일어나고 있는 경우, 주력상품들 간의 광고 및 홍보 전략과 포지셔닝 전략을 전반적으로 검토하여 수정보완해야 하며, 적절한 포지셔닝을 찾지 못한 경우에는

그림 5-4 매실주 브랜드별 포지셔닝 맵의 예

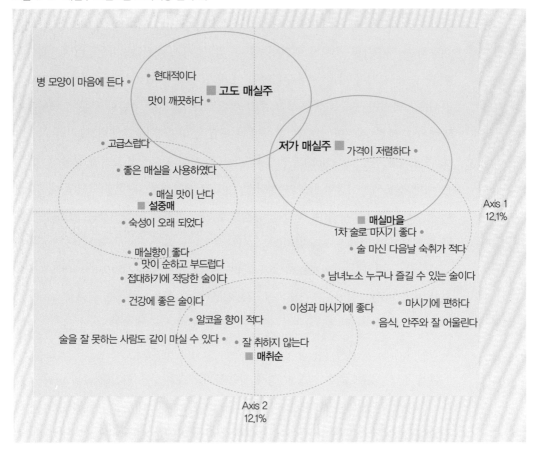

새로운 상품 및 서비스를 기획할 때 중요한 포지셔닝 콘셉트로서 활용 가능한지를 점검하는 것이 바람직하다.

그림 5-4는 매실주 시장의 브랜드별 소비자 포지셔닝 맵의 예이며, 구조화된 질문지에 척도로 응답한 내용을 이용해 MDS 등의 통계 패키지를 활용하면 손쉽게 상대적인 거리를 표시해 주는 포지셔닝 맵을 작성할 수 있다.

지금까지 살펴본 STP(segmentation, targeting, positioning)전략의 검토는 라이프스타일 질문을 포함한 일정 규모 이상의 정량적인 소비자 조사를 분석자료로 활용한 경우이지만, 진행 일정 및 예산이나 기타 다른 여건 때문에 소비자 조사를

표 5-3 주력시장 STP전략의 검토를 위한 분석표 구성의 예

주력상품 리스트	시장 세분화	목표시장 선정	포지셔닝 현황	경쟁현황 & 특기사항
주력상품 1	세분시장 1: 세분시장 2: 세분시장 3: 세분시장 4:	제1목표시장: 시장규모: 선정근거: 제2목표시장: 시장규모: 선정근거:	광고홍보전략: 소비자의 인식:	

실시할 수 없을 경우에도 개략적인 STP전략의 분석 및 검토를 진행할 수 있다. 단, 소비자 조사 등의 정량화를 위한 자료가 없을 경우의 분석에서 주의해야 할 점은 시장의 규모에 대한 예측과 관련된 부분이다.

시장을 소비자의 태도나 구매행태 등에 대한 전문가적 식견 혹은 경험치를 기준으로 나누어 볼 수 있지만 매출 데이터 등 개략적인 시장의 규모를 객관적으로 살펴볼 수 있는 자료를 함께 살펴보는 것이 바람직하며, 소비자의 인지 구조상의 포지셔닝도 대규모 조사가 어렵더라도 간단한 주요 소비자 인터뷰 등을 실시하는 것이 바람직하다.

표 5-3과 같이 간략한 STP분석표를 이용하여 개략적인 STP전략을 검토해 보고, 구체적인 수치를 채워 넣을 수 있는 부분은 채워 넣으며 STP전략의 현황을 점검해 보도록 한다.

▌주력시장과 소비자 분석

주력시장에 대한 STP 현황을 분석해 봄으로써 소비자의 인식상에 현재의 주력상품이 어떻게 위치하고 있는지를 점검해 본 후에는 목표시장으로 선정한 주력시장에 대한 다각적인 자료수집이 필요하다.

이를 위해서는 주력시장이 정말 매력적인지 외형적인 요건과 환경적인 요건을 나누어서 살펴보는 것이 필요하다. 현재의 주력상품이 소비되는 주요 목표시장에 대한 매력도를 분석해 봄으로써 향후 새롭게 개발하려고 하는 상품 및 서비스의 목표시장도 동일하게 선정하게 될 것인지, 아니면 매력도가 높은 새로운 시장을 찾아야 할지를 판단하기 위한 사전 작업의 일환으로도 활용가능하다.

주력시장의 외형적 요인과 관련된 매력도 분석

주력시장의 외형적인 요인은 주로 시장의 규모와 잠재력, 성장률, 주력상품의 수명주기 현황 및 주기성과 계절성 여부, 수익성 등 재무적인 요인이 포함된 분석이 주를 이룬다. 앞서 살펴본 주력상품 리스트별로 STP 현황을 분석할 때 목표시장으로 선정된 시장을 조금 더 자세히 근거를 가지고 분석하는 단계라고 할 수 있다. 보통 기업이 상품과 서비스를 새롭게 기획하는 단계는 주력 상품의 상품수명주기(PLC: product life cycle)가 성숙기로 접어들면서 매출의 증가 속도가 완만해지거나 기술의 진보로 대체 상품이 곧 출시될 위기감을 느끼는 시점인 경우가 많다. 따라서 현재의 가장 매력적인 목표시장은 일정 규모 이상의 시장 점유율을 확보하고 있는 기업에게는 기존의 시장 점유율을 지속적으로 유지하고 확장하며 기

표 5-4 주력시장의 외형적 요인 분석을 위한 체크리스트 구성의 예

주력시장 분석		현황 및 특성	고려사항과 근거자료	매력도 순위
외형적 요인	시장규모	현재 주력시장의 크기		
	잠재력 및 성장률	최근 3년 내 매출동향 등 과거 자료를 이용하여 다양한 수요예측을 통한 성장률 예측 가능		
	상품수명주기	주력상품이 현재 시장에서 어떤 위치에 있는지 분석		
	주기성 및 계절성	주력 상품이 주기적 구매 혹은 계절적 요인이 있는 상품인지를 분석		
	수익성	최근 3년 내 수익성과 재무적 관점에서의 투자 등을 고려		
	기타 1:	기타 중요한 요인들을 추가해 작성		
	기타 2:			
	기타 3:			

구축된 주력 상품의 이미지를 그대로 가져가는 등 경쟁우위를 효율적으로 유지할 수 있는 경우라고 할 수 있다.

주력시장으로 선정된 시장의 규모와 성장성, 주력상품의 수명주기 등을 표 5-4와 같이 채워 가며 분석해 보고, 추가적인 시장규모에 대한 검토가 필요한 사항을 기타요인으로 명시해 두면, 새롭게 기획하는 상품 및 서비스의 목표시장을 분석할 때 편리하게 활용할 수 있다.

주력시장 소비자 특성과 외부 환경분석

기업의 관점에서 주력시장에 대한 매력도를 평가한 후에는 주력시장을 구성하는 소비자 특성과 외부 환경에 대한 분석을 실시한다.

주력시장을 이루는 소비자 특성은 4P믹스와 STP분석 단계에서 상세히 살펴보았기 때문에 본장에서는 기업의 의사결정에 영향을 미치는 환경적 요인 분석을 통하

표 5-5 주력시장의 환경적 요인 분석을 위한 체크리스트 구성의 예

주력시장 분석		현황 및 특성	고려사항과 근거자료	매력도 순위
환경적 요인	인구통계적 환경	인구증감, 남녀 성비 및 연령 피라미드의 변화 등		
	사회경제적 환경	주력시장의 사회 경제적 이슈 파악		
	기술적 환경	혁신 기술의 경우, 기술발전 동향과 트렌드 확인		
	법적 환경	정부 규제 및 법제의 변경 등		
	심리적 환경	소비자의 심리적 불만이나 변화 등		
	기타 1:	기타 다양한 환경적 요인 확인 필요		
	기타 2:			
	기타 3:			

어 살펴보도록 하겠다.

외부환경 요소가 특별히 중요한 경우는 주로 해외 시장 등 시장을 구성하는 소비자의 특성이 상이한 경우와 법률적 규제나 사회 문화적 상이함이 클 경우 등 특정 환경의 차이가 두드러져서 환경분석의 필요성이 두드러지는 경우에 해당한다. 공략하고자 하는 시장의 특징이 현재 주력시장과 본질적으로 다른 인구통계 특성과 역사적 차이, 문화적 배경, 경제적 상황 등 가시적인 차이가 뚜렷한 경우에는 결국 이러한 차이에 대한 분석과 이해가 선행되어야만 시장에 접근할 수 있기 때문이다.

또 신기술이 적용된 기술 집약적인 상품을 다루는 기업의 경우나 혁신 제품을 준비하는 경우에는 기술적 환경과 법률적 환경에 대한 검토가 우선적으로 필요하다. 기술이 눈부시게 발전하는 상황에서 법적 기술적 환경과 규제의 변화는 새로운 영역에서의 시장의 범위를 사전에 결정할 수 있는 중요한 변수로 작용하기도 한다. 최근의 국제적 특허 소송과 특허권의 보호가 심도 있게 논의되고 있는 것도 하나의 중요한 기술적 법률적 환경 변화의 일환이라고 할 수 있다.

환경적 요인 분석은 사실 특정 시장을 새롭게 공략하려는 상황에 놓인 경우에만 중요한 것이 아니라 기존 시장에서의 입지변화를 추구하거나 확장하기 위해서 마케팅 전략을 수정하기 위한 첫 번째 단계라고 이해할 수 있다. 이러한 관점에서 가장 쉽고 빠르게 접근할 수 있는 환경적 요인 분석은 인구통계 특성을 활용하는 것이다. 인구통계 특성에 대한 분석은 출생률, 연령분포, 성비, 가족구조와 수입 등 시장을 구성하는 인구의 관찰 가능한 측면을 측정하고 분석하는 통계 수치를 기반으로 한다. 인구통계 특성을 분석한 결과 파악할 수 있는 변화와 경향은 시장의 규모를 예측하는 객관적인 수치를 제시하는데 유용하다.

　경쟁이 치열해지고 소비자의 개성이나 취향 등 문화적 차이가 특별한 시장의 구조를 만들어내고 있는 요즘에는 인구통계적 환경에 더하여 사회경제적 환경과 심리적 환경에 대한 연구뿐 아니라 라이프스타일에 대한 연구를 통해 인구통계적 환경이나 요인이 유사하지만 전혀 다른 소비자 집단을 규정하고 분리해 내기도 한다. 이러한 심리적 특징이나 라이프스타일에 관한 환경분석은 판단의 결과를 일반화할 수 있는 다양한 근거자료의 수집과 명확한 분석 요인들의 정의를 통해 접근하는 것이 바람직하다.

　사회경제적 환경과 심리적 환경 등은 시의성이 중요하게 영향을 미치는 요인이 되는 경우가 많으므로 환경적 요인 분석을 위해서는 최근 3개월 내의 사회 경제적 사건이나 중요한 이슈들에 대한 전반적인 검토도 함께 진행하는 것이 도움이 된다.

소비자
트렌드 분석

본장에서는 본격적으로 아이디어 도출을 위한 작업에 들어가기에 앞서 소비생활의 전반에 영향을 미치는 메가트렌드에 대한 탐색을 해본다. 또한 개발하고자 하는 기업의 상품이나 서비스와 관련된 마이크로트렌드에 이르기까지 소비자의 관점에서 크게 변화가 일어나고 있는 영역을 파악하는 연습을 통해 시장에서 환영받고 성공하는 상품 및 서비스를 기획하고 개발할 수 있는 팁(tip)을 얻을 수 있도록 하고자 한다.

커다란 변화를 의미하는 메가트렌드에 대한 탐색은 주로 매년 소비자의 태도와 사회 문화적 변화, 기술적 발전 등을 토대로 분석하고 발표하는 2차 자료들을 찾아보고 활용한다. 그뿐 아니라 기사 검색, 글로벌 추이 및 통계청 발표 자료 등 다양한 자료를 검색하고 찾아보면서 팀을 이루어 스스로 트렌드 리포트를 작성해 본다. 개발하고자 하는 상품이나 서비스와 관련한 소비자들의 핵심 트렌드에 대한 발굴은 기존의 메가트렌드의 흐름 안에서 대상이 되는 상품 및 서비스를 연결시킨다. 이와 관련한 소비자의 니즈 변화를 탐색하는 마이크로트렌드 연구를 통해 구체화할 수 있으며, 이 과정을 다양하게 경험할 수 있는 타운워칭(town watching) 기법을 활용하여 직접 관찰을 체험할 수 있도록 하는 것이 바람직하다. 트렌드를 탐색하고 관찰하는 것과 함께 중요한 또 하나의 목표는 취합된 트렌드 관련 정보들을 활용하여 자유롭고 창의적으로 의견을 개진하고 토의해 봄으로써 창의적인 아이디어를 제안하기 위한 워밍업(warming-up)을 대신하도록 한다.

이 장의 목표

1. 메가트렌드에 대해 탐색해 보고 팀원들과 함께 토의를 거쳐 활용 가능한 우선순위를 도출해본다.
2. 개발하려고 하는 상품이나 서비스 관련 영역에서의 마이크로트렌드에 대해 탐색해보고 토의해본다.
3. 올해의 가장 핫(hot)한 마이크로트렌드에 대한 탐색을 바탕으로 해당 트렌드를 세밀히 관찰할 수 있는 타운워칭을 계획해본다.
4. 타운워칭 결과를 정리하고 토의함으로써 메가트렌드와 마이크로트렌드를 아우르는 소비자 니즈가 있는지를 토의하고 팀별로 공유하며 보완한 후, 아이디어 개발에 참고할 수 있도록 정리해 둔다.

6

소비자 트렌드 분석

▌트렌드 스케치 만들기: 메가트렌드의 탐색

트렌드는 상당기간 동안 지속하며 대다수 사람들이 동조하는 변화를 의미하는데 특별히 마이크로트렌드, 패드, 메가트렌드 등을 구분하지 않고 포괄적인 용어로 쓰이기도 한다.

최근의 경쟁 심화 환경과 다양하고 급격한 기술의 진보 등으로 촉발된 비즈니스 춘추전국 시대라고 할 만큼의 다양한 소비자 트렌드가 세분화되고 있는 상황 하에서 결국 가장 중요한 신상품 성공의 열쇠는 소비자의 니즈를 먼저 읽고 이를 상품과 서비스에 반영할 수 있는 능력이라 할 수 있다.

트렌드 자체에 대해서는 매년 수많은 연구자들이 메가트렌드와 마이크로트렌드에 대한 예측을 내어 놓고 있고, 흥미로운 분석을 덧붙이고 있다. 그러나 기업이 주목하는 트렌드 연구에서 가장 중요한 관점은 미래 예측이나 시대적 흐름 그 자체라기보다는 소비자 니즈의 변화 트렌드에 맞추어 미래 시장을 이끄는 매력적인 상품이나 서비스 콘셉트의 도출이다. 많은 민간 연구소들이 트렌드 연구에 힘을 쏟는 이유도 기업에 중요한 시장 변화에 대한 예측을 제시함으로써 그에 적절한 상품과 서비스를 개발할 수 있도록 지원하고자 함에 있다.

소비자 트렌드 분석은 다양한 2차 자료를 통해 중요한 메가트렌드가 무엇인지를 탐색해 보고, 개발 혹은 기획을 고려하는 상품과 서비스 영역에서 활용할 수 있는 메가트렌드의 리스트를 작성해 봄으로써 미래의 변화하는 소비자 니즈를 예측해 보도록 한다.

트렌드의 개념

트렌드는 지속하는 시간적 길이와 동조하는 소비자의 범위에 따라 패드(fad), 마이크로트렌드, 트렌드, 메가트렌드 등으로 구분할 수 있는데, 마이크로트렌드는 소비자의 일상에 숨어 있는 수많은 작은 변화의 움직임에 주목하려는 미시적 접근 방법이며 패드는 마이크로트렌드보다 동조의 범위가 넓고 지속시간이 상대적으로 긴 트렌드를 의미한다. 패드의 '일시적인 유행'이라는 사전적 의미에서 알 수 있듯이 대부분이 1년 이내로 짧게 지속되는 변화를 의미하며 흔히 사람들이 유행이라고 말하는 것들이 여기에 해당하는 경우가 많다. 대응되는 개념으로 다루어지는 메가트렌드는 전 세계 사람들이 동조하며 10년 이상 지속되는 경향을 의미한다. 메가트렌드라는 용어는 미래학자 존 나이스빗이 만든 용어로 글로벌 경제, 분권화 등을 특징으로 하는 현대사회의 거대한 조류를 의미하며 사회 경제 기술상의 변화를 수반하는 복잡한 과정을 총칭하게 된다.

본과정에서는 다양한 문헌연구와 데스크 리서치를 통해 앞으로 미래 소비자의 소비행동에 영향을 미칠 수 있는 메가트렌드를 탐색해 보고, 반드시 고려해야 할 중요한 메가트렌드를 찾는 연습을 해 보는데 초점을 둔다.

메가트렌드의 탐색

기술변화의 속도가 급속하게 진행되고 있을 뿐 아니라 금융위기 및 국제 원자재 가격의 급등, 기후 및 환경 문제 등으로 인해 야기되는 예상하지 못한 재해 등과 함께 사회 변화에 대한 불확실성이 커지고 있는 가운데, 과학기술부, 미래 기획위원회 등 정부기관, 공공 연구기관 및 민간 연구소를 망라하여 트렌드 연구가 정례화되고 중요하게 다루어지고 있다. 해외에서도 미국, 일본 및 영국 등 선진국을 중심으로 정기적인 글로벌 트렌드 리포트를 발간하고 그에 따른 국가 미래전략을 수립하는 등 미래에 대한 통찰력을 얻기 위해 노력하고 있다. 그 외 UN 등 국제기구와 학계, 민간 연구소 및 산업 연구소 등에서도 꾸준히 메가트렌드와 관련된 연구

표 6-1 한국 사회의 15대 메가트렌드

분야	메가트렌드	내용
S(사회)	인구구조의 변화	▪ 세계인구 증가, 국가·지역별 인구증가·정체·감소가 각각 진행, 저출산·고령화 문제 등
	양극화	▪ 국가 간·기업 간·고용구조 양극화, 경제적 양극화에 따른 교육기회 차별화, 취약계층에 대한 사회책임 문제
	네트워크 사회	▪ 사이버 공동체 활성화, 영토국가에서 네트워크 국가로 전환, 정보독점 및 정보의 평준화 등
T(기술)	가상지능공간	▪ 사이버 공간과 물리적 공간 간 상호작용 증대, 증강현실, 실감형 콘텐츠 등
	기술의 융복합화	▪ 기술—산업 간 융복합화, 전통산업과 신기술의 융합 등
	로봇	▪ 휴머노이드 로봇, 군사용 로봇, 나노로봇, 정서 로봇 등
E(경제)	웰빙, 감성, 복지경제	▪ 고령화·글로벌화에 따른 삶의 질 중시, 신종 질병·전염병 증가에 따른 건강문제 대두 등
	지식기반경제	▪ 경제의 소프트화 현상 심화, 정보·서비스·콘텐츠 등 무형자산 시대 도래, 지식경영 확산, 디지털 중심의 산업 재편 등
	글로벌 인재의 부상	▪ 글로벌화에 따른 멀티플레이형 인재, 지식경쟁력 부상, 창의력과 감성의 부각 등
E(환경)	기후변화 및 환경오염	▪ 환경오염과 기상이변에 따른 환경안보 부각, 국제탄소거래제도, 물 부족 문제 등
	에너지 위기	▪ 화석에너지 및 자원고갈 심화, 지속가능한 에너지 체제로의 전환, 대체에너지 개발 등
	기술발전에 따른 부작용	▪ 인간·윤리문제와 기술의 충돌, 기술 패권주의, 개인정보 보호 및 불건전정보의 부작용 문제 등
P(정치)	글로벌화	▪ 이동성 증가, 인력 및 자본 이동, 국제공조 확산, 다문화 및 이종문화 등
	안전 위험성 증대	▪ 신종 질병 및 전염병 확산, 핵 확산, 대량살상무기 확산, 경비산업 성장 등
	남북통합	▪ 남북한 경제협력, 북한 문제의 국내화 및 급변화, 북한의 불확실성 등

자료: 한국정보화진흥원(2010), 한국 사회의 15대 메가트렌드, p.16.

를 실시하고 있으며, 이러한 자료들은 인터넷 검색 등을 통해 공유되고 있다. 따라서 2010년 이후 발표되거나 진행된 메가트렌드 관련 연구 보고서와 발표 내용, 문헌 연구 등을 바탕으로 메가트렌드에 대한 변화와 추이를 탐색하고 관심 분야에 밀접한 트렌드를 확인해 봄으로써 미래의 소비자 행동에 대한 방향성을 예측할 수 있을 것이다.

표 6-1은 한국정보화진흥원(NIA)에서 행정안전부 정보통신 연구 기반사업의 일환으로 2010년 12월 발표한 한국사회의 15대 메가트렌드이다.

한국 사회의 15대 메가트렌드 분석자료에서 저자들은 네트워크 사회로서의 메가트렌드가 결국 기술적 발달에 힘입은 사회적 연결성의 증가로 소비패턴, 기업의 활동 및 비즈니스 모델 출현 등 기업 경영과 산업의 전방위적인 측면에서 변화를 가져오고, 그 결과 프로슈머(prosumer), 트라이슈머(trysumer), 크라우드소싱(crowd sourcing) 등의 소비자와 기업 간 새로운 관계형성 방식의 진화를 가져올 것으로 예측했다. 이유는 네트워크 사회가 정보의 비대칭성을 완화하는 효과를 가져와 소비자의 선택권을 높여주고 참여를 증대시켜 소비자 중심주의를 강화해 준다고 보았기 때문이다. 또한 이러한 모바일 기기의 확대와 위치기반 서비스의 발전 등으

표 6-2 새로운 소비자 유형의 개념과 사례

구분	프로슈머	트라이슈머	트랜슈머
개념	▪ 생산자와 소비자의 역할을 동시에 수행하는 사람 ▪ 1980년 앨빈토플러가 '제3의 물결'에서 처음 사용	▪ 관습이나 광고에 얽매이지 않고 항상 새로운 무언가를 시도하는 '체험적 소비자 집단'	▪ 비행기를 갈아타는 동안 구매활동을 하는 소비자 ▪ 2003년 피치(Fitch)에서 처음 사용
사례	▪ 레고의 '마인드스톰' 사용자들에게 SW개발키트를 제공하여 마인드스톰을 새롭게 조립하고 프로그래밍하도록 장려 ▪ 사용자들이 연구개발자 역할 수행	▪ 나이키 'Trial Van' 프로그램 밴에 운동화를 싣고 다니면서 사람들에게 일정 시간 동안 원하는 운동화를 신고 달려보게 하는 프로그램	▪ 프랑스 기차역의 '시네트레인' 기차를 타는 동안 영화감상을 할 수 있도록 DVD 타이틀과 미니 DVD 플레이어를 빌려주는 서비스

자료: 김영진(2010). IT & Future Strategy – ICT가 변화시키는 트렌드 ICT를 발전시킬 트렌드. 한국정보화진흥원.

로 인해 이동 중에 소비하는 '트랜슈머(transumer)'가 일상적인 소비자의 모습이 되었으며, 2014년 현재 모바일 쇼핑은 놀랍도록 빠르고 폭넓게 확산되고 성장하고 있다.

메가트렌드 스케치 작성과 토의

한국정보화진흥원에서 발표한 메가트렌드 이외에도 다양한 민간 연구소에서 쉽게 찾아 볼 수 있는 트렌드들을 살펴보면 서로 독립적인 변화가 아니라 상호 밀접하게 연관된 변화라는 것을 알 수 있다. 따라서 개발하고자 하는 상품이나 서비스 영역에 관련이 되는 트렌드를 중심으로 다양한 자료와 문헌연구들을 살펴보면서 가장 연관성이 높은 이슈들을 중심으로 다시 리스트를 만들고 특징을 정리해 보는 과정이 필요하다. 팀원들과 함께 직접적으로 관련된 메가트렌드의 리스트를 만들고 토의를 통해 가장 관련성이 높은 트렌드의 우선순위를 정해 보는 과정을 통해 메가트렌드에 따른 소비자 변화의 추이를 심도 있게 다룰 수 있도록 한다.

구체적으로 관련된 메가트렌드의 리스트와 검토해야 할 이슈들을 정리하여 목록을 만들고, 각각의 목록별로 트렌드 스케치를 작성할 수 있을 것이다. 먼저, 관련성이 높은 메가트렌드 들의 목록을 작성하고, 관련된 내용을 정리하여 다음 표와 같이 주요 메가트렌드와 이슈 점검표를 만들고 우선순위를 검토한다.

개발하려는 상품이나 서비스와 관련된 주요 메가트렌드의 목록이 작성되면 우

표 6-3 개발 상품 및 서비스와 관련된 메가트렌드 목록과 이슈 선정의 예

메가트렌드	트렌드	관련 이슈	주요현상	파급범위	연관성	우선순위
네트워크 사회	모바일 쇼핑 활성화	▪ 개인주의 ▪ 온라인 커뮤니티 ▪ 네트워크 공동체 발달 ▪ 가상세계와 현실세계의 융합	▪ 참여와 집단지성, 소셜네트워크 활성화 ▪ 기기 및 인적 연결성 증가 ▪ 스마트폰이 플랫폼 기능을 함	▪ 정치·경제 등 전 영역으로 파급 가능성		

표 6-4 트렌드 스케치 작성의 예

메가트렌드:	소비자 니즈와 언맷니즈:
주요 특징:	
관련 이슈:	트렌드가 충족시키는 니즈:
트렌드의 영향력:	트렌드가 충족시키지 못하는 니즈:
트렌드가 이끄는 변화	비즈니스 영역으로 확장할 수 있는 아이디어: 관련된 새로운 영역: 상품 및 서비스에 적용될 수 있는 것들:

선순위가 높은 메가트렌드로부터 각각 트렌드 스케치를 작성해 본다. 트렌드 스케치는 2차 자료와 문헌연구를 통해 찾아낸 메가트렌드를 이해하고 각각의 메가트렌드와 연관된 소비자의 니즈와 새롭게 적용할 수 있는 소비자의 언맷니즈 및 창의적인 아이디어 등을 덧붙여 보는 작업으로, 상품 및 서비스 개발의 아이디어를 만드는 초기 워밍업(worming-up)단계라고 할 수 있다. 트렌드 스케치를 통해 다양하고 참신한 생각들을 정리해 보고, 팀원들과 함께 어떤 추가적인 생각을 덧붙일 수 있는지 자유롭게 의견을 정리하도록 한다. 소비자 트렌드 분석의 단계에서는 콘셉트의 정련화가 아닌 새로운 어떤 것이라도 모두 활성화시키도록 노력하는 데 초점을 두는 것이 바람직하다.

트렌드 스케치는 현상에 대한 이해와 창의적 아이디어의 결합을 위한 두 가지 측면에서의 개략적인 틀을 제공한다. 트렌드 스케치의 좌측은 현상에 대한 의견, 그리고 우측은 새로운 상품 및 서비스 개발에 대한 창의적인 아이디어를 더하는 부분으로 구성되어 있다. 트렌드 스케치 표를 활용하여 주요 메가트렌드에 대해 자유롭게 토의하고 창의적인 아이디어와 관련된 의견을 정리해 보도록 한다.

타운워칭 다녀오기: 마이크로트렌드의 탐색

미래에 대한 보다 큰 시각으로 살펴본 변화가 메가트렌드라면 마이크로트렌드는 작고 사소한 힘이 큰 변화를 이끌어 내는 '마이크로 소사이어티(micro society)'의 개념과 연결되어 개성과 자아가 중요하게 다루어지는 영역이다. '마이크로트렌드'의 개념은 마크 펜(Mark Pen)이 그의 저서 《마이크로트렌드》(2007)에서 주창한 새로운 트렌드 연구 방식으로, 소수의 열정적인 집단이 동조하는 그들만의 개별적인 니즈와 욕구가 이끄는 새로운 개념의 트렌드를 의미한다. 소비자 개개인의 영향력이 커지고 매스 마케팅으로부터 마이크로 타깃팅이 중요한 기업의 전략적 의사결정 중 하나가 되면서 주류 트렌드와는 다른 소수지만 새롭고 시장을 선도하는 소비자 집단을 발굴하여 이들이 열정적으로 추구하는 매니아적 소비성향에 따른 틈새시장을 개발하려는 노력이 점점 더 중요해 지고 있는 추세이다.

《마이크로트렌드》에서 소개하고 있는 미국의 주요 마이크로트렌드 중 2014년 대한민국에서도 여전히 유효한 일부를 소개하면 표 6-5와 같다.

마이크로트렌드에 대한 관심은 실상 마이크로트렌드를 이끄는 소수의 소비자 집단이야 말로 가장 효율적인 세분시장(segmentation)을 이루고, 명확한 지향점을 가진 목표시장(targeting)일 뿐 아니라 자발적 지속성까지 유지할 가능성이 높은 강력한 소비자 집단이기 때문이다.

일례로 우리나라에서도 꾸준히 증가하고 있는 '애완동물 사랑(pet love)'의 마이크로트렌드는 미국에서 24~45세 연령의 자녀가 없는 여성들이 주를 이루고 독신의 증가와 결혼 후 자녀를 낳지 않거나 늦게 낳는 트렌드와 연결되어 2007년 애완동물시장의 규모는 412억 불 규모로 10년 전인 1997년과 비교해서 2배 이상 성장한 규모일 뿐 아니라 성장의 속도는 앞으로 더욱 가파를 것으로 예상하고 있다. 이러한 마이크로트렌드는 애완동물 관리용품 시장과 애완동물용 의료용품 시장의 성장을 가져왔고, 애완동물을 위한 전용 호텔, 의료보험, 출산 및 장례식 등 다양한 서비스로 확장되었다.

표 6-5 미국의 마이크로트렌드 중 2014년 대한민국에서 유효한 이슈들

구분	명칭	내용
사랑과 성, 인간관계	싱글족	▪ 싱글 여성이 늘고 있다. 동성애자 중 남성 비율이 높아지는 데서 연유한다.
	쿠거족(cougar)	▪ 원래는 술집에서 마지막에 남은 사람을 집으로 데려오는 나이 많은 여성을 비하하는 말이다. 지금은 연하남 데이트 상대를 찾는 경제적, 성적으로 독립한 여성을 일컫는다.
	주말부부족	▪ 미국의 주말부부가 350만 명에 달한다. 자신의 직업을 포기하지 않으려는 부부들이 늘기 때문이다.
	사내연애족	▪ 미국의 직장인 중 사내연애 경험자는 60%로, 25~34세인 싱글들의 주당 근무시간이 늘고 비슷한 기술과 흥미를 가진 사람들이 같은 직장에서 만나기 때문이다.
가정생활	애완동물양육족	▪ 미국에서 애완동물을 키우는 가정이 63%에 이른다. 혼자 사는 여성들이 늘고 있는 사회 현상과도 관련이 있다.
	오냐오냐 부모족	▪ 아이들에 대해 미국의 부모들이 점점 관대해지고 있다.
외모와 패션	막강한 프티족	▪ 미국인 체구가 전반적으로 커지고 있지만, 체구가 작은 여성들의 목소리도 함께 커지고 있어서 틈새시장으로 부상하고 있다.
	성형수술 애호족	▪ 남녀를 막론하고 눈, 코 등 성형수술을 한 번이라도 경험한 적이 있다면 여러 번을 하게 된다.
	상류층 문신족	▪ 문신이 반항의 표시에서 이제는 섹시한 이미지를 상징하게 되었다. ▪ 보수층에는 기강과 충성심을 의미한다.
	하드코어 지저분족	▪ 더러운 접시를 싱크대에 하루 이상 놔두는 사람이 1/3을 넘고 있다. 바쁘고 부유하고 교육수준이 높을수록 지저분족일 가능성이 높다.
식품, 음료	채식하는 아이들	▪ 채식주의 확산으로 아이들이 갈수록 고기를 먹지 않는다.
	카페인광	▪ 수면이 부족해 커피 등 카페인으로 원기를 회복하는 경향이 나타난다.
생활방식	무시당하는 아빠들	▪ 아빠들의 육아, 가사분담 비율이 높아지고 있지만 이에 대한 사회적 인정이 부족하다.
	모국어 사용자들	▪ 미국의 언어고립자(가정)들이 증가하고 있는 추세이다. 미국 내 라틴계 인구에 특화한 마케팅이 강화된 경향을 보인다.
기타	LAT부부족(영국)	▪ Live Apart Together의 약자로 별개의 집에서 삶을 함께하는 부부나 커플을 말한다.
	맘모니스(이탈리아)	▪ mammonis(마마보이): 미국에서는 부메랑, 피터팬, 키덜트(kidult)로 불린다.

자료: Kotra(2009). Kotra Global Business Report 08-031, 작은 변화 큰 시장-마이크로트렌드를 포착하라. 재구성.

표 6-6　애완동물 사랑(마이크로트렌드)에 따라 새롭게 출현한 상품 및 서비스의 예

애완동물용품		애완동물을 위한 서비스		
구분	현황	구분	주요 서비스 내용	유형
애완동물용 집	애완동물용품의 웰빙과 고급화 트렌드로 다양한 소재와 기능을 고려한 고가의 상품 출시	애완동물 보험	월 15불 내외의 보험료로 나이, 성별, 종류 등에 따라, 보장범위에 따라 차별화된 가격 산정	embrace pet insurance
애완동물 유모차	공원 산책 또는 쇼핑에 사용			
애완동물 카시트	애완동물과 함께 여행을 가는 가족들을 위한 상품	애완동물 장례 서비스	애완동물 장례 물품부터 채플 서비스, 애장품 제작 등 다양한 부대서비스를 포괄	
애완동물 트래킹시스템	이동통신 기지국을 활용한 애완견 위치추적 장치로 50마일 이내 거리 사용 가능			

자료: Kotra(2008). 재구성.

　　앞에서 살펴본 메가트렌드 중에서 관련이 있는 중요한 메가트렌드를 반영한 마이크로트렌드를 찾아보고 구체적으로 상품이나 서비스의 개발로 연결시키기 위해서는 소비자 니즈에 기반을 둔 명확한 목표시장으로서의 의미가 있는 마이크로트렌드를 발굴하는 것이 중요하다. 이를 위해서는 직접 소비가 이루어지는 현장으로 나가서 관찰하고 추가적인 니즈와 트렌드를 발굴하여 아이디어를 보강하고 트렌드를 반영할 수 있는 팁(tip)을 발굴해 보는 타운워칭(town watching) 등의 방법을

사용할 수 있다.

타운워칭에서 사용되는 관찰방법은 인류학에서 많이 사용되는 에스노그라피(ethnography) 연구방법의 마케팅적 응용이라고 할 수 있는데, 에스노그라피는 현장조사(field research), 관찰조사(observational research) 또는 참여관찰(participant observation)로 불리는 질적 조사방법의 한 범주로 분류되는 리서치 방법의 원형이다.

인류학, 사회학 및 다양한 응용학문 분야에서 질적연구의 전형으로 사용되어 왔으며 최근 들어 현대사회의 문화를 연구대상으로 삼는 인류학뿐 아니라 사회학, 경영학 등 다양한 학문분야에서 응용되어 사용되고 있으며, 최근 들어 소비자가 상품을 실제 사용하고 서비스를 제공받고 이익을 얻게 되는 구체적인 이유와 상황을 탐색하는 데 활용되면서 마케팅 분야에서도 큰 관심을 보이고 있다.

직접 상황에 참여하고 관찰하는 것을 원칙으로 삼기 때문에 시험실 시장 분석이나 설문조사, 길거리 면접 등의 마케팅 조사방법이나 통계학적 시장 분석 접근방법과도 구분되며, 관찰자는 도심의 쇼핑센터 등 소비자가 상품을 구입하는 현장이나 개인 거주 공간인 부엌, 샤워실 등 직접적으로 상품을 사용하는 현장 등으로 찾아가 그들의 자연스러운 행동을 참여하에 관찰하고 기록하는 일련의 과정을 통해 라이프스타일과 트렌드를 구체적으로 도출해 내기 위한 접근방법으로 활용된다.

타운워칭은 단순히 거리의 외관만을 관찰하는 수동적인 관찰행동이 아니라 다양한 소비자의 생활 구성요소들 간의 상호작용이 만들어내는 실제 생활의 거리에서 복합적인 기호와 상징을 관찰하고 이러한 복합적인 기호와 상징이 소비자의 태도와 트렌드에 어떻게 반영될 수 있는지를 찾아 시대의 흐름을 읽고 미래 소비자의 소비행동을 예측할 뿐 아니라 잠재적인 니즈를 파악하려는 접근방법으로 이해해야 한다. 따라서 관찰자들은 타운워칭을 통해 소수 집단의 작은 트렌드, 틈새 그룹의 열정적 동조를 이끌어내는 차별화된 취향이 무엇인지를 파악하기 위해 노력해야 하며, 소비 시장에 더욱 큰 파장을 일으킬 수 있는 마이크로트렌드를 찾아내어 선정한 타깃 소비자 집단에게 차별화된 가치를 더할 수 있도록 하는 명확한 지향점을 가지고 임하는 것이 바람직하다.

타운워칭의 대상은 다양한 소비패턴을 관찰할 수 있고 소비자들의 역동적인 행동을 관찰할 수 있는 상점과 상품들, 거리와 시장 등 모든 것이 관찰의 대상이 될 수 있으며, 다양한 테마별로 서로 다른 주제를 관찰할 수 있다. 타운워칭을 통해 관찰자들은 소비자들의 소비행동과 관련된 라이프스타일은 물론 세세한 심리적인 반응과 변화까지도 감지해 낼 수 있는 장점이 있어서 신사업이나 신상품에 대한 기획의 팁을 도출하는 데 유용하게 활용되고 있다. 그러나 명확한 목적의식과 지향점, 관찰에 대한 세심한 사전 계획이 없으면 많은 시간과 노력을 들인 후에도 별다른 시사점을 찾아내지 못할 수도 있어 충분한 사전 준비 작업이 필요한 방법이기도 하다.

타운워칭을 수행하기 위해서는 먼저 타운워칭을 실시할 장소와 대상, 관찰 시간과 동선에 대한 계획을 수립해야 한다. 타운워칭 장소를 선정할 때는 관찰하고 싶은 트렌드를 읽기에 적합한 환경인지를 확인하고, 문헌연구와 자료수집을 통해 이미 확인한 메가트렌드 중에서 어떤 부분을 심화 관찰할 것인가에 대한 목적의식도 분명해야 한다. 다양한 시간대에 다양한 관점으로 관찰을 실시하고, 토의를 통해 서로 다른 관점에 대한 의견을 제시할 수 있도록 최소한 2주 이상의 관찰 기간을 가지는 것이 바람직하며, 관찰을 진행하는 동안, 사진촬영, 동영상 녹화 및 인터뷰 녹취 등 모든 기록 수단을 활용하여 관찰 내용을 수집하는 것이 도움이 된다.

타운워칭을 실시하는 과정은 다음과 같다. 먼저, 타운워칭을 통해 어떤 트렌드를 관찰할 것인지와 이러한 관찰 활동이 어떤 목적을 가지고 어떤 곳을 방문지로 선정할 것인지, 또 타운워칭의 미션(mission)을 어떻게 설정할 것인지 등을 기획하여야 한다.

소비자들의 다양한 행태를 관찰하고 아이디어를 새롭게 하기 위해서는 앞에서 진행되었던 메가트렌드에 대한 탐색과 토의, 수집된 관련 자료들을 꼼꼼히 검토하고 팀원들과 협의를 통해 관심 있는 상품이나 서비스와 연관성이 풍부한 장소를 선정하고 관찰 미션을 결정하는 등의 준비단계를 거치는 것이 효과적이다.

표 6-7 타운워칭 기획서와 루트맵 작성의 예시

탐방 목적	주요 방문지
▪ 20대의 화장품 쇼핑행동 관찰 ▪ 쇼핑 중심지의 화장품 매장 방문 ▪ 백화점 등 화장품 유통 점포 특성별 차이 관찰	
관찰 대상 트렌드·소비행동 등	**주요 방문지별 미션**
▪ 웰빙·감성 ▪ 양극화 ▪ 개인주의화: 개인 정체성의 강화	▪ 로데오거리: 유동인구의 외모와 화장품 사용 ▪ 백화점: 화장품·잡화 구매행동 및 판매권유양식 ▪ 화장품 전문점: 화장품·잡화 구매행동 및 판매 등 ▪ 마사지 숍, 네일숍 등 외모 가꾸기 관련 숍 관찰

함께 관찰을 진행하는 팀원들과의 협의를 통해 타운워칭 실시 목적과 선정 장소, 진행방법과 구체적으로 관찰해야 하는 미션과 목표를 사전에 정의하고 루트맵과 탐색내용에 대한 명확한 방향과 목적을 명시한 세부적인 기획서를 작성해야 하며 기획서의 내용을 숙지한 후에 타운워칭 루트맵을 따라서 관찰을 실시하여야 한다. 타운워칭 기획서와 루트맵을 작성하기 위한 예시는 표 6-7을 참고하여 필요에 따라 변형하여 사용할 수 있도록 하였다.

타운워칭 기획서가 완성되면 팀별로 현장을 방문하여 타운워칭을 진행하면 된다. 팀별 타운워칭 기획서에 따라 팀원별로 관찰해야 할 과제를 결정한 후에는 명확한 미션 부여 등의 다양한 게임을 함께 진행하여 관심도와 재미를 높일 수 있다. 각각의 타운워칭 지역과 마이크로트렌드로 관찰되는 내용들에 대해서는 사진 및 동영상 촬영, 녹음 등 다양한 방법으로 기록하고, 함께 토의할 수 있도록 자료를 수집하면서 관찰을 진행하도록 한다. 관찰을 진행하면서 선정된 타운워칭 지역에서 만나는 트렌드세터들을 대상으로 간단한 인터뷰를 진행하도록 하고, 녹취를 통해 자료를 취합하도록 한다. 모든 관찰은 상세하게 기록하고 녹취나 촬영을 통

그림 6-1 타운워칭 결과물 정리의 예시

타운워칭의 결과 정리

01. 자전거 SHOP 및 보관소

자전거 보관소들 설치하기 좋은 위치(1)

빨간색 원이 보이는 곳

- 생각보다 넓은 주차장을 보유하고 있어 한 귀퉁이 쪽에 보관소를 설치할 장소는 충분
- 저 위치는 주차장 입구와 가까워 이동이 용이

자전거 보관소들 설치하기 좋은 위치(2)

- 주차장의 중앙에 위치해 있는 곳으로 주차장소로 이용되지 않고 창고의 용도로 사용
- 넓은 장소로 자전거를 보관하기 용이

타운워칭의 결과 정리

02. 스파 브랜드 유치

대구백화점 인터뷰 실시
입점했으면 하는 스파 브랜드:

여고생 2명(유니클로)
20대 초반 여성(스파오)
남고생 3명(유니클로)
여고생 2명(스파오)
20대 중반 커플(유니클로)
20대 초반 여성(포에버21)
20대 중반 커플(포에버21 & 유니클로)

타운워칭 진행과정

2차 타운워칭
교통량 현황 조사 및 유동인구 조사

평일 오후시간 교통량 현황 (원활) 평일 오후시간 교통량 현황 (신호대기)

촬영장소: 경북대학교병원 옥상 정원
촬영시간: 5월 8일 오후시간대

타운워칭 결과 정리

상가 및 오피스텔 구성에 대한 공인중개사 면접조사

타운워칭 1차 오피스텔은 대구에 과잉공급상태, 상가는 병의원 위주

- 사업지 인접 달구벌대로로 멀지 않은 동대구역 인근 총 2,500여 세대의 오피스텔 대규모 공급 예정(2014년 10월 이후 순차적 입주)
- 미르치과병원, 경북대학교병원을 키 테넌트로 한 상가 MD 구성 제안

교통량 및 유동인구 조사

타운워칭 2차 교통량 매우 많음, 유동인구는 적은 편

- 평일·주말 관계없이 꾸준히 많은 통행량 유지
- 출퇴근시간(오전 5~9시, 오후 6~8시) 교통량 폭증
- 유동인구는 교통량에 미치지 못할 정도로 적은 수준

인근 상가 MD 구성 및 건물 총수, 노후도 조사

타운워칭 3차 상가는 주로 병·의원 등, 노후한 저층 건물 다수

- 경북대학교병원, 미르치과병원을 키 테넌트로 한 상가 MD로 구성
- 인근에 편의점 및 식당이 매우 적은 편
- 인근 건물은 낡고 노후한 건물이 다수(→상가 분양가 상향조정 가능, 입주 후 주변 재개발 가능성 高, 빠른 시일 내 분양 준공완료 필요)

해 토의자료로 활용할 수 있도록 하고, 팀별로 타운워칭을 마치고 나면 각각의 관찰 결과를 촬영한 사진과 동영상, 녹취록 등 기록물을 정리하고 관찰된 마이크로 트렌드에 대해 토의한다.

타운워칭을 실시한 후에는 발견된 마이크로트렌드를 중심으로 관찰 결과물을 정리하여 새로운 키워드를 도출하고 관련한 상품이나 서비스에 대한 아이디어를 추출할 수 있는지 검토한다. 메가트렌드와 새롭게 발견한 마이크로트렌드를 반영한 핵심 소비자 집단의 특징을 키워드 연상 트리로 작성해 보고, 다음 장에서 살펴볼 상품화 가능성이 있는 새로운 가치 찾기에 활용할 수 있도록 정리한다. 정리한 타운워칭 결과는 다른 관찰자들과 공유하고 피드백을 통해 추가적인 활용 가능성을 점검하고 피드백을 통해 더욱 풍부하게 확장할 수 있도록 한다. 구체적인 타운워칭 결과 정리의 예는 그림 6-1과 같다.

CHAPTER

7

상품화할 수 있는
새로운
가치 찾기

본장에서는 앞에서 살펴본 기업의 입장에서의 주력상품과 마케팅 전략, 소비자 니즈와 트렌드에 대한 분석 등을 바탕으로 숨겨진 소비자의 욕구와 니즈, 가치를 구체화하는 작업을 해 봄으로써, 새로운 소비자 가치를 만들어 낼 수 있는 아이디어를 도출해 내는데 그 목적이 있다.

소비자들은 사실 스스로의 욕구와 니즈를 명확하게 표현하거나 요구하지 않는 것이 일반적이며, 혁신적인 상품이나 기업 주도적 상품의 경우에는 소비자가 먼저 가치를 느끼는 것이 아니라 오히려 기업이 제시해 주는 새로운 가치에 대해 소비자가 반응하고 동조함으로써 가치를 향유하게 되는 경우도 나타나고 있다. 혁신기술을 바탕으로 하는 상품이나 서비스라 할지라도 소비자가 가치를 느끼고 향유함으로써 비로소 시장에서 성공적으로 자리매김할 수 있기 때문에 소비자가 어떤 것에 어떻게 가치를 느끼고 있는지를 파악하는 것은 중요한 상품화 아이디어를 제공해 주는 단초가 된다.

새로운 것과 소비자의 가치를 형상화하고 이미지화하기 위해서 ZMET 기법을 응용하여 소비자의 깊숙한 내면에 숨겨진 가치를 찾아 상품화할 수 있는지를 탐색해 본다. 소비자가 새롭게 느끼는 가치와 기존의 가치에서 부가적으로 가치를 높여 줄 수 있는 다양한 아이디어 팁(tip)을 도출하고 팀별로 토의함으로써 상품화할 수 있는 새롭고 다양한 아이디어 리스트를 만들어 본다.

이 장에서 다루는 아이디어의 팁은 구체적인 상품안이 아니라 상품화할 수 있는 소비자의 새로운 가치를 찾아내고 이슈를 점검하는 수준으로, 이러한 아이디어의 풀은 다양하고 폭넓게 구성하는 것이 바람직하다. 그렇기 때문에 비판이나 문제 제기, 상품화 가능성을 검토하는 단계가 아닌 새롭고 참신한 아이디어를 가능한 많이 도출하는 데 초점을 둔다.

이 장의 목표
1. 다양한 선행 자료들과 함께 ZMET 기법을 응용하여 숨겨진 소비자 가치 트리를 만들어 본다.
2. 스스로 소비자의 입장에서 새롭다고 느끼거나 가치를 느끼는 것들의 리스트를 만들어 본다.
3. 팀원들과 토의하면서 다양한 아이디어 풀(pool)을 구성하고 추가해 나간다.

상품화할 수 있는 새로운 가치 찾기

▌소비자의 숨겨진 니즈, 가치 트리 만들기

지금까지 새로운 상품과 서비스를 기획하기 위한 준비단계였다면 지금부터는 본격적으로 소비자의 가치와 니즈가 무엇인지를 탐색하고 아이디어를 만들기 위한 과정이라고 할 수 있다. 개발하고자 하는 상품이나 서비스와 관련하여 현재 해당 산업의 구조와 경쟁구도를 파악하고 주력상품과 주력 소비자의 특징을 살펴본 후에는 소비자의 트렌드를 연구한 결과를 토대로, 소비자의 숨겨진 니즈와 가치를 찾아 연결해 보는 가치 트리를 만들어 보면서 새로운 아이디어를 얻을 수 있다.

가치 트리를 작성하는 것은 다양한 아이디어의 팁을 소비자 니즈와 연결시켜 보고, 연상되는 새로운 개념을 계속 추가하면서 아이디어를 풍성하게 덧붙이는 작업의 일환이다. 따라서 제약을 가지지 말고 연상의 틀을 확장할 수 있도록 하는 것이 바람직하다. 팀을 구성하여 다양한 생각을 가진 사람들이 다양한 연상을 덧붙여 풍부하고 연관되는 가지가 많은 트리를 작성해 보면서 새로운 생각을 찾아 추가하는 것이 도움이 된다.

개념

소비자행동 연구에서 연상이 중요하게 다루어지기 시작한 것은 브랜드 연상과 브랜드 퍼스널리티 연구에서 소비자들이 브랜드를 보고 무엇을 떠올리는가와 이러한 브랜드 연상이 강력한 브랜드 이미지를 만들어 내는데 영향을 미친다는 것을 알게 된 후 부터이다. 크리슈난(Krishnan, 1996)은 연상이 소비자들의 마음속에서 연상을 의미하는 두 개의 노드들 간의 연계(link)를 나타내는 용어로 사용된다고 하였다(오명열, 2013). 소비자들의 상품에 대한 연상은 상품의 성능, 품질, 기능적인 편익 등과 같이 기능적인 속성에 대한 연상(functional attribute association)과 상징과 감성, 사용자의 개성 등 비기능적인 속성에 대한 연상(non-functional attribute association) 등으로 구분할 수 있다. 소비자에 대한 연구자들은 오랫동안 상품 콘셉트에 대한 소비자의 지식은 연상 구조 속에서 조직화되고 기억되는 것으로 가정해 왔다(오명열, 2013).

소비자의 연상을 형성하는 노드와 링크를 형상화하는 연상의 실행과 측정은 사실 자유로운 응답을 토대로 래더링(laddering)이나 ZMET(Zaltman Metaphor Elicitation Technique), BCM(Brand Concept Mapping) 등과 같이 다양하게 구조화된 연구 방법론으로 진화되었으며, 네트워크 분석방법을 적용하기도 하며 발전을 거듭해 왔다. 여기서는 자유연상과 래더링 등의 연상방법을 적용하여 보다 다양한 아이디어의 팁을 도출하는데 활용하기 위한 가치연상 트리를 만들어 본다.

자유연상과 래더링을 이용한 가치연상 트리 만들기

자유연상 방법은 트렌드 연구를 통해 발굴한 다양한 소비자 가치와 니즈를 단서로 활용하여 단서들을 보고 마음속에 떠오르는 단어들을 연상되는 순서대로 적어보고, 관계성을 노드와 링크로 연결시켜 보는 작업이다. 자유연상에서 떠오르는 순서는 기억에 존재하는 연결의 강도를 간접적으로 나타내는 단서이므로 떠오르는 순서대로 기입하여 노드와 링크를 표시해 주면 강력한 연상과 상대적으로 간접적인 연상을 알 수 있다. 이러한 자유연상 방법은 지금 현재는 강력하게 연결되지 않거나 잘 떠오르지 않지만 중요한 단서들을 찾아내는 데 효과적이고 흥미로운 기억 과제이다. 자유롭게 떠오르는 단어를 서술하고, 그 단어와 연결되는 또 다른 단어를 서술하는 방법으로 폭넓게 가치와 연결되는 단어들을 적어보도록 함으로써 새롭게 생각지 못한 가치를 발견할 가능성을 높여준다.

자유연상이 특정한 제약을 두지 않고 기억에 의존하여 자유롭게 연결고리를 찾아가는 접근방법이라면 래더링은 가치의 위계를 설정하여 구분하고 단계별로 연상을 진행하는 방법이라고 할 수 있다.

래더링(laddering: means ends chain model, Gutman, 1982) 연구 방법은 연상 추출의 기법이라기보다는 사실 상품이나 서비스를 마케팅하기 위해 상품이나 서비스의 편익이나 기능적 특성에 의존하기보다는 소비자 지향적인 관점으로 다루어야 한다는 시각을 반영하고 있으며, 광고 콘셉트를 개발하거나 소비자에게 감성적인 차별화를 지향하는 방법을 찾기 위해 고안되었다. 래더링은 속성(attribute), 최종 편익(consequence), 가치(value) 등의 위계적인 구조를 처음부터 상정하고 이를 연상을 이어가는 사다리(ladder)로 보았으며, 이러한 구조가 브랜드 콘셉트

그림 7-1 자유연상을 이용한 다양한 연상 기억의 나열과 래더링의 예

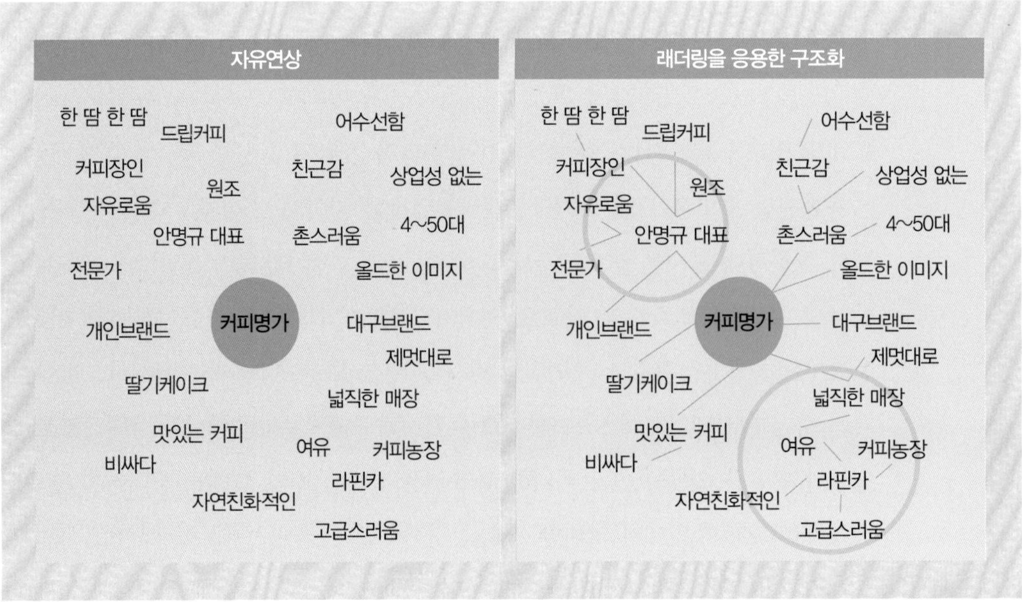

와 브랜드 퍼스낼리티를 확정하는 중요한 역할을 한다고 보았다(Reynolds and Gutman, 1988). 래더링은 소비자의 브랜드나 상품에 대한 지각을 속성-편익-가치의 위계구조로 설정하고 심층면접을 통해 깊이 있는 연상의 사다리를 구성하는 방법이다.

이러한 방법들을 응용하여 소비자의 숨은 가치를 형상화하는 가치 트리를 만들수 있는데, 우선 자유연상 기법을 이용하여 다양한 연상 단어들을 기입하고, 링크와 노드를 연결해 나가면서 래더링하는 방법을 사용하면 보다 풍성한 가치 트리를 완성할 수 있다. 이러한 가치 트리를 통해 일차원적으로는 발견하기 어려운 다양한 소비자 가치를 상대적으로 쉽게 찾을 수 있도록 도움을 받게 된다. 구체적인 연상 기억의 나열과 래더링 진행의 예시는 그림 7-1과 같다.

▌ZMET을 응용한 가치 트리의 보완

개념과 방법론에 대한 이해

하버드 대학교 경영학과의 제럴드 잘트만 교수는 1995년 심층인터뷰를 통해 소비자의 내적 인지 프로세스의 흐름을 찾아내고 무의식적 은유를 활용하는 기법을 만들었다. 그는 적어도 95%의 인지 과정이 지각되지 않는 심층의식 차원에서 이루어지고, 5% 정도만 고차원적 인식 차원에서 발생한다는 원리에 근거하여, 소비자 내면심리 파악기법인 ZMET(Zaltman Metaphor Elicitation Technique, 잘트만식 은유추출기법)을 개발하였다. ZMET은 소비자들이 니즈를 말로 표현하는 데 장애를 겪는 것이 자신의 내면 심리에 접근하는 것을 꺼리는 방어기제일 뿐 아니라 의식적 지각영역 아래에 있는 니즈를 의식 수준으로 끌어올리는 데 인지적 장애가 존재하기 때문이라고 규정하고, 이런 장애를 극복하고 소비자의 숨은 니즈를 끌어내기 위해 다양한 그림이나 연상을 통한 은유를 이용하도록 제안하고 있다. 소비자들이 타인에게 바람직하게 보이고 싶어 하는 욕구 때문에 직설적으로 자신의 의견을 표현하지 않는 경우에 사용하는 투사법과 다른 점은 소비자도 스스로 명확하게 인지하지 못하는 심층의 잠재니즈를 도출하기 위한 방법이라는 점이다. ZMET은 "인간의 사고는 언어가 아닌 이미지를 기반으로 하며, 대부분의 의사소통은 비언어적(접촉, 준언어, 공간 단서, 시간 단서, 눈짓 등)이다."라는 연구 성과에 기반하고 있다.

ZMET은 연구가 진행되는 주제와 관련된 그림들을 6~8장 정도를 찾아오도록 한후, 소비자와 일대일 심층면접을 진행하면서 소비자의 내면에 이미지로 저장된 은유를 찾아내는 연구 방법이다. ZMET의 방법을 이용하면 소비자들이 내면에 숨겨진 은유를 이미지를 통해 형상화하기 때문에 말로써 표현하는 것보다 훨씬 쉽게 자신의 숨겨진 내면을 드러내게 된다. 구체적인 활용 사례로 잘 알려진 네슬레의 경우를 살펴보면 네슬레는 크런치 바가 소비자에게 제공하는 해택이 무엇인지 알아보기 위해 ZMET 기법을 적용하기로 하고, 대상 소비자들에게 인터뷰가 시작되기 2주 전에 크런치 바와 관련된 그림들을 6~8장 정도를 찾아오도록 했다. 인터뷰 이전에 주제에 대한 참석자의 사고가 활성화될 수 있도록 하고, 인터뷰를 진행하기 위한 재료를 준비하는 과정이다. 참석자들은 픽업트럭, 나무울타리, 눈사람, 할아버지의 시계 등의 그림을 찾아왔으며, 일대일 인터뷰가 진행되는 동안, 조사자는 참석자가 스스로 준비해 가져온 그림 6~8장 속에 감춰진 참석자의 내면적인 은유와 심리적인 동기 등 깊이 있는 내면을 추출하는 데 집중하였다. 조사원들은 픽업트럭, 나무울타리, 눈사람, 할아버지의 시계 등의 그림을 통해 '시간'이라는 심층은유를 추출해냈다. 맛이나 질감, 소리 같은 감각적 혜택이 '어린 시절의 추억'이나 '안도감' 같은 감정적 혜택을 환기시킨다는 사실을 알게 된 것이다. 이러한 발견사항을 신경망 네트워크 트리로 도식화하여 더욱 명확한 인지 흐름을 파악하게 되었고, 조사 결과를 광고나 기타 브랜드 콘셉트로 활용할 수 있도록 하였다.

ZMET을 활용하면 소비자들을 대상으로 하는 심층 인터뷰 분석 결과로 공유개념도와 심층은유를 도출할 수 있다. 소비자들이 공유하는 맥락과 상황에서 그들이 경험한 사고와 감정을 파고들면, 그들이 공유하는 중요한 개념을 포착할 수 있는 것이다.

ZMET의 큰 장점은 전통적인 인터뷰 기법을 통해서는 알기 어려운 개인의 깊은 내면에 숨겨진 감정과 부조리, 비논리적 행동이나 억압된 태도를 통계적으로 프로그램화하여 추출해 낼 수 있다는 점에 있으며, 정성적인 심층면접의 기법을 사용하지만 시스템 적으로 공유개념도를 만들 수 있도록 하거나 컴퓨터 프로그램을 활용하여 디지털 이미지 콜라주를 작성하는 등의 특허 받은 조사방법론을 적용해야 한다는 어려움이 있다. ZMET의 주요 적용 영역은 브랜드나 상품의 콘셉트 발굴, 새로운 경쟁적 위상 정립, 중요한 니즈 발굴, 신상품 기회 발굴, 회사 이미지 창출, 커뮤니케이션 전략 및 내용 개발 등이다. P&G는 ZMET에 대한 독자 라이센스를 보유하고 있으며, 자체 스크리닝 과정을 거친 신상품 아이디어의 40%를 ZMET을 통해 발굴하고 있다. 우리나라에서는 R&R(Research & Research)이 ZMET을 정식으로 도입하여 전문적인 조사기법으로 사용하고 있다.

상품 및 서비스 개발과정에서 이미지와 은유의 활용

상품 및 서비스 개발과정에서 소비자의 가치 트리를 작성하다 보면 연상이 너무나 잘 알려져 있거나 뻔한 경우들이 나타난다. 이때 ZMET에서 주장하는 것과 같이 은유나 이미지를 활용하면 단어를 기억하거나 표현하는 것보다 풍부한 아이디어를 상대적으로 쉽게 얻을 수 있다.

ZMET의 정확한 인터뷰 절차나 활용은 라이센스가 있는 전문적인 조사기법이므로 동일하게 적용할 수는 없지만 연상이나 은유를 통해 조금 더 쉽게 숨겨진 가치를 찾는 데는 유용하게 응용할 수 있다.

이를 위해서 먼저 자유연상과 링크와 노드를 더하는 간단한 래더링을 거쳐 개략적으로 도식화한 소비자 가치 트리를 만들어 보고, 관련해서 보다 새로운 이미지를 6~8장 가져와서 스스로 콜라주를 작성한다. 그리고 무엇이 새로운지를 설명해 보면서 깨닫지 못했던 새로운 점이나 추가할 수 있는 숨겨진 소비자 가치를 찾아보고 같이 토의함으로써 보다 차별화되고 새로운 소비자 가치를 발견하는 기회

표 7-1 스토리텔링 훈련을 위한 이미지에 숨겨진 은유 찾아보기 연습의 예

준비해 온 그림	준비해 온 사람이 간단히 설명하기	숨겨진 은유 함께 찾아보기
	자고 있는 아기의 꿈속을 나타내고 있음	유행, 사람, 부모, 낮잠, 동화, 바다, 아기 선장, 푹신함, 상상력, 꿈, 환상적
	아이스크림으로 빙산을 표현	부드러움, 숟가락, 차가움, 소프트콘, 자연재해, 벌꿀, 녹을 것 같음
	꽃잎으로 앵무새를 나타냄 새롭고 창의적임	바나나, 호기심, 검정부리, 알록달록, 향기로움, 삼색, 자연
	각 지역의 대표과일·음식으로 세계지도 (남미)를 표현 새로운 방식, 창의적임	야채가게, 열대과일, 시선, 곰팡이, 쉬움, 뷔페, 좁음, 유쾌함, 다닥다닥
	녹는 아이스크림으로 지구 온난화를 표현한 시선, 새로움	창의적 표현, 녹는 지구, 지구온난화, 바다, 무서움, 걱정, 독특함
	미국 팝가수 브루노 마스의 노래제목을 타이포그래피로 표현, 재미있는 표현방법으로 새로움	글자로 그림 표현, 거만, 팝아트, 모자이크 남자
	도시의 배경을 밤에 조명과 함께 아름답게 담아냄	평화로움, 뱃사공, 엽서, 조용함, 낭만적, 유럽, 꿈의 도시, 평온함

를 갖는다.

이를 위해 먼저 좋아하는 혹은 마음이 끌리는 그림 3장 정도를 준비해서 왜 마음이 끌렸는지, 어떤 은유가 숨어 있는지를 설명하고 공유해 봄으로써 스토리텔링에 대한 훈련을 거친 후에, 가치연상 트리를 작성하면서 만들었던 다양한 새로운 아이디어들이나 주요 상품 및 서비스 개념에 대한 연관이 있는 그림이나 이미지를 6~8장 찾아오도록 한다. 여기에서 사용되는 스토리텔링 기법은 이야기를 새롭게 만들어내는 것보다는 그림을 선정한 이유를 자연스럽게 기술해 보고, 새로움을 찾는 방편으로 활용되는 것이기 때문에 이야기를 만들어야 한다는 부담을 갖지 말고 다른 팀원들에게 본인이 왜 이런 그림에 끌리게 되었는지를 이야기하면서 은유를 발견해 나가는 과정을 거치는 장치로서 활용하도록 한다.

스토리텔링의 연습으로 작성해 보았던 은유 찾기 연습의 예는 표 7-1과 같이 작성할 수 있다. 개발하려는 상품과 서비스에 관련된 다양한 그림 5~6장을 자유롭게 찾아본 후, 그림을 통해 연상되거나 발견할 수 있는 다양한 은유를 빈 칸에 채워 보고, 연상된 단어나 적합한 은유를 이용해서 다시 단어와 연결되는 다양한 연상과 은유를 추가로 적어보는 과정을 몇 번 되풀이하면서 다양한 연상과 은유를 추가한 가치연상 트리를 만들어 낼 수 있다.

8

아이디어
취합과
콘셉트 만들기

본장은 앞에서 구성한 아이디어 풀(pool)의 다양한 아이디어 중 가장 매력적인 아이디어들을 우선순위를 매기고 정리정돈하면서 취합하고 상품의 콘셉트로 만들어 보는 단계이다.

아이디어의 풀은 모두 다 상품화되거나 콘셉트로 만들 필요는 없고 계속적으로 수정보완하거나 추가하며 소비자의 변화하는 가치를 나타내는 것이 좋다. 아이디어 취합을 통해 만들려고 하는 상품 콘셉트는 구체적으로 상품화하고 마케팅 플랜을 세워 시장에 어필해야 하는 기획의 첫 번째 단계라고 할 수 있다. 따라서 아이디어 도출의 단계와 같이 긍정적인 시각이 아니라 시장에 내어 놓았을 때 최소한 외면당하지 않고 아이디어 도출 당시 생각했던 가치를 직접적으로 구현할 수 있도록 다양한 각도에서 검토와 비판이 이루어져야 한다. 가치 도출 단계에서 생각했었던 아이디어가 실현가능성이 있는지, 구체화했을 때 수익성과 상품성이 있는 아이디어인지를 다각도로 검토해 보고, 가장 매력적인 아이디어를 선별하여 하나 혹은 두 개의 상품 콘셉트로 만들어 내는 것이 중요하다.

아이디어의 선별과 우선순위의 부여 단계는 다양한 문제점을 검토하고 팀원들과 함께 다각도로 토의와 검토를 반복해야 하는 단계이다. 상품의 콘셉트는 추후 마케팅 전략 수립 단계에서 브랜드 콘셉트와 광고 및 소비자 커뮤니케이션을 위한 콘셉트로 다양하게 사용될 수 있게 구성되는 것이 바람직하다.

이 장의 목표

1. 앞 장에서 만들어진 아이디어 풀(pool) 중 상품화할 수 있는 중요한 아이디어를 선별해 본다.
2. 선별된 아이디어를 상품화하기 위해 고려해야 할 사항과 문제점, 핵심 가치 등을 정리해 본다.
3. 팀원들과 함께 문제점과 수정보완이 필요한 사항을 토의해 보고, 상품화 가능성에 대해 검토해본다.
4. 선정된 아이디어에 대한 상품 콘셉트를 작성해 보고, 토의를 통해 수정보완한다.

8

아이디어 취합과 콘셉트 만들기

아이디어 취합

앞 장에서는 가치연상 트리를 통해 다양한 아이디어의 원천이 되는 속성 (attributes)들을 도출하는 과정을 설명하였다. 아이디어를 취합하여 상품 콘셉트로 만든다는 것은 이러한 다양한 새로운 속성들을 어떻게 편익(benefits)으로 활용하고 최종적으로 소비자들이 만족한 가치를 느끼도록 할 수 있을까를 고민하는 과정이다. 가치연상 트리를 만들면서 생각했던 다양한 아이디어들을 속성과 편익, 가치 등의 구조로 다시 한 번 래더링(laddering)하면서 구체적으로 아이디어로 만들고 어떤 아이디어가 새롭게 개발할 상품 및 서비스의 콘셉트로 적합한지에 대해 평가하고 판단하는 과정을 거쳐서 개발하고자 하는 상품의 콘셉트로 만들어 가는 것이다.

아이디어를 취합하는 단계에서 실현 가능성이나 투입되어야 하는 자원 등 현실적인 부분을 감안한 기준을 마련하고 마련된 기준에 따라 적절한 아이디어를 선정하는 작업이 필요하며, 선정되지 않은 아이디어라 할지라도 다양한 마케팅 전략을 수립하는 과정에서 혹은 다음 번 개발에서 활용될 가능성이 있는 아이디어들을 따로 선별해서 계속적으로 아이디어 풀(pool)로서 수정보완해 나가는 것이 필요하다.

아이디어의 취합 단계에서도 기존의 자료 외에도 새롭게 아이디어를 제안하고 활발하게 토의를 진행하면서 구체화할 수 있다. 가장 중요한 목표는 지금까지 취합되고 학습된 사전 지식을 활용하여 자유롭고 창의적으로 의견을 개진하고 다양하고 차별화된 아이디어의 발굴 및 도출에 초점을 두어야 한다는 점이다. 따라서 비판이나 판단은 미루어 두고 다양한 각도에서 구체적인 상품화 아이디어를 낼 수 있도록 하고, 아이디어 풀을 극대화하며, 정리된 내용을 모두 활용할 수 있도록 하는 것이 도움이 된다. 표 8-1은 대구백화점 이용고객을 대상으로 한 서비스 개발 아이디어의 취합 사례이다.

최대한 기존의 자료를 활용하도록 하되, 차별화에 초점을 두고 창의적인 아이디

표 8-1 대구백화점 이용고객을 대상으로 하는 서비스 개발 아이디어 목록 구성의 예

아이디어 목록	트렌드 및 핵심 아이디어	목표 소비자 특징	우선 순위
퍼스널 쇼퍼	▪ 전문가로부터 패션 트렌드 조언을 받는 트렌드 ▪ 쇼핑 가이드에 익숙함 ▪ 구매빈도가 낮지만 전문가 조언이 필요한 상품구매에 대한 니즈	▪ 트렌드를 잘 모르지만 관심이 많은 소비자 ▪ 혼자 쇼핑하는데 어려움을 느끼는 소비자 ▪ 전문적인 쇼핑 조언을 원하는 소비자	3
수입구매대행	▪ 온라인 구매대행 익숙함 ▪ 다양한 수입물품에 대한 가격 민감도 증가 ▪ 차별화되고 특별한 브랜드 구매 선호 ▪ 수입품에 대한 거부감 적고 유명브랜드 선호	▪ 유명브랜드를 선호하지만 가격 민감도가 높은 20~30대 젊은 소비자 ▪ 해외 브랜드에 대한 선호도가 높은 소비자 ▪ 구매대행 업체 피해를 경험해 본 소비자	4
옴므 라인	▪ 패션잡화, 캠핑, 운동용품 등 남성 전용 물품의 고급화 및 소비증가 추세 ▪ 남성용품 시장 증가 추세 ▪ 외모에 대한 관심, 자아실현 등에 관심 증가	▪ 패션에 관심이 많고 혼자쇼핑하기를 선호하는 남성 소비자 ▪ 스스로를 잘 꾸미고 일정 규모 이상의 구매력을 보유하고 있는 소비자	2
자전거 관련 전문 용품 판매, 주차서비스	▪ 친환경 에코 소비 증가 추세 ▪ 자전거 동호회 및 전문용품 판매 증가 추세 ▪ 주차 어려움으로 자전거 이용자 증가 추세	▪ 자전거 동호회 등 자전거 선호 소비자 ▪ 자전거 이동을 선호하는 소비자 ▪ 친환경, 에코 실천 소비자	1

표 8-2 아이디어 목록 정리표 구성의 예

아이디어 목록	주요 트렌드 및 핵심 아이디어	목표 소비자 특징	우선순위	기타 특기사항

어를 최대한 많이 제안할 수 있도록 유도하고 팀별 발표를 통해 수정보완할 수 있도록 여러 번의 기회를 갖도록 한다. 이 단계에서 도출되는 아이디어는 콘셉트로 정련화하는 과정을 거치게 되므로 상품 및 서비스에 활용될 수 있을 만큼 직접적이거나 구체적일 필요가 없으며, 다양한 창의적인 아이디어를 많이 제안할 수 있도록 반론이나 반대의견을 최소화하고 다양하게 각자의 아이디어를 수렴한다.

먼저 다양한 아이디어 목록을 만든 후, 토의와 자료 보완을 통해 우선순위를 정하면서 아이디어를 취합할 수 있다. 아이디어 목록을 만든 후에는 아이디어가 포함하고 있는 소비자 니즈와 트렌드, 목표소비자의 특징 등을 기술하고, 기타 중요한 핵심 아이디어가 되는 내용들은 기타 특기사항란에 자세하게 정리해 둔다.

선정된 아이디어를 이용한 콘셉트 만들기

아이디어들을 취합하고 우선순위를 정해 본 후에는 최종적으로 선정된 아이디어를 활용하여 상품의 콘셉트로 만들어야 한다. 아이디어를 상품 콘셉트로 만들 때는 상품 개발의 구체적인 계획서를 작성할 때와 마찬가지로 아이디어 자체를 보다 정련화하고 상품 개발에 바로 들어갈 수 있을 정도의 구체적인 안으로 바꾸어야 한다.

콘셉트란 상품이나 서비스를 글이나 그림으로 구체화하여 상세하게 묘사한 것을 말하며 새로운 상품의 콘셉트는 소비자의 입장에서는 전혀 알지 못하는 새로운 것일 수 있기 때문에 콘셉트를 제시하였을 때 소비자가 명확히 전달하고자 하는 새로운 속성, 편익과 가치를 이해할 수 있도록 소비자 언어로 정교하게 정리되어야 한다.

상품 콘셉트 개발을 위한 수단–목적 사슬 모델

구트만(Gutman, 1982)은 래더링의 개념을 설명하면서 수단–목적 사슬 모델(Means-End Chain Model)을 통해 소비자의 상품 위계에 대해 설명한 바 있는데, 구체적인 상품 속성과 편익, 그리고 소비자 가치의 위계가 사슬처럼 연결되어 구조화되어 있다는 개념이다.

이러한 개념은 상품의 콘셉트를 만들 때 유용하게 사용할 수 있는데, 가장 낮은

그림 8–1 수단–목적 사슬 모델을 이용한 드립커피 상품의 속성 및 가치 개발의 예

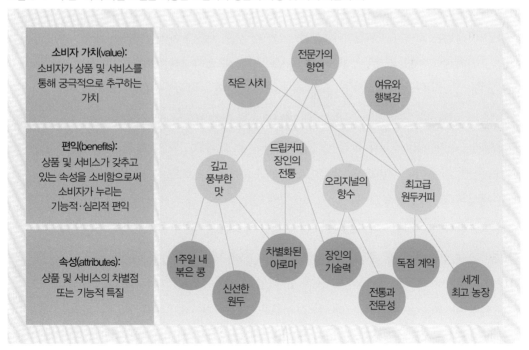

단계인 상품 속성단계에서 구체적인 상품의 특성과 기능을 중심으로 특징을 서술할 수 있고, 이와 연결되는 편익은 속성의 활용 결과로서 소비자가 누리게 되는 기능적, 심리적 편익을 의미한다. 이러한 기능적, 심리적 편익은 소비자가 인지적으로 느끼는 만족과 가치로 연결되며 최종적으로 구매의사결정에 영향을 미치게 되는 것이다. 상품의 콘셉트를 개발하기 위해서는 다양하게 도출된 아이디어를 구체적으로 상품의 어떤 특징에 어떻게 반영하고 이러한 속성적인 특징이 어떻게 소비자 가치로 연결되는지를 구조적으로 도식화해 보는 것이 도움이 된다.

상품 콘셉트 만들기

다양한 아이디어 목록을 만들고 우선순위를 정해 보고난 후, 구체적으로 소비자 가치를 활성화시킬 수 있는 속성들과 편익들을 정리하는 과정을 거치고 나면 상품화하고 싶은 명확한 아이디어와 특성들을 정리하게 된다. 그런데 소비자의 가치를 높여주는 속성과 편익들로 이루어진 특징들을 구체화한 상품 아이디어 그 자체가 콘셉트는 아니다.

상품 콘셉트는 소비자 가치를 높여줄 수 있는 참신한 상품화 아이디어를 구체적으로 소비자에게 전달해 주는 마케팅적 관점의 상품에 대한 설명이라고 하는 것이 타당하다. 소비자들에게는 명확하게 새로이 만들어진 소비자 가치가 무엇인지를 단숨에 이해하고 구매하고 싶을 만큼 매력적으로 느껴지도록 해야 하며, 개발자들에게는 구체적인 속성과 특징, 품질, 주목하고 있는 목표 소비자 등을 이해하고 구체적인 상품이나 서비스를 개발하고 마케팅 플랜을 수립하도록 명확한 방향성을 제시해 줄 수 있어야 한다.

기존의 상품이나 서비스와 무엇이 어떻게 다른지, 새로운 편익이나 소비자 가치를 정확하게 전달해 줄 수 있는지를 고려해서 상품 콘셉트를 만들어야 하며, 필요하다면 사진이나 편익을 개념화한 스케치 등 다양한 도구를 사용하여 개발하고자 하는 핵심 아이디어를 중심으로 정리한 콘셉트를 만드는 것이 중요하다.

같은 상품화 아이디어를 가지고 핵심 차별화 포인트를 달리 하여 콘셉트화할 수

표 8-3 인스턴트 밑반찬 상품의 핵심 아이디어별 상품 콘셉트 개발의 예

핵심 아이디어 1: 합리적인 가격의 편리한 찬거리	예로부터 우리 식탁 차림의 기본은 반찬이다. 나물이며 장아찌, 무침 등 늘 먹어도 물리지 않고 조금만 변화를 줘도 금세 식탁이 달라지는 밑반찬 중심의 상차림! 그러나 막상 재료를 사고 조리를 하려면 여간 번거로운 게 아니다. 일일이 만들려면 사먹는 것보다 돈도 더 많이 들기도 한다. 밑반찬을 중심으로 계절별, 재료별로 색다르게 선택할 수 있는 상차림을 제안한다. 전골이나 찜처럼 거한 메뉴가 아니더라도, 얼마든지 맛깔스럽고 다채로울 수 있는 상차림으로, 합리적이면서도 경제적인 일주일치 식단을 꾸릴 수 있다.
핵심 아이디어 2: 옛 맛을 되살린 전통 찬거리	할머니 집에 놀러가서 먹었던 나물이며 장아찌, 무침 등의 담백한 찬거리들! 짭조름함, 오독오독, 알싸하고 개운했던 그 옛 맛을 오늘 식탁에 되살려보면 어떨까? 예로부터 찬거리가 중심이 되었던 우리 식탁 차림의 기본을 살려, 전통적인 재료와 조리법의 상차림을 제안한다. 매일 먹어도 물리지 않고 먹을수록 깊은 맛이 배어나는 상차림으로 할머니와 어머니의 손맛을 살릴 수 있다.
핵심 아이디어 3: 집에서 만든 것처럼 위생적인 찬거리	시장이나 백화점의 반찬코너, 먹음직스럽고 간편해 보이긴 해도 왠지 꺼림칙하다면? 집에서 주부들이 손수 만든 것만큼이나 깨끗하고 위생적인 찬거리를 제안한다. 일반 세균, 대장균군, 식중독균 등이 일체 끼어들 틈도 없을 만큼 엄격한 위생처리과정은 기본, 철저한 살균처리에, 무 방부제이므로 안심하고 먹을 수 있다. 특산지에서 엄선된 좋은 재료들의 맛과 신선함이 그대로 살아 있는 밑반찬, 마음 놓고 식탁에 올릴 수 있다.

있는데, 표 8-3은 햇반과 같이 인스턴트로 먹을 수 있는 반찬 상품을 개발하기 위해 만들어 본 상품 콘셉트 구성을 위한 아이디어 정리의 예이다. 제시된 예를 살펴보고, 구체적인 상품화 아이디어를 이용하여 다양한 각도의 차별화 포인트를 중심으로 상품 콘셉트를 구성해 보도록 한다.

제시된 표와 같이 상품 콘셉트 개발을 위한 핵심적인 아이디어가 정리되었다면 구체적으로 콘셉트 보드를 만들어 볼 수 있다. 콘셉트 보드에는 상품 콘셉트의 핵심 아이디어와 소비자 가치를 슬로건 형태로 표현하는 타이틀을 만들고, 새롭게 개발하려는 상품이나 서비스의 다양한 특징을 강조하고 싶은 중요한 순서대로 소비자의 언어로 설명하되, 차별화된 포인트를 이해가 쉽고 호감을 느낄 수 있도록 구성하여 설명하도록 한다.

상품에 대한 이미지나 스케치를 구성할 수 있다면 실물을 연상할 수 있도록 하

그림 8-2　콘셉트 보드 작성을 위한 가이드라인 구성

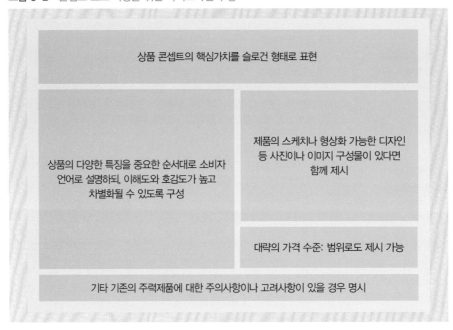

상품 콘셉트의 핵심가치를 슬로건 형태로 표현

상품의 다양한 특징을 중요한 순서대로 소비자 언어로 설명하되, 이해도와 호감도가 높고 차별화될 수 있도록 구성

제품의 스케치나 형상화 가능한 디자인 등 사진이나 이미지 구성물이 있다면 함께 제시

대략의 가격 수준: 범위로도 제시 가능

기타 기존의 주력제품에 대한 주의사항이나 고려사항이 있을 경우 명시

는 이미지 디자인을 함께 제시하면 더욱 효과적이다. 또한 대략적인 판매 예상 가격의 수준을 제시하여 함께 소비자 평가를 받아보는 것도 바람직하다. 그 외에 기존에 판매하고 있는 주력상품과의 시장 잠식 부분이나 판매 대체에 대한 중요도가 높은 상품의 경우에는 관련된 기타 정보를 제시하여 소비자의 이해를 돕도록 구성하는 것이 도움이 된다. 구체적인 상품의 콘셉트 보드 작성의 예시와 작성을 위한 가이드라인은 그림 8-2와 같다.

콘셉트 보드를 작성해 보는 과정은 두 가지 측면에서 중요하다.

첫 번째, 콘셉트 보드를 만들면서 스스로 구성한 신상품 콘셉트에 대한 구체적인 상품화 계획을 점검해 볼 수 있고, 두 번째, 실제로 신상품이 시장에 론칭했을 때 광고 및 마케팅 커뮤니케이션에 활용할 수 있는 매력적인 아이디어를 중요한 순서대로 정리해 볼 수 있는 계기가 된다. 콘셉트 보드는 작성하는 목적에 따라 다양하게 구성할 수 있다. 그림으로 제시된 콘셉트 보드 가이드라인은 신상품 개발 프로세스를 거쳐 만들어진 아이디어를 최종적으로 상품화하는 구체적인 상품화 계획을 바탕으로 광고 및 마케팅 커뮤니케이션에도 활용할 수 있다.

이와 같은 콘셉트 보드를 작성해 보면 기존상품이나 경쟁 상품과의 차별화된 특장점이 무엇인지 확연히 알 수 있고, 또 콘셉트 보드의 시장 수용도를 사전 점검할 때 유용하게 활용할 수 있다.

콘셉트 보드가 완성되면 콘셉트의 헤드라인을 골라내거나 수정하고, 콘셉트가 의미하는 정확한 개념이 잘 표현되었는지를 표현 문구의 첨가, 수정, 삭제 등을 통해 정교화하는 과정을 거쳐 완성도를 높이고 목표 소비자 집단을 대상으로 하는 콘셉트 수용도 테스트 과정을 거치게 된다. 일련의 콘셉트 테스트 과정을 통해 신상품의 포지셔닝과 초기 마케팅 전략의 수정보완과 콘셉트를 더욱 매력적으로 만들 수 있는 요인에 대한 점검이 이루어진 후에는 정교한 수요예측을 위해 완성된 콘셉트 보드를 활용하여 정량적인 시장조사를 실시할 수 있다.

9

상품 및 서비스
콘셉트 정련화와
소비자
반응 탐색

상품 콘셉트가 결정되면 이를 소비자 언어로 조정하고 소비자의 관점으로 수정보완하는 콘셉트의 정련화 단계를 거쳐야 한다. 상품 콘셉트가 기본적으로 소비자가 느끼는 가치를 시현하는 것이라고 한다면, 콘셉트로 만들어진 문구가 소비자에게 해당되는 가치를 제대로 소구할 수 있는가에 대한 확인은 필수적인 과정이 된다.

때로 개발자들은 소비자의 니즈를 충족시키기 위한 가치를 부여하여 만든 상품 콘셉트가 잘못된 커뮤니케이션으로 정확히 전달되지 못해 실패하는 경우를 보게 되는데, 이러한 문제를 미연에 방지하기 위해서는 콘셉트 속에 표현된 소비자 가치가 정확하게 소비자들의 언어로 전달될 수 있는가 하는 부분은 점검해야 한다.

본장에서는 지금까지 다양한 과정을 거쳐 만들어진 상품 및 서비스 콘셉트를 소비자의 관점에서 다시 점검해 보는 콘셉트 정련화 단계를 살펴보고, 소비자의 반응을 탐색함으로써 론칭 전에 수정보완할 수 있는 기회를 가지는 단계를 살펴보고자 한다. 이러한 과정을 거쳐 상품 및 서비스 콘셉트를 확정하면 개발 후 소비자 반응이 기대했던 것과 다를 위험을 최소화하고 개발에 앞서 소비자의 반응을 살펴봄으로써 개선 보완할 수 있는 중요한 팁을 얻을 수 있다.

최종 상품 및 서비스 콘셉트가 나오면 개발의 촉박함과 내부 진행과정상의 일정을 이유로 소비자 반응 탐색 과정을 소홀히 하는 경우가 있는데, 이 단계는 추후 이어질 제품 개발과 론칭에서 돌이킬 수 없는 실수나 잘못된 점을 수정보완하는 마지막 단계라고 할 수 있으므로 충분한 시간을 가지고 검토하는 것이 바람직하다.

이 장의 목표
1. 소비자의 가치를 소비자의 언어로 소비자가 이해할 수 있도록 만드는 것의 중요성을 이해한다.
2. 최종적인 소비자 반응 탐색을 통해 처음 기획 시작 단계에서 구현하고자 했던 아이디어가 잘 기획되었는지를 평가하고 판단할 수 있는 능력을 기른다.
3. 소비자의 반응에 대한 피드백을 이용하여 다양한 개선 및 수정보완사항을 반영하여 최종적으로 상품 및 서비스 콘셉트를 확정하는 과정을 이해한다.

상품 및 서비스 콘셉트 정련화와 소비자 반응 탐색

▌콘셉트에 대한 소비자 반응 탐색

새롭게 개발하고자 하는 상품 및 서비스와 관련된 아이디어의 콘셉트가 결정되었다면 만들어진 상품 콘셉트에 대한 소비자 반응을 탐색하고 원래 의도했던 대로 소비자들이 핵심 아이디어에 대해 가치를 느끼는지, 어떤 편익과 속성에 대해 긍정적으로 평가하는지를 확인하는 단계를 거쳐야 한다. 소비자의 반응을 탐색하기 위해 상품 콘셉트를 한눈에 특징을 알 수 있도록 정리하여 콘셉트 보드로 만들고 콘셉트 보드에 대한 소비자 반응을 탐색하는 것이 일반적인데, 이 경우, 소비자 반응을 탐색해야 하는 목적은 크게 두 가지로 나누어 볼 수 있다.

먼저, 상품 콘셉트가 소비자들에게 매력적으로 느껴지는지, 전체적으로 사고 싶은 마음이 들게 하는지에 대한 확인을 통해, 상품 콘셉트가 가지고 있는 소비자 가치가 소비자의 언맷니즈(unmat needs)를 충족시키거나 구매 욕구를 불러일으키는지 본질적인 측면에서 확인이 필요하다.

두 번째로는 상품 콘셉트의 핵심적인 아이디어가 소비자들에게 좋은 반응을 불러일으키더라도 수정보완해야 하는 부분이 있는지, 상품 콘셉트의 소구점이 명확하게 소비자에게 전달되는지를 커뮤니케이션 측면에서 검토해야 한다.

사실 상품 콘셉트가 정리가 되었다는 것은 상품 개발의 방향성이 어느 정도 정해졌다는 의미이기도 하기 때문에 소비자 반응을 탐색할 때는 소요되는 시간의 효율성과 비밀 유지가 모두 중요하다. 따라서 일반적으로 상품 콘셉트에 대한 소비자 반응 조사는 소수의 목표 소비자와 동일한 특징을 가진 조사 대상자를 대상으로 좌담회를 실시하는 등의 정성적인 조사 방법을 주로 사용한다. 그러나 상품 콘셉트의 소비자 수용도를 확인하는 것이 매우 중요한 경우에는 콘셉트 보드를 이용한 정량적인 조사방법으로 상품 콘셉트에 표현된 소비자 가치에 대한 수용도를 일반화하여 해석할 수 있는지를 검증하고 난 후 개발에 착수하기도 한다.

조사 방법상의 특징에 따라 일반화 정도에는 차이가 있지만 소비자 반응 탐색을 위한 조사를 통해 확인해야 하는 것은 상품 콘셉트가 정확히 전달되고 이해되었는지, 신뢰가 가는지, 새롭고 참신한 부분이 있는지, 그리고 호감이 가서 구매하고 싶은지 등을 확인해야 한다. 또한, 긍정적인 반응이 나타난 부분과 부정적인 반응에 대한 분석과 함께, 세부적인 용어와 표현에 대해서도 개선의 여지가 있는지를 확인하는 것이 바람직하다. 상품 콘셉트를 바탕으로 개발된 상품이 소비자에게 새로운 가치를 부여하고 구매하고 싶은 욕구를 불러일으켜 성공을 거두기 위해서는 콘셉트 개발 단계에서 다양한 소비자 반응을 탐색하고 최대한 반영하여 수정보완하는 것이 필요하다.

소비자 반응을 탐색할 때는 소비자가 지적하는 사항들을 그대로 반영하는 것보다는 소비자의 언어를 다시 상품 콘셉트에 반영할 수 있는 부분과 그렇지 못한 부분으로 구분하고 판단해야 한다. 소비자들은 개발된 상품 콘셉트가 익숙하지 않아서 부정적일 수도 있고, 아직 상품화되지 못했기 때문에 긍정적으로 평가할 수도 있다. 따라서 이러한 바이어스를 최소화하고 필요한 부분을 반영할 수 있도록 세심하게 소비자의 반응을 나누어 분석해야 할 것이다. 이를 위해 전문적인 소비자 조사기관을 활용할 수 있다.

앞에서 살펴본 인스턴트 밑반찬 상품 콘셉트의 소비자 반응을 탐색한 결과를 정리하고 분석한 사례를 중심으로 주요 콘셉트에 대한 반응과 세부적인 표현에 대한 소비자 반응을 탐색한 예는 다음 그림과 같다.

그림 9-1 인스턴트 밑반찬 상품 콘셉트에 대한 소비자 좌담회 결과 분석의 예

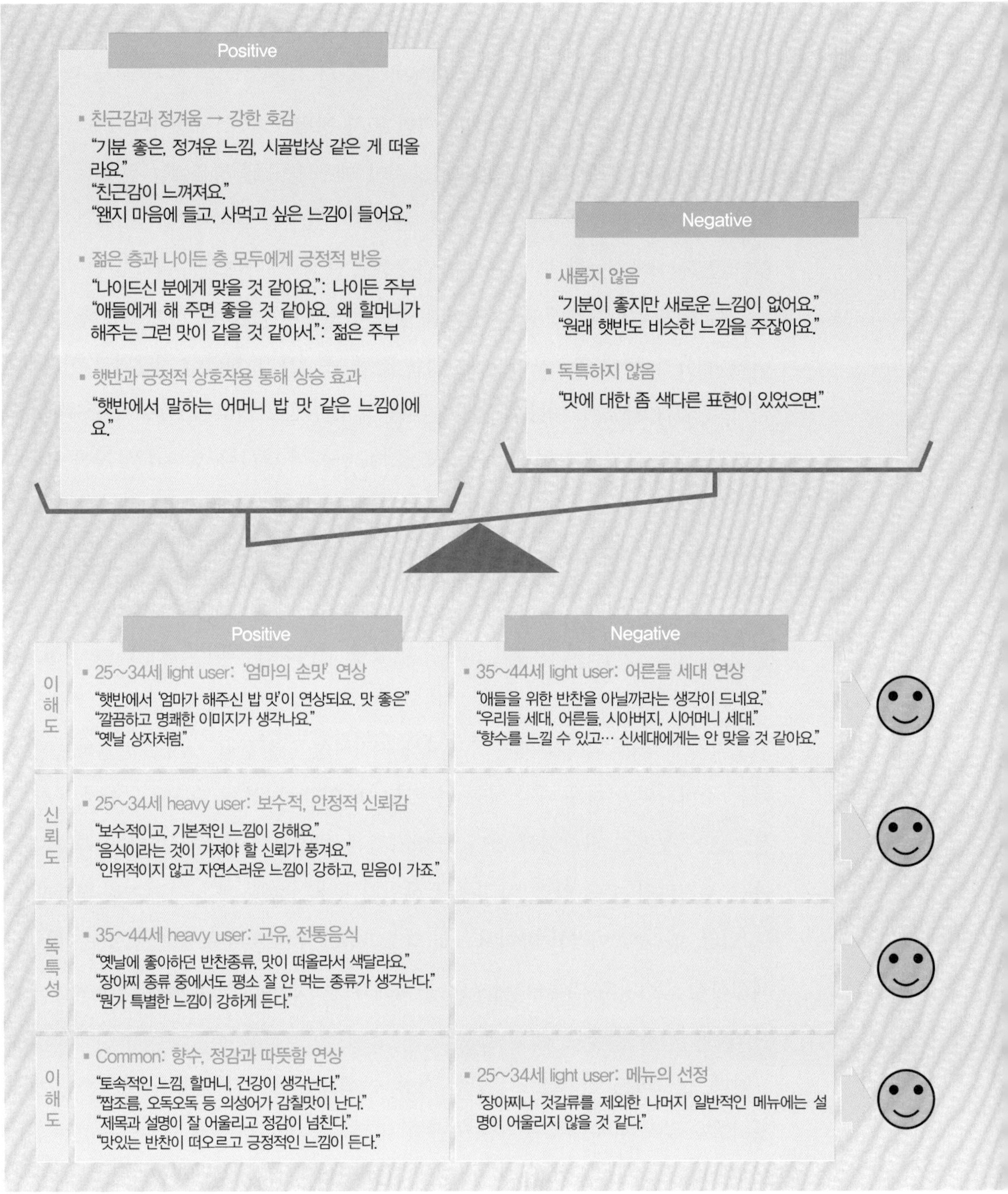

Positive

- 친근감과 정겨움 → 강한 호감
  "기분 좋은, 정겨운 느낌, 시골밥상 같은 게 떠올라요."
  "친근감이 느껴져요."
  "왠지 마음에 들고, 사먹고 싶은 느낌이 들어요."

- 젊은 층과 나이든 층 모두에게 긍정적 반응
  "나이드신 분에게 맞을 것 같아요.": 나이든 주부
  "애들에게 해 주면 좋을 것 같아요. 왜 할머니가 해주는 그런 맛이 같을 것 같아서": 젊은 주부

- 햇반과 긍정적 상호작용 통해 상승 효과
  "햇반에서 말하는 어머니 밥 맛 같은 느낌이에요."

Negative

- 새롭지 않음
  "기분이 좋지만 새로운 느낌이 없어요."
  "원래 햇반도 비슷한 느낌을 주잖아요."

- 독특하지 않음
  "맛에 대한 좀 색다른 표현이 있었으면."

	Positive	**Negative**
이해도	25~34세 light user: '엄마의 손맛' 연상 "햇반에서 '엄마가 해주신 밥 맛'이 연상되요. 맛 좋은" "깔끔하고 명쾌한 이미지가 생각나요." "옛날 상자처럼."	35~44세 light user: 어른들 세대 연상 "애들을 위한 반찬을 아닐까라는 생각이 드네요." "우리들 세대, 어른들, 시아버지, 시어머니 세대." "향수를 느낄 수 있고… 신세대에게는 안 맞을 것 같아요."
신뢰도	25~34세 heavy user: 보수적, 안정적 신뢰감 "보수적이고, 기본적인 느낌이 강해요." "음식이라는 것이 가져야 할 신뢰가 풍겨요." "인위적이지 않고 자연스러운 느낌이 강하고, 믿음이 가죠."	
독특성	35~44세 heavy user: 고유, 전통음식 "옛날에 좋아하던 반찬종류, 맛이 떠올라서 색달라요." "장아찌 종류 중에서도 평소 잘 안 먹는 종류가 생각난다." "뭔가 특별한 느낌이 강하게 든다."	
이해도	Common: 향수, 정감과 따뜻함 연상 "토속적인 느낌, 할머니, 건강이 생각난다." "짭조름, 오독오독 등 의성어가 감칠맛이 난다." "제목과 설명이 잘 어울리고 정감이 넘친다." "맛있는 반찬이 떠오르고 긍정적인 느낌이 든다."	25~34세 light user: 메뉴의 선정 "장아찌나 것갈류를 제외한 나머지 일반적인 메뉴에는 설명이 어울리지 않을 것 같다."

외할머니 집에 놀러 가서 먹었던 나물이며 장아찌, 무침 등의

맛있는 식감을 자극
의성어에 적극 반응
어떤 맛일까 궁금증
맛깔스러운 느낌

담백한 찬거리들!

콘셉트 자체에 대한
부정적 반응은 거의
나타나지 않았으나
연상 메뉴가 장아찌,
고추 삭인 것 등 절임,
조림 및 옛날 반찬
이미지로 한정되는
경향이 강해,
메뉴개발 시
주의를 요함

짭조름, 오독오독, 알싸하고 개운했던 그 옛 맛을

오늘 식탁에 되살려 보면 어떨까요?

예로부터 찬거리가 중심이 되었던 우리 식탁 차림의 기본을 살려,

이제 전통적인 재료와 조리법의 상차림을 제안합니다.

전통적인 맛,
외할머니, 엄마의 손맛,
옛것에 대한 그리움과
향수를 자아내
정겨운 느낌 강조
반찬, 먹거리에 잘
어울림

매일 먹어도 물리지 않고 먹을수록 깊은 맛이 배어나는

가정식 상차림으로 할머니와 어머니의 손맛을 살려 보세요.

상품 콘셉트:
옛 맛을 되살린
전통 찬거리 제안

어울리는 메뉴

마늘장아찌, 장아찌류,
무말랭이, 오이지,
가지 무친 것, 우엉조림,
고추 삭힌 것,
오색오가리, 박정과, 연근, 곤약,
고추조림 등 조림류,
젓갈류

▪ 콘셉트와 연결되는 메뉴는 재료보다 조리방법상의 연상이 강함. 특히 장아
찌, 조림 및 절임 등 계절성 강한 재료를 옛날 방식으로 조리한 메뉴를 떠올
리고, 특히 전통과 우리 것에 대한 향수 등과 연결되어 일본, 중국 등 수입재
료를 연상시키는 단어에 거부감 발현.

▪ 먹거리, 반찬이라는 카테고리에서 사람들이 정감과 따뜻함, 어머니, 할머니의
손맛, 향수를 떠올린다는 측면에서 매우 긍정적인 반응을 유도하는데 성공적
이었음.

▪ 적절한 메뉴로 연상된 것들은 대부분 everyday menu로, 색다른 점을 느끼
는 부분은 메뉴 자체보다 오히려 전통 조리방법에 있음. 건강 menu도 상당
히 포함시킬 수 있을 것으로 보임.

소비자 반응 탐색 결과를 반영한 콘셉트의 수정보완

소비자 반응을 탐색한 후에는 탐색한 내용을 바탕으로 소비자 반응을 탐색하기 위해 제시했던 콘셉트 보드의 전반적인 평가와 구체적인 표현에 대한 세부적인 소비자 피드백을 종합적으로 판단하여 상품 콘셉트를 전체적으로 수정보완하는 것이 필요하다.

소비자의 반응이나 피드백을 그대로 반영하기보다는 상품 콘셉트를 만들 때 생각했었던 다양한 가능성을 다시 점검해 보고, 표현이나 이해도에서 개선이 필요한 것인지, 아니면 상품 콘셉트 자체에 대한 전반적인 검토가 다시 이루어져야 하는지를 판단한 후, 상품 콘셉트를 보완하는 것이 중요하다.

소비자의 반응을 점검할 때는 아이디어를 개발할 때 생각했었던 목표 소비자의 특성에 대한 검증이 함께 이루어지는 것이 일반적인데, 이때, 미리 고려하지 못했거나 중요도를 다르게 판단했었던 사항이 있는지를 점검하고 콘셉트에 대한 태도뿐 아니라 관련된 다양한 정보를 확인하는 것이 바람직하다.

이렇게 확인한 다양한 정보와 목표 소비자 특징을 다시 정리하여 상품 콘셉트에 반영하도록 하고, 피드백에 대한 부분도 세심하게 검토하며 재점검하는 과정을 거쳐 상품 콘셉트를 수정보완하도록 한다. 이러한 과정을 거쳐 수정보완한 상품 콘셉트에 대해서는 목표 소비자의 반응을 최종 점검하는 것이 바람직하지만 시간이나 예산 등 여건이 허락하지 않는 경우에는 수정보완에 대해 조금 더 신중하게 검토하도록 한다. 전문적인 조사기관을 통해 소비자 반응 탐색을 하고 최종적으로 콘셉트의 수정보완 방향을 결정하는 예는 그림 9-2와 같다.

그림 9-2 인스턴트 밑반찬 상품 콘셉트에 대한 소비자 반응에 대한 탐색 결과 반영의 예

- 메뉴는 핵심 타깃인 25~34세 젊은 층 주부들이 현재 주로 구매하고 있는 장아찌류, 조림, 절임, 볶음류를 포함한 everyday Menu를 중심 축으로 하되, 조리방법이나 재료 측면에서 신선하고 독특한 Menu를 포함하는 것이 바람직할 것으로 판단됨.
- 조리 숙련도가 낮은 초보주부들은 대부분 자신없는 요리를 중심으로 구매하고, 요리에는 자신이 없으나 자신이 선호하는 익숙한 입맛을 가지고 있어 새로운 시도를 하기보다 익숙한 basic한 밑반찬을 선호하는 것으로 나타남.
- 젊은 주부 층을 위한 "오늘은 무엇을 할까?" 해결책으로 제시되는 Menu에 어울리는 상차림 식단이나 point가 있는 반찬 구색을 제안해 주는 것도 좋을 것으로 보임.

표면적 반응 / 심층 접근

뭔가 색다른 것 없나?
오늘은 또 뭐 먹지?

Main dish 외에 1식 3찬
조리 숙련도 낮은 초보주부

1) 오늘의 Main dish는?
2) 새로 준비해 볼만 한 색다른 반찬은?
3) 밑반찬은? 집에 밑반찬이 남았나?

색다른 반찬 1~2개가 아니라
point 있는 상차림 전체를 의미
→ 밑반찬은 오히려 basic한
everyday menu의 구매를 선호

EVERYDAY
MENU!
+
point Menu

기술적 측면에서의 인스턴트 밑반찬 소구 Point

- 냉장 밑반찬의 기술우위적 측면에서 가장 중요한 기술적 설명인 45일간 냉장보관 가능, 방부제 0% 등의 직접적 표현보다
  1) 제조사가 주는 깔끔함과 철저한 위생관리에 대한 믿음 측면을 강화하면서
  2) 식품으로서의 깨끗한 이미지를 최대한 살릴 수 있는 "정갈함"을 소구하는 것이 보다 효과적으로 보임.
- 특히, 밑반찬 구매 시 강력한 구매 동인으로 작용하는 시각적 효과를 강화하기 위한 포장 및 시식행사 등 보완이 요구됨.
- 먹거리 생산의 품질에 대한 신뢰가 매우 강력한 Key Driver로 작용할 수 있으므로, 기술적인 측면 강조보다는 감성적인 접근이 보다 효과적일 수 있음.

Better
Communuication

냉장밑반찬의 최대 강점인
"정갈함(위생)"
- 제조사의 깔끔한 기업이미지
- 위생에 대한 높은 신뢰도 기반
→ 위생 자체를 사실적으로 소구하기보다
기업 이미지 이용 "정갈함" 강조가 효과적

밑반찬 구매의 강력한 동인인
"맛깔스러움·먹음직함"
- 맛깔스러움을 강조하는 시식행사 및 포장
- 먹거리의 품질과 같이 우수한 품질 약속

High
Appeal

정갈하고
맛깔스러운
"밑반찬"

Relation to
기업이미지

10

상품 개발과
초기 마케팅 전략을
준비하는
개발자의 자세

상품화 콘셉트가 완성되면 상품 개발을 위한 개략적인 기획의 핵심은 확정이 되었다고 할 수 있다. 그러나 콘셉트를 확정하여 신상품 및 서비스 기획을 마쳤다는 것은 실상 기획안을 바탕으로 구체적인 상품 및 서비스 개발과 출시 후의 시장 공략에 대한 실제적인 고민이 기획에 포함되어야 한다는 점에서 또 다른 마케팅 전략 수립의 시작이다.

신상품이나 새로운 서비스의 기획에서 새롭게 완성된 콘셉트를 보다 효과적으로 소비자들에게 전달하고 성공적인 마케팅 활동을 펼치기 위해서는 초기 마케팅 전략이 얼마나 효과적으로 수행되는가가 중요하다. 상품이나 서비스의 개발 실행에 대해서도 기획한 의도대로 핵심적인 콘셉트가 반영되는지를 점검해야 하며, 론칭 일정에 맞게 단계적으로 초기 마케팅 전략을 준비하고 관련된 비용이나 재원을 확보하기 위한 조직 내부의 동의와 적극적인 지원을 요청하는 작업도 함께 이루어져야 한다. 이러한 모든 과정은 내부 조직을 대상으로 하는 설득과 목표 소비자를 대상으로 하는 설득이 순차적으로 이루어지는 과정이라고 할 수 있으며, 다양한 문제제기와 회의적 시각에 직면할 수 있음을 의미한다. 따라서 개발자는 스스로 기획한 상품 및 서비스의 핵심 아이디어와 콘셉트에 대한 자기 확신을 가지고 내외부 고객을 대상으로 이해하기 쉽고 명확한 방향성을 설명하고 동의를 구하는 노력이 필수적으로 동반되어야 한다.

초기 마케팅 전략을 수립하는 과정은 표면적으로 기존의 상품 마케팅 전략을 수립하는 과정과 다르지 않다. 그러나 적극적인 내부 조직의 지원과 동의하에 초기 마케팅 전략이 수행되는 경우와 그렇지 못한 경우의 목표 소비자의 반응은 전혀 다르게 나타날 수 있으며, 초기 시장 반응이 신상품 및 서비스의 성공에 미치는 영향은 매우 크다. 개발자는 조직 내부의 반응에 대해서도 아이디어를 취합하고 개발할 때와 마찬가지로 열린 마음으로 수용하여 수정보완하고 반영하는 노력을 기울여야 한다.

이 장의 목표

1. 상품 콘셉트가 정말 소비자들의 핵심 니즈에 맞는가를 상세히 검토해본다.
2. 상품 콘셉트에 대해 조직 내부의 강력한 지지와 동의를 얻기 위해서는 어떠한 설득 노력이 필요한 지에 대해 상세히 검토해본다.
3. 핵심 콘셉트를 강조할 수 있는 STP전략을 검토하고 4P믹스 전략을 수립해본다.
4. 신상품 및 서비스 기획자로서 새롭게 기획된 핵심 콘셉트에 대해 스스로 확신을 가지고 조직을 설득할 수 있는지를 확인하고, 내부 조직의 동의와 지지를 구하기 위한 논리를 준비해본다.

상품 개발과 초기 마케팅 전략을 준비하는 개발자의 자세

▌상품 개발 및 마케팅 전략 수립

상품 콘셉트가 완성되면 상품 개발과 출시 일정에 따른 마케팅 전략을 세워야한다. 주력상품 및 시장 분석을 통해 파악한 경쟁구도와 현황에 대한 자료를 바탕으로 상품콘셉트를 강화해 줄 수 있는 4P믹스와 STP전략을 세우고, 구체적인 집행계획도 함께 수립해야 한다. 이를 위해 아이디어를 개발하면서 설정한 목표 소비자에 대한 명확한 이해와 정의가 필요하다. 상품 콘셉트를 수정보완하고 확정하는 단계에서 목표 소비자에 대한 정의가 간결하고 명료하게 정리되었다면 그에 따른 포지셔닝 콘셉트를 만들고 마케팅 전략을 수립하는 것이 바람직하다. 이 단계는 상품 및 서비스를 개발하면서 목표로 설정했던 소비자 집단을 공략하기 위한 효율적인 전략을 택하는 단계로 출시 시점부터 단기, 중기로 나누어 목표전략을 나누어 수립하고 시장의 반응을 반영하고 모니터링하는 과정을 반복하며 수정보완해 나가야 하는 단계이기도 하다.

신상품의 경우, 출시 시점에 이루어지는 마케팅 활동이 상품이나 서비스의 성패를 좌우하는 중요한 영향을 미치게 되므로 초기 3개월의 단기 계획을 수립할 때는 비용 집행을 포함하여 상세한 마케팅 계획이 필요하고 마케팅 계획에 따라 수행되는 다양한 활동들에 대한 소비자 반응을 상시적으로 파악하고 대응해야 한다. 특히 출시 초기의 소비자 반응은 시장의 중장기 전략에도 밀접한 영향을 미치며 상품 및 서비스의 성공적인 론칭은 상품의 성공 여부에 중요한 영향을 미치기 때문에 초기의 시장 반응에 대한 깊이 있는 모니터링을 통해 최대한 시장의 니즈를 반영하는 노력을 기울여야 한다.

마케팅 전략의 수립은 내부적인 주력상품과의 균형과 상호 보완에 대한 검토도 포함되어야 한다. 보유하고 있는 주력상품이 집중적으로 공략하고 있는 시장을 잠식하거나 상호 경쟁구도가 되지 않도록 신중한 접근과 전략적인 시장 공략방법에 대한 고민이 필요하다. 상품 및 서비스에 대한 아이디어가 참신하고 훌륭한 상품 콘셉트로 만들어졌더라도 초기의 시장공략에 대한 전략이나 계획이 미흡하면 기대했던 소비자 반응을 이끌어내기 어렵다. 따라서 마케팅 전략 수립의 과정에서 콘셉트를 개발할 때의 핵심 가치였던 부분을 강화시키고 차별화된 이미지로 소비자에게 다가가기 위한 지속적인 노력이 무엇보다 중요하다.

▌상품 및 서비스 기획을 총괄하는 개발자의 자세

무언가를 새롭게 만들어 내는 것은 그것이 무엇이든 어렵다. 원래부터 창의력을 타고 난 사람들이라고 해도 역시 창작이란 고통스러운 노력이 담보되어야만 하는 지난한 과정이다. 상품 및 서비스를 기획하는 과정은 이러한 새로움을 창조하는 과정일 뿐 아니라 기업의 명운이 걸린 미래를 만들어 내는 과정이기도 하다. 따라서 그 결과에 대한 부담감과 새로운 것을 만들어야 한다는 창작의 고통을 모두 짊어져야 하는 힘들고 어려운 과정을 거쳐야 하는 것이 당연하다. 상품 및 서비스 기획을 담당하는 마케팅 실무자는 특히 결과를 알 수 없는 새로운 어떤 것을 개발해야 할 뿐 아니라 시장의 반응에 따라 기업의 미래 사업에 결정적인 영향을 미치게 된다. 당연히 관련된 다양한 부서의 냉정한 평가와 예상되는 문제점에 대한 지적, 새로움에 대한 의문으로 가득한 도전을 거쳐야 하며 이 모든 과정을 통과해서 신상품을 시장에 내어 놓은 후에도 여전히 소비자의 반응을 모니터하며 지속적으로 수정보완하는 노력을 기울여야 한다.

개발자로서 꼭 필요한 자세는 자신이 개발한 아이디어에 대한 끊임없는 문제제기와 고민의 과정을 통해 기업 내부 관련자들을 설득하고 최종적으로 소비자들에게 매력적으로 느껴지도록 만들기까지의 강한 자기 확신과 전문성을 갖추기 위한 노력이다. 이를 위해서는 해당 영역의 전문가가 되는 것뿐 아니라 관련된 다른 분야에 대한 폭넓은 관심과 흥미를 유지하는 것이 필요하다. 오랜 시간 기업에서 전문적인 영역의 일에 종사하다 보면 해당 분야의 전문성은 갖추게 되지만 자칫 시야가 좁아지고 시장보다 스스로의 전문성에 몰입되는 경우가 생긴다. 상품 및 서비스 기획자가 가장 경계해야 할 부분이 아닌가 싶다. 기업의 시각이 아닌 소비자의 관점에서 아이디어를 바라보고 상품 및 서비스를 평가해야 하며, 소비자를 직접 대면하는 현장의 목소리에 예민하게 귀를 기울이는 노력이 필요하다.

전문성을 바탕으로 하는 폭넓은 관심과 소비자 지향성 외에도 열린 마음으로 사물을 바라보는 시각 또한 중요하다. 새로운 것은 성공하고 나면 멋지지만 성공하기 전에는 그저 이상한 것일 수도 있기 때문이다. 기존의 관례, 상식, 경험 등 과거의 성공 공식에 얽매이거나 스스로의 전문성을 과신하지 말고 고정관념을 배제하려는 노력과 열린 마음이 있어야 아직 한 번도 시도되지 못한 새롭고 참신한 어떤 것을 발견하고 만들어 갈 수 있기 때문이다.

놀랍도록 빠른 기술의 발전과 사회 변화 속에 열린 마음으로 경험해 보지 못한 것을 만들거나 더하는 것은 어렵다. 그러나 개발자라면 비판적인 시각이나 문제제기 이전에 불완전한 어떤 것으로부터 새로움을 찾아낼 수 있는 예리한 관찰력과 다름을 두려워하지 않는 용기가 필요하다고 하겠다.

산업체와 연계한 산학연 아이디어 풀의 운영

기업체 마케팅 담당자와 참신한 아이디어의 산실로서의 대학생들을 대상으로 하는 산학연계 아이디어 그룹의 운영은 이제 더 이상 새로운 일이 아니다. 대학생 집단은 새로운 문화와 소비의 주체로서 다양한 산업의 잠재적인 소비자일 뿐 아니라 소비자로서의 오피니언 리더의 역할까지 폭넓은 영향을 행사할 가능성이 높은 집단임에 틀림없지만 산학연계 아이디어 그룹의 성공 여부는 상호 간의 업무 분장과 명확한 업무영역의 이해를 바탕으로 한다. 많은 기업들이 대학생들의 잠재력을 높이 사서 아이디어 그룹을 운영하고 싶어 하지만 실제로 운영 후 가시적인 성과를 내는 경우는 드물다. 이는 대학생 아이디어 그룹을 운영하고자 하는 기업의 담당자들이 해당 기업 신입사원들을 대할 때와 같이 내부자의 시각으로 일정 업무를 소화해 주기를 기대하거나 아이디어 그룹으로 선발된 대학생들이 명확한 업무의 롤을 이해하지 못하거나 해당 산업에 대한 이해가 낮아서 기대치를 충족시켜 주지 못하는 경우 등 여러 가지 시행착오의 결과라고 할 수 있다.

대학생 집단을 아이디어 풀(pool)로 운영하기 위해서는 산업체 담당자들이 아이디어 도출을 독려하며 내부적인 업무의 영역에 대한 이해를 높이는 교육과정을 가지는 것이 좋다. 또한 대학생 아이디어 그룹이 도출한 아이디어를 바라볼 때, 당장 실현 가능한가에 대한 관점으로 리뷰를 하는 것보다는 조금 더 넓은 시각으로 기업에서 생각하지 못한 방향성을 찾아내거나 참고할 수 있는 부분이 있는지에 중점을 두는 것이 바람직하다.

보다 성공적인 대학생 아이디어 그룹을 운영하기 위해서는 기업체 담당자와 지원하는 대학생 모두가 다음 몇 가지를 이해하고 사전에 교감을 이룬다면 조금이나마 운영의 효과를 배가할 수 있을 것이다.

기업체 내부의 상품 개발 프로세스에 대한 이해 대개의 기업들은 산업의 특징이나 해당 기업의 특징에 맞게 수정보완한 표준화된 상품 개발 프로세스를 가지고 있게 마련이다. 대학생 아이디어 그룹을 운영할 때는 먼저 이러한 내부적인 상품 개발 프로세스에 대한 개략적인 소개와 중요하게 생각하는 아이디어 선정 기준에 대한 교육을 정성들여 실시하는 것이 도움이 된다. 간혹 담당자가 내부의 시각이 아닌 외부의 시각으로 참신한 아이디어를 구하기 위해 내부 자료를 전혀 알려주지 않고 아이디어 그룹을 운영하는 경우가 있다. 사실 대학생 집단은 기업에서 일해본 경험이 없기 때문에 기본적인 프로세스와 내부 정보를 알려주고 필요한 아이디어나 선정되는 아이디어의 기준을 정해 주는 것이 활용도가 높은 아이디어를 도출하는데 도움이 된다.

대학생들이 자발적으로 참여하는 아이디어 그룹에서 스스로 참신한 아이디어를 내고 싶은 경우에도 스스로 해당 기업체의 상품 개발 프로세스에 대해 질문하고 정보를 얻을 수 있도록 노력하는 편이 도움이 된다.

제조업체의 경우에는 아이디어가 실제로 상품화되는 과정에 대한 개략적인 소개나 견학 등도 중요하다. 이러한 사전 교육의 과정을 통해 아이디어 그룹에 참여하는 대상자들은 스스로의 관심과 생활로부터 어떤 부분의 아이디어를 도출해야할까를 생각해 보는 것이 좋다.

상품 및 서비스의 초점 첨단기술에 초점을 둔 기술 중심적인 산업체이거나 최종 소비자가 기업인 B2B 기업의 경우에는 상대적으로 대학생 아이디어를 보강할 수 있는 부분이 적고 전문적인 지식이 신상품 개발에 중요한 역할을 하게 되므로 아이디어 그룹의 운영방향은 기술개발에 필요한 부분이 아닌 기술을 최종 소비자가 어떻게 활용할 수 있는지에 초점을 두어야 한다. 오히려 이 경우에는 아이디어 그룹을 운영하는 대학생들이 혁신 리더이거나 해당 기술 관련 전공자일 경우로 한정하는 것이 조금 더 효과적일 수 있다. 또 기술이 리드하는 산업이라 할지라도 최종 사용자가 소비자일 경우에는 소비자의 눈높이에서 어떻게 받아들여 질 수 있는지 혹은 소비자의 니즈에 맞도록 마케팅할 수 있는 아이디어를 중심으로 운영하는 것도 효과적이다.

대학생들의 초기 개발 단계 참여 여부 아이디어 그룹은 보통 아이디어를 다양하게 도출하고 실제로 정련화하거나 아이디어화하는 단계에서 참여하기 어렵다. 그러나 아이디어 그룹을 3개월 이상 운영하고자 하거나 상시 운영체계로 운영하고자 할 때는 최소한 아이디어로 내어 놓은 다양한 의견들이 실제로 기업이 개발할 만한 아이디어 풀(pool)로서 정련화되는 내부 과정에 일정 부분 참여하도록 하는 것이 효과적이다. 아이디어의 핵심적인 부분에 대한 이해를 높이고, 내부자 참여를 통해 보다 현실적으로 개발이 가능하도록 한다면 내부자 및 대학생 그룹 모두 훈련되고 보다 효과적인 아이디어 도출의 효과를 기대할 수 있다. 이를 위해서는 과감히 내부 정보의 일정 부분 이상을 공유하고 함께 워크숍 등을 운영하는 등의 시간과 노력이 투자되어 최대한의 교감을 충분히 끌어낼 수 있도록 하는 것이 성공적인 아이디어 도출의 중요한 전제 조건으로 작용하게 될 것이다. 내부적인 과정에 참여가 어렵더라도 실무 담당자의 내부 정보에 대한 개략적인 소개나 교육, 특강 등을 효과적으로 운영하는 정도라도 아이디어의 폭과 깊이를 더해 줄 수 있는 좋은 시도라고 할 수 있다.

토의 문제

■ 상품 개발 프로세스를 모두 밟아서 상품을 개발할 때의 장단점을 스스로 정리해보자.
■ 가장 적용하기 어려웠던 부분에 대해 토의해 보고, 프로세스를 개선하기 위한 방안을 함께 만들어보자.
■ 실제로 상품이나 서비스를 개발함에 있어서 가장 중요한 부분이 무엇인지, 또 왜 그렇게 생각되었는지를 함께 토의해보자.

상품 및 서비스 기획실무
실습용 핸드북

1) 마이클 포터의 산업분석

● 사전 자료조사 진행의 예

2014년 신규 유통 출점현황

유통사	점포명	업태	위치	개장일	개요
롯데쇼핑	롯데백화점 수원점	백화점	경기도 수원시 권선구 수원역 서측	8월	KCC 부지에 장기 임대해 연면적 21만 4876㎡ 규모 쇼핑몰 조성
	롯데프리미엄아울렛 동부산점	프리미엄 아울렛	부산광역시 기장군 동부산 관광단지 내	연말	동부산 관광단지 안에서 총 5만 3천 제곱미터 늘어서는 지역 상권 최대 규모 프리미엄 아울렛
	롯데아울렛 고양점	아울렛	경기도 고양시	상반기	서울역사에 이은 도심형 아울렛
	롯데 C2(가칭)	복합쇼핑몰	서울시 송파구 잠실동 롯데월드타워	5월	에비뉴엘 잠실점, 쇼핑몰, 롯데마트, 롯데하이마트, 아시아 최대 규모 롯데시네마, 대형수족관, 콘서트홀 등을 갖춘 복합쇼핑몰
현대백화점	현대프리미엄아울렛 김포점	프리미엄 아울렛	한강 아라뱃길 김포 터미널 부지	하반기	해외 럭셔리 브랜드를 중심으로 국내 유명 브랜드를 망라한 현대백화점 그룹의 첫 아울렛 점포
신세계 사이먼	프리미엄아울렛 파주점	프리미엄 아울렛	경기도 파주시	연내	총 75억원을 투자, 오픈 당시 14만명 규모에서 14만평까지 증개축 완료
	프리미엄아울렛 여주점	프리미엄 아울렛	경기도 여주	연내	먼저 26만 4000㎡인 여주 아울렛을 46만 300㎡로 확장, 입점 브랜드 수 145개에서 250여개로 확대
이랜드 리테일	뉴코아아울렛 대전 동백점	아울렛	대전광역시 중구 선화동	3월	지난해 인수한 갤러리아 동백점 리뉴얼 점포, 이랜드리테일 첫 대전 상권 진출 점이자 아울렛 20호점 1월 상호 교체 후 3월 전관 리뉴얼 예정
	미정	복합쇼핑몰	미정	연내	연내 5~6개 아울렛 또는 백화점 신규 출점 계획
코엑스(주)	코엑스몰	복합쇼핑몰	서울시 강남구 삼성1동	1차 3월	아시아 최대 규모 지하쇼핑몰, 확장 및 리모델링 통해 1차 3월 연내 전과 개장
엔터식스	엔터식스 행당점	쇼핑몰	서울시 성동구 행당동 서울숲 더샵	하반기	포스코건설이 조성하는 더샵 주상복합 단지 내 입점
	엔터식스 야탑점	쇼핑몰	경기도 성남시 분당구 야탑동	연내	경기도 분당 상권을 겨냥한 도심형 쇼핑몰
	엔터식스 포항점	쇼핑몰	추진	연내	추진
	엔터식스 기재점	쇼핑몰	추진	연내	추진

① 구글 등 포털 사이트에서 관련 뉴스와 정보를 검색해 본다.
② 다양한 경제연구소의 최근 5년간 분석자료들을 검색해 본다.
③ 공공기관이나 통계청에서 관련 산업에 대한 자료가 있는지를 검색해 본다.
④ 도서관이나 학술검색을 통해 논문이나 연구자료를 검색해 본다.
⑤ 해당 기업이나 산업의 연구소나 발행자료 등을 검색하고 살펴본다.

자료조사는 순서가 있는 것은 아니다. 다양한 방법으로 폭넓게 사전조사를 한다면 전체적으로 사고의 폭을 넓히는 데 큰 도움이 된다. 산업에 종사하는 사람이나 전문가 인터뷰 등도 큰 도움이 된다. 이렇게 수집한 자료들을 스스로의 방법으로 분류하고 취합하면 더욱 이해하기 쉽다.

● 작성의 순서와 방법

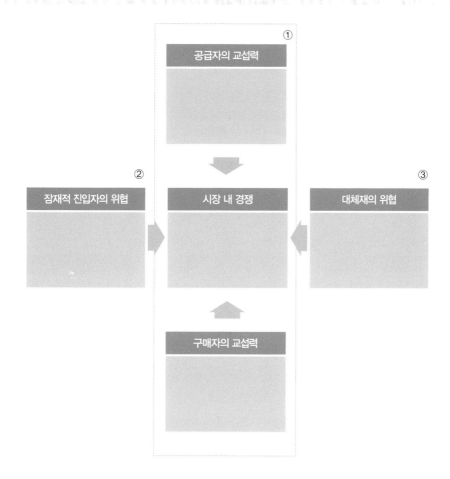

① 기업의 가치사슬(value chain)의 연장선상에서 분석하되 유관 기업들과 산업의 특수성을 이해하고 작성
   해 본다.
② 해당 산업의 매력도를 다른 기업들이 어떻게 평가하는지에 대해 생각해 본다. 가까운 시일 내에 진입을
   계획하는 기업뿐 아니라 국가 규제 및 요구되는 기초 투자비용 등 진입장벽의 변화 및 정책 변화도 함께
   살펴본다.
③ 소비자의 관점에서 대상 기업이나 산업이 생산, 제공하는 상품과 서비스의 대체가능성을 점검해 본다. 사
   용처의 대체뿐 아니라 다양한 관점에서 소비자가 해당 상품이나 서비스에 대한 니즈를 충족시킬 수 있는
   것들이 있는지를 살펴보면 도움이 된다.

● 드립커피 전문점 산업을 이용해 작성된 산업분석의 예시

공급자의 교섭력

- 커피 원두 생산자의 교섭력 증가 추세(공정무역 강화 추세)
- 기후 및 생산량 변화로 인한 제약 발생 가능성 존재

잠재적 진입자의 위협

- 디저트 시장의 활성화와 함께 커피 외의 디저트 강화 전문점 출현
- 해외 유명 브랜드 외에도 국내 프랜차이즈 진입 시도 활발
- 진입장벽이 상대적으로 낮음

시장 내 경쟁

- 스타벅스, 커피빈, 파스쿠치, 할리스, 자바시티 등 원두 커피 전문점브랜드 경쟁심화 및 시장포화
- 드립커피 등 전문 브랜드의 틈새 공략 활발

대체재의 위협

- 캔커피, 봉지커피 등 커피 대체재
- 탄산음료, 차, 물 등 음료 대체재
- 케이크, 푸딩 등 디저트 대체재
  → 다양한 대체재 존재, 위협 심화

구매자의 교섭력

- 대체재가 활성화되고 취향이 세분화되면서 구매자의 선택대안 증가로 교섭력 증가

● ○○○ 산업의 산업분석을 실시한 결과 채우기

2) BCG매트릭스

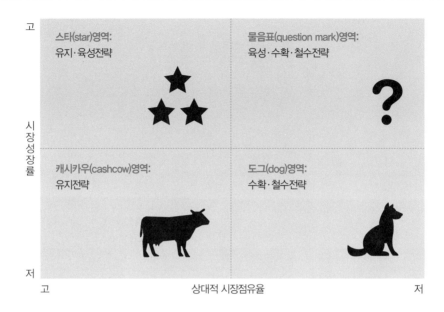

① BCG매트릭스를 작성하기 위해서는 비즈니스 단위 혹은 분석 단위가 되는 사업영역별 시장 점유율과 성장률에 대한 상대적인 위치를 판단할 수 있는 자료가 필요하다. 수치화되지 않은 자료일지라도 참고해서 상대적인 위치를 표시할 수 있다면 영역별로 나누어 상대적 우열을 나타낼 수 있도록 한다.

② 중요한 기준은 현재 시점에서 기업의 수익에 어떤 영향을 미치고 있는가와 향후 어떻게 영향을 미칠 수 있는지를 살펴보는 것이다.

③ 계량화된 기준이 아니라고 하더라도 왜 그렇게 판단할 수 있는지 판단의 근거가 무엇인지를 명확히 표시하는 것이 도움이 된다.

④ 각 영역별로 표시되어야 하는 것은 사업단위 혹은 브랜드 등 내부적으로는 비즈니스 유닛이 되어야 하지만 사업영역을 기준으로 한다면 지금 개발하려는 상품 혹은 서비스가 어떤 사업영역에 속하는 지를 먼저 이해하고 시작해야 한다.

● BCG매트릭스 작성해보기

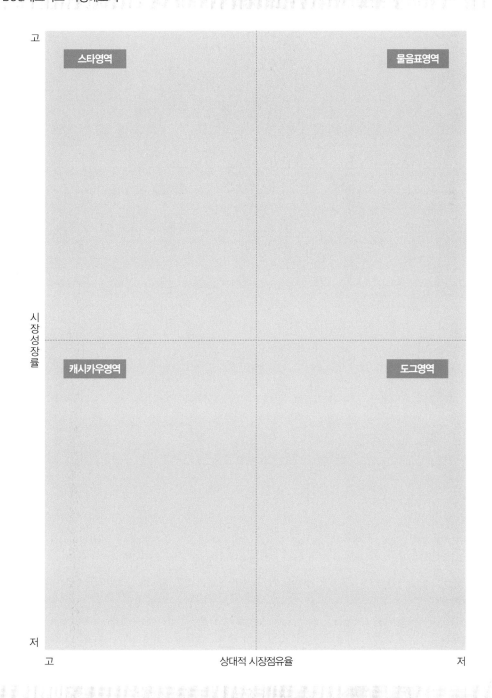

3) SWOT분석

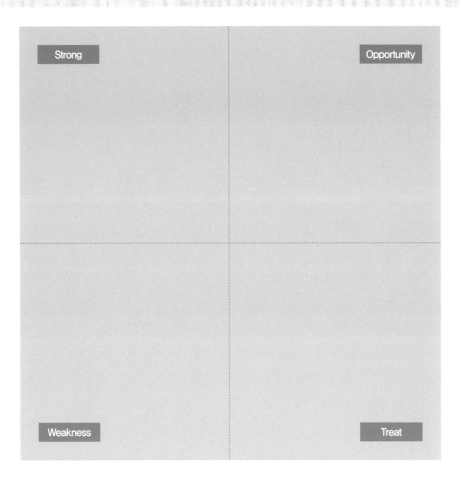

① SWOT분석은 기업의 내부 역량과 외부환경으로부터의 영향력을 동시에 고려하는 분석방법이다.

② 분석표에 영역별로 강점과 약점을 명확히 구분 지어 서술해 보고, 외부환경의 변화에 따른 기회와 위협 요인을 찾는 노력을 통해 기업이 직면하고 있는 도전과 환경의 변화에 대한 대응방향을 한눈에 볼 수 있 도록 한다.

③ 분석표를 작성할 때는 SW(strong, weakness) 영역에 대한 것은 기업의 내부 역량에 대한 것이라는 점과, OT(opportunity, treat) 영역에 대한 것은 외부 환경, 기업이 내부적으로 통제가 불가능한 영역에 대한 것 이라는 점을 명확히 하는 것이 도움이 된다.

4) 현재 주력상품과 주력상품의 마케팅 전략

주력상품 리스트	마케팅 전략 (4P믹스)	브랜드 포트폴리오	목표소비자 특징	경쟁사 대응상품
주력상품 1	제품특징: 유통채널: 이벤트 & 광고홍보: 가격:	자사: 경쟁사:	인구통계 특성: 사회문화적인 특징:	시장점유율: 특징과 장단점:
주력상품 2				
주력상품 3				

① 기업의 주력상품이 무엇인지는 먼저 대상 기업의 홈페이지와 다양한 정보검색을 통해 손쉽게 찾을 수 있다. 우선, 대상 기업의 주력상품에 대한 정보를 취합하고, 취합된 정보를 중심으로 주력 상품별 특징을 정리하는 것이 좋다.

② 주력상품에 대한 리스트를 만들었으면 각각의 주력상품에 대해 4P믹스 등의 마케팅 전략과 내부 브랜드 포트폴리오, 목표소비자의 특징과 함께 경쟁사의 대응상품에 대한 정보를 비교할 수 있도록 정리한다.

③ 4P믹스 전략은 마케팅전략의 가장 기초적인 정보를 알 수 있는 중요한 자료가 되므로 상세하게 분석하여 별도의 표를 작성해 본다.

● 주력상품별 마케팅 전략 작성해보기

주력상품 리스트	마케팅 전략 (4P믹스)	브랜드 포트폴리오	목표소비자 특징	경쟁사 대응상품
주력상품 1:	제품특징: 유통채널: 이벤트 & 광고홍보: 가격:	자사: 경쟁사:	인구통계 특성: 사회문화적인 특징:	시장점유율: 특징과 장단점:

주력상품 리스트	마케팅 전략 (4P믹스)	브랜드 포트폴리오	목표소비자 특징	경쟁사 대응상품
주력상품 2:	제품특징:	자사:	인구통계 특성:	시장점유율:
	유통채널:			특징과 장단점:
	이벤트 & 광고홍보: 가격:	경쟁사:	사회문화적인 특징:	

주력상품 리스트	마케팅 전략 (4P믹스)	브랜드 포트폴리오	목표소비자 특징	경쟁사 대응상품
주력상품 3:	제품특징:	자사:	인구통계 특성:	시장점유율:
	유통채널:			특징과 장단점:
	이벤트 & 광고홍보:	경쟁사:	사회문화적인 특징:	
	가격:			

5) 주력상품의 STP전략 검토

주력상품 리스트	시장 세분화	목표시장	포지셔닝 현황
주력상품 1:	세분시장 1: 세분시장 2:	제1목표시장: 시장규모: 선정근거:	기업의 전략:
	세분시장 3: 세분시장 4:	제2목표시장: 시장규모: 선정근거:	소비자의 인식:

① 일정 규모 이상의 소비자 조사결과를 사용하거나 자료조사 결과를 이용한 STP 모두 가능하다.
② 단, 세분 시장의 규모에 대한 추정은 명확한 판단 근거를 표시하고 왜곡될 수 있는 가능성을 염두에 두어야 한다.
③ 소비자 인식상의 포지셔닝을 파악하기 위해서는 기업이 선택한 광고 홍보 및 커뮤니케이션 내용을 면밀히 검토하고, 실제로 소비자에게 어떻게 인식되고 있는지를 인터뷰 등을 통해 확인하는 과정이 필요하다

● 주력상품의 STP전략 검토 작성해보기

주력상품 리스트	시장 세분화	목표시장	포지셔닝 현황
주력상품 2:	세분시장 1:	제1목표시장: 시장규모:	기업의 전략:
	세분시장 2:	선정근거:	
	세분시장 3:	제2목표시장: 시장규모:	소비자의 인식:
	세분시장 4:	선정근거:	

6) 주력시장에 대한 외형적 요인 분석

주력시장 분석		현황 및 특성	고려사항과 근거자료	매력도 순위
외형적 요인	시장규모			
	잠재력 및 성장률			
	상품수명주기			
	주기성 및 계절성			
	수익성			
	기타 1:			
	기타 2:			
	기타 3:			

① 현재 주력시장은 기업의 목표시장인 경우가 많으므로, 주력시장의 외형적 요인 분석은 새롭게 개발하는 상품이나 서비스의 목표시장이 되는 경우가 많다.

② 주력시장을 분석할 때는 앞으로 어떤 가능성이 있는지, 어떤 것이 변화될 것인지에도 관심을 가지고 살펴보는 것이 도움이 된다.

③ 외형적 분석은 구체적인 근거와 수치를 기반으로 예측하는 것이 바람직하다

7) 주력시장에 대한 환경적 요인 분석

주력시장 분석		현황 및 특성	고려사항과 근거자료	매력도 순위
환경적 요인	인구통계적 환경			
	사회경제적 환경			
	기술적 환경			
	법적 환경			
	심리적 환경			
	기타 1:			
	기타 2:			
	기타 3:			

① 주력시장이 해외시장이거나 새롭게 진입하는 시장일 경우에는 환경적 분석이 매우 중요하다.

② 혁신제품이나 신기술이 적용된 상품을 주로 다루는 경우에도 법률적 규제 및 다양한 장벽이 될 수 있는 환경을 조사해야 한다.

③ 사회경제적 환경과 심리적 환경 등은 시의성이 중요하게 영향을 미치는 요인이 되는 경우가 많으므로 환경적 요인 분석을 위해서는 최근 3개월 내의 사회 경제적 사건이나 중요한 이슈들에 대한 전반적인 검토도 함께 진행하는 것이 도움이 된다.

2

소비자 트렌드 분석

1) 트렌드 스케치 만들기

● 메가트렌드의 탐색

메가트렌드	관련 트렌드	관련 이슈	주요현상	파급범위	연관성	우선순위
▪ 네트워크 사회	▪ 모바일 쇼핑 활성화	▪ 개인주의 ▪ 온라인 커뮤니티 ▪ 네트워크 공동체 발달 ▪ 가상세계와 현실세계의 융합	▪ 참여와 집단지성 ▪ 소셜네트워크 활성화 ▪ 기기 및 인적 연결성 증가 ▪ 스마트폰이 플랫폼 기능을 함	▪ 정치·경제 등 ▪ 전 영역으로 ▪ 파급 가능성		

① 정부 및 공공기관, 연구소 등 다양한 메가트렌드 연구결과를 취합해서 가장 연관성 높은 트렌드 목록을 만들어 본다.

② 관련 특징과 주요 이슈를 꼼꼼히 살펴보고 생각해 볼 이슈와 현상을 정리해 본다.

③ 연관성과 우선순위는 개발하려고 하는 상품과 서비스에 대한 관련성과 중요도를 고려해서 토의를 통해 결정하는 것이 좋다. 토의 내용을 참고할 수 있도록 메모하여 같이 붙여 둔다.

● 주요 메가트렌드별 트렌드 스케치 만들기

메가트렌드:

주요 특징:

관련 이슈:

소비자 니즈와 언맷니즈:

트렌드가 충족시키는 니즈:

트렌드가 충족시키지 못하는 니즈:

트렌드의 영향력:

비즈니스 영역으로 확장할 수 있는 아이디어:

관련된 새로운 영역:

트렌드가 이끄는 변화:

상품 및 서비스에 적용될 수 있는 것들:

① 앞에서 만들어 본 메가트렌드 목록 중 우선순위가 높은 트렌드 각각에 대해 작성해 본다.
② 좌측은 현상에 대한 의견, 그리고 우측은 새로운 상품 및 서비스 개발에 대한 창의적인 아이디어를 더하는 부분이다.
③ 포스트잇 등을 이용해 최대한 다양한 아이디어를 토의하고 정리해 본다.

메가트렌드 ①:

주요 특징:

관련 이슈:

트렌드의 영향력:

트렌드가 이끄는 변화:

소비자 니즈와 언맷니즈:

트렌드가 충족시키는 니즈:

트렌드가 충족시키지 못하는 니즈:

비즈니스 영역으로 확장할 수 있는 아이디어:

관련된 새로운 영역:

상품 및 서비스에 적용될 수 있는 것들:

메가트렌드 ②:

주요 특징:

관련 이슈:

트렌드의 영향력:

트렌드가 이끄는 변화:

소비자 니즈와 언맷니즈:

트렌드가 충족시키는 니즈:

트렌드가 충족시키지 못하는 니즈:

비즈니스 영역으로 확장할 수 있는 아이디어:

관련된 새로운 영역:

상품 및 서비스에 적용될 수 있는 것들:

2) 타운워칭(town watching)

● 마이크로트렌드의 탐색을 위한 기획서

탐방 목적	주요 방문지
■ 20대의 화장품 쇼핑행동 관찰 ■ 쇼핑 중심지의 화장품 매장 방문 ■ 백화점 등 화장품 유통 점포 특성별 차이 관찰	

관찰 대상 트렌드·소비행동 등	주요 방문지별 미션
■ 웰빙·감성 ■ 양극화 ■ 개인주의화: 개인 정체성의 강화	■ 로데오거리: 유동인구의 외모와 화장품 사용 ■ 백화점: 화장품·잡화 구매행동 및 판매권유양식 ■ 화장품 전문점: 화장품·잡화 구매행동 및 판매 등 ■ 마사지 숍, 네일숍 등 외모 가꾸기 관련 숍 관찰

① 탐방목적과 주요 방문지, 관찰 대상 소비행동 등을 상세히 기획해 본다.
② 구체적으로 지도를 이용한 로드맵을 작성하고 동선을 체크한다.
③ 관찰 장소별로 관찰 미션을 명확히 하고, 방문 시간대에 대한 계획도 세워 본다.
④ 상세하게 작성하고 최대한 관찰의 내용을 명시한다.

● 마이크로트렌드의 탐색을 위한 기획서 작성해보기

탐방 목적	주요 방문지

관찰 대상 트렌드·소비행동 등	주요 방문지별 미션

● 결과보고서의 작성

탐방 목적	주요 방문지
▪ 20대의 화장품 쇼핑행동 관찰 ▪ 쇼핑 중심지의 화장품 매장 방문 ▪ 백화점 등 화장품 유통 점포특성별 차이 관찰 ▪ 화장법의 변화와 외모에 대한 관찰	
관찰 대상 트렌드·소비행동 등	주요 방문지별 미션
▪ 웰빙·감성 ▪ 양극화 ▪ 개인주의화: 개인 정체성의 강화	▪ 로데오거리: 유동인구의 외모와 화장품 사용 ▪ 백화점: 화장품·잡화 구매행동 및 판매권유양식 ▪ 화장품 전문점: 화장품·잡화 구매행동 및 판매 등 ▪ 마사지숍, 네일숍 등 외모 가꾸기 관련 숍 관찰

① 탐방목적과 주요 방문지, 관찰 대상 소비행동 등을 상세히 기획해 본다.
② 구체적으로 지도를 이용한 로드맵을 작성하고 동선을 체크한다.
③ 관찰 장소별로 관찰 미션을 명확히 하고, 방문 시간대에 대한 계획도 세워 본다.
④ 상세하게 작성하고 최대한 관찰의 내용을 명시한다.

3

상품화할 수 있는 새로운 가치 찾기

1) 소비자의 숨겨진 니즈, 가치 트리로 만들기

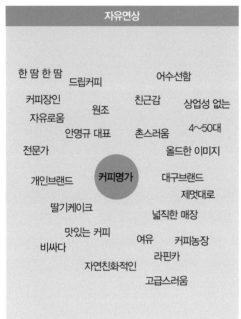

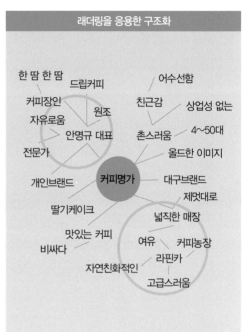

① 선정한 상품이나 서비스에 대한 자유연상을 모두 적어본다.

② 자유연상으로 떠오른 단어들 간의 연관성이나 기억의 구조에 따른 링크와 노드를 만든다.

③ 링크와 노드를 구성하면서 연관되는 다른 가치들을 추가하고 덧붙인다.

● 가치 트리 작성해보기

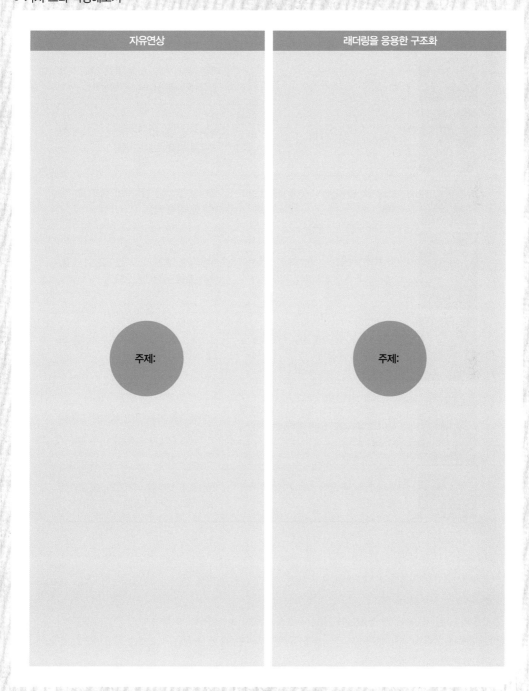

자유연상	래더링을 응용한 구조화
주제:	주제:

2) ZMET을 응용한 가치 트리의 보완

준비해 온 그림	준비해 온 사람이 간단히 설명하기	숨겨진 은유 함께 찾아보기
	자고 있는 아기의 꿈속을 나타내고 있음	유행, 사람, 부모, 낮잠, 동화, 바다, 아기 선장, 푹신함, 상상력, 꿈, 환상적
	아이스크림으로 빙산을 표현	부드러움, 숟가락, 차가움, 소프트콘, 자연재해, 벌꿀, 녹을 것 같음
	꽃잎으로 앵무새를 나타냄 새롭고 창의적임	바나나, 호기심, 검정부리, 알록달록, 향기로움, 삼색, 자연
	각 지역의 대표과일·음식으로 세계지도 (남미)를 표현 새로운 방식, 창의적임	야채가게, 열대과일, 시선, 곰팡이, 쉬움, 뷔페, 좁음, 유쾌함, 다닥다닥
	녹는 아이스크림으로 지구 온난화를 표현한 시선, 새로움	창의적 표현, 녹는 지구, 지구온난화, 바다, 무서움, 걱정, 독특함
	미국 팝가수 브루노 마스의 노래제목을 타이포그래피로 표현, 재미있는 표현방법으로 새로움	글자로 그림 표현, 거만, 팝아트, 모자이크 남자
	도시의 배경을 밤에 조명과 함께 아름답게 담아냄	평화로움, 뱃사공, 엽서, 조용함, 낭만적, 유럽, 꿈의 도시, 평온함

① 자유연상과 래더링을 통해 구체화하려고 하는 주제에 대한 관련이 있는 그림들을 5~6장 정도 뽑아오도록 한다.
② 선정한 그림들을 놓고, 왜 연관성이 있는지, 왜 선택했는지를 설명하도록 한다.
③ 준비해 온 그림들 간의 연관성과 그림들을 통해 연상되는 다른 은유나 떠오르는 자유연상을 확장하여 가치연상 트리를 보완해 나간다.

● 가치 트리 보완해보기

준비해 온 그림	그림에 대한 설명	숨겨진 은유

준비해 온 그림	그림에 대한 설명	숨겨진 은유

준비해 온 그림을 합친 콜라주 만들기	콜라주를 본 후 연상	숨겨진 은유
준비해 온 그림 모두를 자유롭게 합쳐서 이 곳에 한 개의 콜라주를 완성해 본다.	완성된 콜라주를 보고 연상되는 느낌이나 생각들을 다양하게 기술해 본다.	숨겨진 은유를 찾아보고, 다른 사람들에게 보여준 후, 숨겨진 은유를 찾아본다.

1) 아이디어 취합 목록과 우선순위 정하기

아이디어 목록	트렌드 및 핵심 아이디어	목표 소비자 특징	우선순위
퍼스널 쇼퍼	■ 전문가로부터 패션 트렌드 조언을 받는 트렌드 ■ 쇼핑 가이드에 익숙함 ■ 구매빈도가 낮지만 전문가 조언이 필요한 상품구매에 대한 니즈	■ 트렌드를 잘 모르지만 관심이 많은 소비자 ■ 혼자 쇼핑하는데 어려움을 느끼는 소비자 ■ 전문적인 쇼핑 조언을 원하는 소비자	3
수입구매대행	■ 온라인 구매대행 익숙함 ■ 다양한 수입물품에 대한 가격 민감도 증가 ■ 차별화되고 특별한 브랜드 구매 선호 ■ 수입품에 대한 거부감 적고 유명브랜드 선호	■ 유명브랜드를 선호하지만 가격 민감도가 높은 20~30대 젊은 소비자 ■ 해외 브랜드에 대한 선호도가 높은 소비자 ■ 구매대행 업체 피해를 경험해 본 소비자	4
옴므 라인	■ 패션잡화, 캠핑, 운동용품 등 남성 전용 물품의 고급화 및 소비증가 추세 ■ 남성용품 시장 증가 추세 ■ 외모에 대한 관심, 자아실현 등에 관심 증가	■ 패션에 관심이 많고 혼자쇼핑하기를 선호하는 남성 소비자 ■ 스스로를 잘 꾸미고 일정 규모 이상의 구매력을 보유하고 있는 소비자	2
자전거 관련 전문 용품 판매, 주차서비스	■ 친환경 에코 소비 증가 추세 ■ 자전거 동호회 및 전문용품 판매 증가 추세 ■ 주차 어려움으로 자전거 이용자 증가 추세	■ 자전거 동호회 등 자전거 선호 소비자 ■ 자전거 이동을 선호하는 소비자 ■ 친환경, 에코 실천 소비자	1

① 지금까지 취합한 자료들을 이용한 아이디어 목록을 만들어 본다.

② 아이디어에 핵심적으로 사용한 트렌드나 가치, 새로운 은유 등을 이용해 핵심 아이디어를 설명한다.

③ 아이디어가 목표로 삼는 소비자의 특징을 적어보고, 각 아이디어 목록에 대한 우선순위를 토의하여 결정한다.

● 아이디어 취합 목록과 우선순위 정해보기

아이디어 목록	트렌드 및 핵심 아이디어	목표 소비자 특징	우선 순위	기타특징

2) 수단-목적 사슬 모델(Means-End Chain Model)을 이용한 속성 및 가치 도출의 예

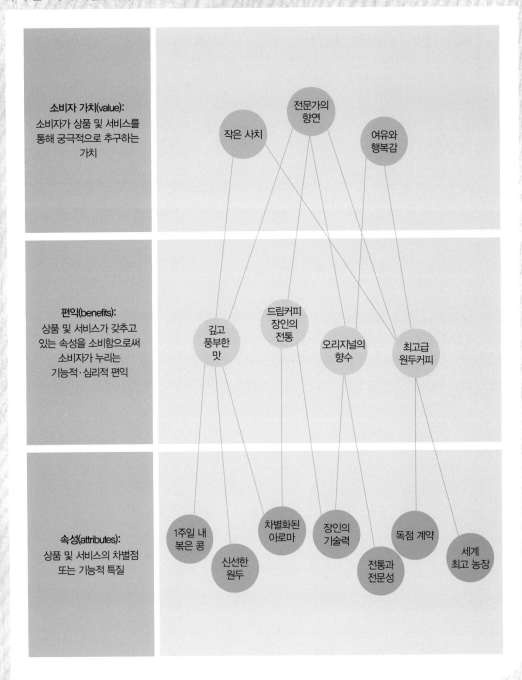

소비자 가치(value):
소비자가 상품 및 서비스를 통해 궁극적으로 추구하는 가치

편익(benefits):
상품 및 서비스가 갖추고 있는 속성을 소비함으로써 소비자가 누리는 기능적·심리적 편익

속성(attributes):
상품 및 서비스의 차별점 또는 기능적 특질

● 수단-목적 사슬 모델(Means-End Chain Model)을 이용한 속성 및 가치 도출 작성해보기

소비자 가치(value): 소비자가 상품 및 서비스를 통해 궁극적으로 추구하는 가치	
편익(benefits): 상품 및 서비스가 갖추고 있는 속성을 소비함으로써 소비자가 누리는 기능적·심리적 편익	
속성(attributes): 상품 및 서비스의 차별점 또는 기능적 특질	

3) 상품 콘셉트 만들기

● 인스턴트 밑반찬 상품 개발을 위한 핵심 아이디어와 콘셉트 구성의 예

핵심 아이디어 1: 합리적인 가격의 편리한 찬거리	예로부터 우리 식탁 차림의 기본은 반찬이다. 나물이며 장아찌, 무침 등 늘 먹어도 물리지 않고 조금만 변화를 줘도 금세 식탁이 달라지는 밑반찬 중심의 상차림! 그러나 막상 재료를 사고 조리를 하려면 여간 번거로운 게 아니다. 일일이 만들려면 사먹는 것보다 돈도 더 많이 들기도 한다. 밑반찬을 중심으로 계절별, 재료별로 색다르게 선택할 수 있는 상차림을 제안한다. 전골이나 찜처럼 거한 메뉴가 아니더라도, 얼마든지 맛깔스럽고 다채로울 수 있는 상차림으로, 합리적이면서도 경제적인 일주일치 식단을 꾸릴 수 있다.
핵심 아이디어 2: 옛 맛을 되살린 전통 찬거리	할머니 집에 놀러가서 먹었던 나물이며 장아찌, 무침 등의 담백한 찬거리들! 짭조름함, 오독오독, 알싸하고 개운했던 그 옛 맛을 오늘 식탁에 되살려보면 어떨까? 예로부터 찬거리가 중심이 되었던 우리 식탁 차림의 기본을 살려, 전통적인 재료와 조리법의 상차림을 제안한다. 매일 먹어도 물리지 않고 먹을수록 깊은 맛이 배어나는 상차림으로 할머니와 어머니의 손맛을 살릴 수 있다.
핵심 아이디어 3: 집에서 만든 것처럼 위생적인 찬거리	시장이나 백화점의 반찬코너, 먹음직스럽고 간편해 보이긴 해도 왠지 꺼림칙하다면? 집에서 주부들이 손수 만든 것만큼이나 깨끗하고 위생적인 찬거리를 제안한다. 일반 세균, 대장균군, 식중독균 등이 일체 끼어들 틈도 없을 만큼 엄격한 위생처리과정은 기본, 철저한 살균처리에 무 방부제이므로 안심하고 먹을 수 있다. 특산지에서 엄선된 좋은 재료들의 맛과 신선함이 그대로 살아 있는 밑반찬, 마음 놓고 식탁에 올릴 수 있다.

● 핵심 아이디어에 대한 콘셉트 구성 연습해보기

핵심 아이디어	상품 또는 서비스 콘셉트

1) 콘셉트 정련화, 콘셉트 보드 만들기

● 섬유유연제 아쿠아 콘셉트 보드 작성의 예

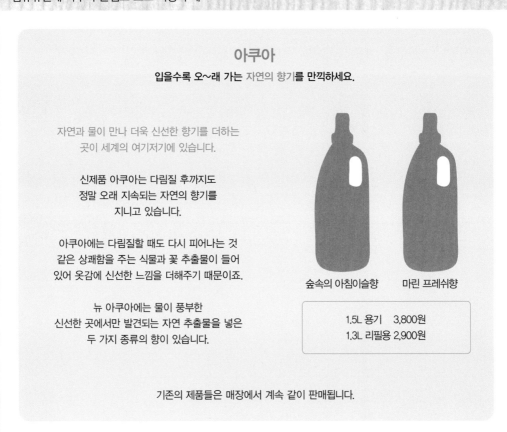

아쿠아

입을수록 오~래 가는 자연의 향기**를 만끽하세요.**

자연과 물이 만나 더욱 신선한 향기를 더하는
곳이 세계의 여기저기에 있습니다.

신제품 아쿠아는 다림질 후까지도
정말 오래 지속되는 자연의 향기를
지니고 있습니다.

아쿠아에는 다림질할 때도 다시 피어나는 것
같은 상쾌함을 주는 식물과 꽃 추출물이 들어
있어 옷감에 신선한 느낌을 더해주기 때문이죠.

뉴 아쿠아에는 물이 풍부한
신선한 곳에서만 발견되는 자연 추출물을 넣은
두 가지 종류의 향이 있습니다.

숲속의 아침이슬향　　마린 프레쉬향

1.5L 용기　　3,800원
1.3L 리필용 2,900원

기존의 제품들은 매장에서 계속 같이 판매됩니다.

① 앞 단계에서 작성한 상품 콘셉트를 이용하여 한 장으로 된 콘셉트 보드를 작성해 본다.
② 콘셉트 보드는 그림이나 쉽고 명확한 소비자 언어로 상품 콘셉트를 설명해야 한다.
③ 명확한 소비자 가치를 표현하고, 가격과 유통에 대한 정보도 포함되는 것이 일반적이다.

2) 콘셉트에 대한 소비자 반응 탐색

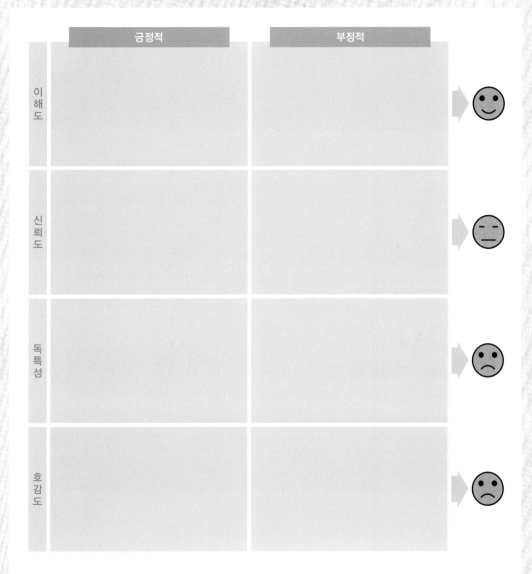

① 콘셉트 보드를 목표 소비자에게 제시하고 평가를 받아본다.

② 전반적인 평가 내용을 정리해본다.

③ 평가를 취합해서 종합적으로 판단해 본다.

3) 소비자 반응 탐색 결과를 반영한 최종 상품 콘셉트 확정하기

상품 콘셉트의 핵심가치를 슬로건 형태로 표현

상품의 다양한 특징을 중요한 순서대로 소비자 언어로 설명하되, 이해도와 호감도가 높고 차별화될 수 있도록 구성

제품의 스케치나 형상화 가능한 디자인 등 사진이나 이미지 구성물이 있다면 함께 제시

대략의 가격 수준: 범위로도 제시 가능

기타 기존의 주력제품에 대한 주의사항이나 고려사항이 있을 경우 명시

① 소비자 반응 탐색을 통해 확인한 핵심 가치를 포함해 최종 방향성을 확정한다.
② 표현 부분에서 소비자 이해도와 호감도를 높이도록 수정보완한다.
③ 소비자의 반응이 부정적이었던 부분을 수정보완한다.

1) 최종 상품 콘셉트에 맞는 커뮤니케이션 믹스 구성의 예

위생

제일제당에서 만들고
엄격한 살균처리 및 꾸준한
위생관리를 하므로
믿고 드셔도 됩니다.

맛

스스로 조리하는 것보다
훨씬 맛깔스럽고
어머니 손맛 같은
정겨운 그 맛!
자신 있게
식탁에 올리세요.

포장

정말 먹음직스럽죠?
색상도 물론 신선함 그 자체죠.
잘 안 보이신다구요?
그럴리가요.
포장을 뜯으셔도 꼭 같은
느낌일 꺼예요.

**냉장 밑반찬
커뮤니케이션 믹스**

엄격한 위생관리 시스템으로
관리하는 신개념 냉장 밑반찬
맛깔스럽고 다양한 메뉴와
세련된 맛
햇반과 같은 가격 포지셔닝
시식이 가능한 판촉행사

메뉴

일상적인 밑반찬부터
독특한 햇찬 만의
메뉴에 이르기까지
다양한 맛의 세계로
여러분을 안내합니다.
물론! 별미도 준비되어 있죠.

유통과 판촉

백화점과 할인점,
대형마트 등 늘 장보시는
냉장코너를 주시하세요.
시식행사를 이용해
보시는 건
어떠세요?

가격

2,500원부터 3,500원까지
엄선된 재료와 계절음식을
합리적인 가격으로
만나 보세요.

① 상품의 특징을 최대한 자세하게 서술해 보고, 마케팅 전략을 수립하기 위한 커뮤니케이션 믹스를 구성해 본다.

② 커뮤니케이션 믹스는 4P믹스의 광고 홍보 전략에 해당되기도 하지만 상품 콘셉트의 핵심을 소비자언어로 정리한 것이기도 한다.

③ 커뮤니케이션 믹스를 작성하면서 4P믹스와 STP전략에 대해서도 개략적으로 검토해 본다.

2) 최종 상품 콘셉트에 맞는 마케팅 전략 수립

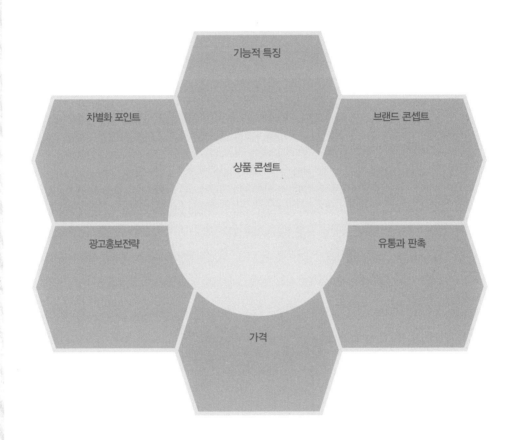

참고문헌

문헌

김경훈, 김정홍, 이우형(2004). 한국인 트렌드. 책바치.

김기석(2012). 신상품 마케팅 전략. 인플로우.

김대철 외(2011). 상품학. 청람.

김정명 역(2010). 상품개발력을 기른다(3판). 지식공작소.

김정명 역, 이와마히토시 저(2002). 상품개발력을 기른다. 지식공작소.

문숙재, 여윤경(2005). 소비트렌드와 마케팅. 신정.

박명희 외(2013). 가치소비시대의 소비자 의사결정. 교문사.

박찬수(2014). 마케팅원리(5판). 법문사.

서정희(2005). 소비트렌드 예측의 이론과 방법. 내하출판사.

안광호, 유창조, 전승우 공역(2012). 코틀러의 마케팅원리(14판). 시그마프레스.

안광호, 하영원, 박홍수(2008). 마케팅원론(4판). 학현사.

이지훈(2012). 현대카드 이야기. 쌤앤파커스.

전인수, 배일현(2006). 서비스마케팅. 맥그로힐 코리아.

최용식(2009). 경영학원론. 창민사.

Aaby, Nils-Erik and Discenza Richard(1993). Strategic Marketing and New Product Development, *Journal of Business & Industrial Marketing*, 8(2), 61–69.

Hirschman, Elizabeth C. and Morries B. Holbrook(1982). Hedonic Consumption Emerging Concepts, Methods and Propositions. *Journal of Marketing*, 46, 92–101.

Kotler, Philip(1994). *Marketing Management Analysis-Planning, Implementation, and Control*(8th edition). US: Prentice Hall

Osborn, Alex F. *Applied Imagination*(3rd edition). New York: Scribner's, 1963.

P. Kotler, G. Armstrong(2012). *Principle of Marketing*(9th edition). US: Prentice Hall.

논문

김근배(2003). 포지셔닝과 재포지셔닝 전략의 평가를 위한 의사결정지원 시스템, 마케팅연구, 18(3), 73-92.

박종원(2010). 소비자의 기억, 정서, 판단에 관한 연구의 최신동향, 소비자학연구, 21(2), 237-285.

안길상(2001). 네트워크 사회의 소비트렌드, 산업과 경영 13권 2호., 261-276.

한정민, 이용호(2013). 2013년 산업경제분석 중 '1인 가구 증가가 소비지출에 미치는 영향 분석', 산업경제분석 2013. 06, 22-31.

Lofman, Brian(1991). Elements of Experiential Consumption: An Exploratory Study, *Advances in Consumer Research*, 18, 729-735.

Valarie A. Zeithaml. How Consumer Evaluation Processes Differ between Goods and Services, *Marketing of Services*, ed. James H. Donnelly and William R. George(American Marketing Association, 1981).

찾아보기

ㄱ

가족 생애주기 82

가치 11, 172

가치사슬 135, 207

가치연상 트리 171

가치 트리 170

강제적 속성 결합법 34

개성 83

경쟁력 분석 55

경쟁사 모니터링 139

경쟁의 유사점 92

경험 11

경험 마케팅 85

경험적 브랜드 콘셉트 126

공급자 12

공급자의 교섭력 58

공유개념도 174

관찰조사 163

구매자의 교섭력 57

기능적 브랜드 콘셉트 126

기능적인 속성에 대한 연상 171

기능적인 시험 43

기능적 편익 13

기대혜택 15

기업명 상표전략 125

기존상품 개선 또는 수정 신상품 21

기존상품 라인의 추가 신상품 20

기회비용 23

ㄴ

네트워크 사회 157

니즈 11

ㄷ

단일 세분시장 집중화 89

대량 마케팅 84

대체재의 교섭력 55

대체의 위험 58

독립적인 유통경로 113

디지털 이미지 콜라주 175

ㄹ

라이프 사이클 19

라이프스타일 81

라인업 12

래더링 171

ㅁ

마이크로 소사이어티 160

마이크로 타깃팅 160

마이크로트렌드 154

마케팅 11

마케팅 목표 23

마케팅 믹스 12

마케팅 믹스 수정전략 70

마케팅 전략개발 41

마케팅 커뮤니케이션 186

마케팅 플랜 31

매스 마케팅 160

매출 목표 23

메가 마케팅 전략 91

메가트렌드 154

모의시장 테스팅 45

목표수익률 기준법 106

목표시장 41

목표시장의 선정 88

미시 마케팅 84

ㅂ

범주의 유사점 92

베타 테스팅 43

부가편익 12

브랜드 11, 122

브랜드 개성 83

브랜드 이미지 124

브랜드 인지도 124

브랜드 자산 123

브랜드 재인 124

브랜드 콘셉트 36

브랜드 퍼스널리티 37, 125

브랜드 포트폴리오 37, 139

브랜드 회상 124

브레인스토밍 34

비기능적인 속성에 대한 연상 171

비용절감 신상품 21

ㅅ

사업성 분석 41

사용자의 지위 87

사회계층 82

사회적 공익 14

사회적 편익 13

산업분석 54

산업의 매력도 135

산업재 12

산학연계 아이디어 그룹 201

산학연 아이디어 풀 200

상업화 단계 46

상징적 브랜드 콘셉트 126

상품 10

상품 개발 42

상품 믹스 16

상품수명주기 64, 148

상품수정전략 70

상품의 수명주기 19

상품 전문화 90

상품 콘셉트 11

상품 콘셉트 테스트 39

서비스 10

선도기업 우위 65

성장률 예측 63

세분시장 84

세분화 84

소비문화 2

소비유형 82

소비자 가치 트리 169

소비자 니즈 11, 139

소비자 수용도 테스트 43

소비자의 의사결정 82

소비자 인지 속성 43

소비자 중심의 가치제안 92

소비자 중심주의 157

소비자 테스트 43

소비자 트렌드 154

소비자화 마케팅 85

소비행동 특징을 이용한 세분화 87

소유효용 109

속성 172

속성 열거법 34

수단−목적 사슬 모델 183

수요예측 20

수익 목표 23

수익성 분석 54

수직적 마케팅 시스템 112

시장 세분화 84

시장수정전략 69

시장의 매력도 54

시장 잠재력의 평가 63

시장 전문화 90

시장조사 20

시장 테스팅 44

시제품 테스트 20

신상품 12, 15

신상품 개발 프로세스 30

신상품 기획 12

신상품 라인 20

실제 상품 15

심리적 라이프사이클 83

심리적 특징을 이용한 세분화 87

심리적 편익 13

심층은유 174

ㅇ

아이디어 11

아이디어 선별 32, 34

아이디어 창출 32

아이디어 팁 169

아이디어 풀 169

알파 테스팅 43

언맷니즈 140

에스노그라피 33

엔지니어링 속성 43

오피니언 13

오피니언 리더 98

완전 신상품 20

외형적 매력도 63

원가 기준법 106

원형 제품 40

유통 11

유통전략 109

유통경로 109

유통업자 12
인구통계 특성을 이용한 세분화 86
인터넷 상거래 11
일대일 인터뷰 33

ㅈ
자기잠식 17
자본재 12
자아개념 83
자유연상 171
잘트만식 은유추출기법 173
잠재 구매자 12
잠재니즈 174
잠재적인 진입 55
잠재적 진입자의 위협 56, 135
주력상품 139
준거집단 82
지각된 가치 105
지리적 구분을 이용한 세분화 86
지역시장 85

ㅊ
참여관찰 33, 163
최종 편익 172

ㅋ
콘셉트 개발 및 테스팅 35
콘셉트 보드 185
크라우드소싱 157
키워드 연상 트리 167

ㅌ
타운워칭 162
토털 마케팅 관점 14
통제시장 테스팅 45
통합적 마케팅 커뮤니케이션 116
통합적인 유통경로 112
투사법 174
트라이슈머 157
트랜슈머 158
트렌드 2
트렌드 스케치 158
틈새시장 85, 160

ㅍ
판매채널 11
판매촉진 116
패드 154
편익 12
포지셔닝 91, 145
포지셔닝 맵 37
포지셔닝 변경 신상품 21
표적집단 면접법 33
표준시장 테스팅 45
품질 기능전개 43
프로슈머 157

ㅎ
핵심가치 82
핵심 경로 47
핵심편익 11, 12
혁신상품 98

혁신상품 수용 14

혁신 수용자 98

혁신의 수용과정 99

혁신의 확산과정 99

현장조사 163

형태분석법 34

확장된 상품 콘셉트 16

환경분석 54

효익 11

영문

4P믹스 103, 139

BCG매트릭스 55

BCM 171

STP전략 83, 146

SWOT분석 55

ZMET 171

ZMET 기법 169

저자 소개

오혜영

이화여자대학교 경영학과 졸업
고려대학교 대학원 경영학 박사(소비자행동 전공)
닐슨 코리아 CRS 팀장 및 마케팅인사이트 연구부서 이사 역임
우리은행 상품개발부 리서치 팀장 역임
현재 계명대학교 소비자정보학과 교수

트렌드 연구를 활용한

상품 및 서비스
기획실무

2014년 11월 21일 초판 인쇄 | 2014년 11월 28일 초판 발행

지은이 오혜영 | **펴낸이** 류제동 | **펴낸곳 교 문 사**

전무이사 양계성 | **편집부장** 모은영 | **책임진행** 김소영 | **디자인** 김재은 | **본문편집** 김남권
제작 김선형 | **홍보** 김미선 | **영업** 이진석·정용섭·송기윤
출력 동화인쇄 | **인쇄** 동화인쇄 | **제본** 한진제본

주소 경기도 파주시 문발로 116(교하읍 문발리 출판문화정보산업단지 536-2) | **전화** 031-955-6111(代) | **팩스** 031-955-0955
등록 1960. 10. 28. 제406-2006-000035호 | **홈페이지** www.kyomunsa.co.kr | **E-mail** webmaster@kyomunsa.co.kr

ISBN 978-89-363-1439-2(93320) | **값** 17,000원